KB132172

구조주의와 교육

Rex Gibson 저 | 이용환 역

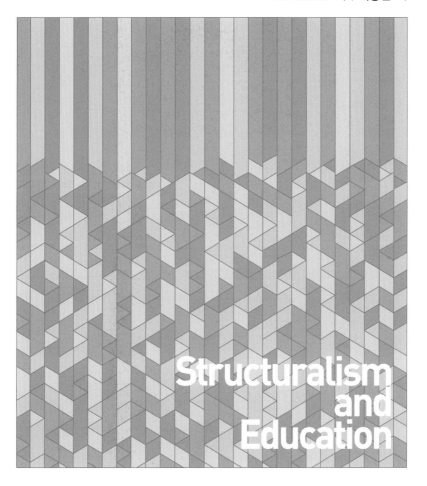

Structuralism
and
Education

학지사

역자 서문

이 책의 번역은 1980년대 중반에 시작되었으니 30년 이상이 걸린 셈이다. 그즈음에 입수하게 된 이 책을 학부와 대학원 학생들에게 소개하고 함께 읽다가, 학생들이 내용을 더 정확히 파악하도록 필요한 부분들을 틈틈이 번역하여 나눠 주고 보관해 왔던 자료들을 이제야 묶어 본 것이다. 그동안 교육이론의 흐름도 많이 바뀌었고 나 자신의 관심 분야도 조금씩 변해 왔다.

그러나 깁슨(Gibson) 교수가 구조주의자라는 이름으로 소개하는 여러 학자는 여전히 교육학 내의 어떤 분야에서든지 자주 언급되고 있다. 이 책은 구조주의의 기원으로 알려진 소쉬르(Saussure)에서 시작하여 피아제(Piaget), 레비-스트로스(Levi-Strauss), 알튀세르(Althusser), 프랑크푸르트 학파, 레이먼드 윌리엄스(Raymond Williams), 번스타인(Bernstein) 등을 구조주의라는 시각으로 정리하여 비판적으로 소개할 뿐만 아니라 조나선 컬러(Jonathan Culler) 및 쥘리아 크리스테바(Julia Kristeva) 등 구조주의 문학이론가와 데리다(Derrida)와 같은 후기 구조주의자들까지 폭넓게 인용하고 있다.

원저자는 구조주의가 교육현상을 설명하는 데 훌륭한 시각을 제공해 준다고 생각하여 이 책을 집필하였으나, 기본적으로 '주체의 탈중심화'라는 구조주의 및 후기 구조주의의 중심개념은 인간의 역량을 무시하는 개념이라고 생각하여 구조주의에 인간의 역량이라는 개념을 도입하려고 노력하였다. 30년 이상이 흐른 지금, 독자들 중에는 이 '주체의 탈중심화'가 인간을 무시하는 개념이어서 버려야 한다는 깁슨 교수의 생각을 받아들이지 않는 사람들도 있을 것이다. 그러나 이와 관계없이 인간의 사고와 감정, 그리고 문학과 사회에 대한 여러 기본적인 이론들을 교육과 관련하여 정리하고 소개한 이 책은 여전히, 그리고 앞으로도 다양한 시각으로 교육을 살펴보는 데 훌륭한 기본서가 될 수 있을 것이라고 생각된다.

이 책은 원래 Hodder and Stoughton 출판사에서 기획한 교수-학습 연구 시리즈 가운데 한 권으로 집필되었고, 영국의 교사와 예비교사들을 주요 독자층으로 삼은 것으로 보인다. 깁슨 교수는 1973년부터 30여 년 동안 케임브리지 대학교 교육학부에서 교육사회학을 가르쳤으나, 셰익스피어에도 탐닉하여 다양한 셰익스피어 관련 저술과 활동을 한 공로로 셰익스피어 관련 학술단체의 상까지 수상한 바 있다. 2002년에 40여 년을 함께한 부인과 사별한 뒤 거의 모든 활동을 중단하고 칩거하다 2005년에 사망하였다. 이 책의 번역판 출판을 위하여 출판사에 연락하였으나, 출판사는 그의 사망 후 상속자를 찾을 수 없어서 이 책의 저작권을 포기하였다는 답신을 받았다. 관심 있는 독자는 인터넷에 여기저기 흩어져 있는 깁슨 교수의 소박하고도 지적인 삶의 흔적들을 추적하여 그를 추모해 볼 수도 있을 것이다.

저자 서문

이 책은 지난 8년 동안 내가 수행해 온 사회적 이해에 대한 보다 광범위한 프로젝트의 일환이다. 이 프로젝트에서 나는 학교교육, 문학, 사회 사이의 복잡한 관계를 탐구해 왔다. 그러한 과정에서 구조주의가 교육을 연구하는 데 가치 있고 신선한 시각을 제공해 준다는 것을 곧 깨닫게 되었다. 이 책에서 나는 구조주의적 탐구의 본질을 설명하고 구조주의가 교육연구의 범위를 확장하고 발전시킬 수 있는 방법들을 제시하고자 한다.

이 책에서는 구조주의 개념들을 수용한 장 피아제, 베이실 번스타인, 레이먼드 윌리엄스 등 주요 학자들이 소개될 것이며, 이들의 연구를 살펴보면 구조주의가 교사들과 매우 직접적으로 관련된다는 것을 알 수 있을 것이다. 이 학자들과 이들보다 덜 알려진 페르디낭 드 소쉬르, 클로드 레비−스트로스 등의 학자들은 학교와 교실의 사회적, 지적, 이데올로기적 맥락을 교사들이 보다 명확히 이해할 수 있도록 해 줄 것이다. 이처럼 구조주의는 교육연구와 실천을 재개념화하는 데 중요한 공헌을 해 줄 수 있다.

책의 내용에서 밝혀지겠지만 나는 구조주의 및 구조주의를 실천하는 이론가들을 무비판적으로 받아들이는 것은 아니다. 구조주의는 영국(유럽이 아니라)식 전통에서 성장한 교사들이 가지고 있는 상식적인 전제에 불쾌한 도전을 하는 어렵고도 힘든 사고의 양식이다. 예를 들어, 구조주의가 구조에 우위를 두어 개인의 가치를 무시하는 것은 특히 마땅찮은 일이 될 것이다. 따라서 나는 이 책에서 **구조적 분석**이라는 방법을 개발하여 구조주의의 주요 결점으로 판단되는 점들을 교정해 보려 하였다. 특히 학교와 학급을 분석하는 중심에 인간의 잠재력과 식견을 복원시키고 이 인간의 역량이라는 개념을 통하여 이론과 실천 사이의 간격을 메우도록 도움을 주고자 한다. 이처럼 구조적 분석의 네 가지 구조인 **역량, 사고, 감정, 사회조직**의 구조는 자신의 교육실천을 더 잘 이해하고 개선하기 위하여 구조주의 개념들을 이용하는 방법을 교사들에게 제공하게 될 것이다.

1983년 케임브리지 대학교에서
렉스 깁슨

차례

역자 서문 / 3

저자 서문 / 5

제1장 **구조주의란 무엇인가** ······ 11

구조주의적 실천의 예들 / 13

구조주의의 범위 / 20

구조주의란 무엇인가 / 23

제2장 **구조주의의 기원** ······ 35

소쉬르의 중요한 아이디어들 / 37

소쉬르: 도전과 비판 / 54

🖋 **제3장 사고의 구조** ······ 65

장 피아제 / 70

클로드 레비–스트로스 / 77

🖋 **제4장 사회의 구조** ······ 95

경제주의 비판 / 104

인간주의 비판 / 111

🖋 **제5장 감정의 구조** ······ 119

학교에서의 감정의 구조 / 130

학교교육 연구 / 143

🖋 **제6장 구조주의와 문학** ······ 167

문학적 구조주의 / 176

후기 구조주의 / 187

🖋 **제7장 구조주의와 교육** ······ 201

전통적인 구조주의 / 204

과정 구조주의 / 210

베이실 번스타인의 구조주의 / 218

제8장 구조적 분석 ······ 257

작인(作因) / 261

참조준거 / 267

부분적 설명과 다중 인과관계 / 268

구조적 분석은 과학이 아니다 / 270

언어와 실재 / 271

파열, 역설, 모순 / 273

문학과 실재 / 274

이론인가 원리인가? / 277

구조적 분석과 학교교육 / 278

결론 / 286

찾아보기 / 290

제1장
구조주의란 무엇인가
Structuralism and Education

케임브리지 대학교에서 일어난 수치스러운 사건 하나가 1981년 봄에 대중에게 알려졌다. 곧 '맥케이브(McCabe) 사건'으로 알려진 이 사건에는 케임브리지 대학교 구성원들뿐만 아니라 외부의 관찰자들도 여러모로 호기심을 보이고 즐거워하였으며, 섬뜩해하고 당황하거나 놀라는 사람도 있었다. 영문학과의 임시강사 콜린 맥케이브(Colin McCabe) 박사가 대학의 정식 강사 자리로 승진하지 못하였고 인사위원회의 이 결정은 신랄한 논쟁에 불을 붙였다. 이 논쟁의 여러 요소 가운데 하나가 구조주의로, 맥케이브 박사가 이 구조주의를 실천하고 가르치고 있었다는 것이었다. 대학 안팎에서 혹은 사적·공적으로 맥케이브 사건을 이야기하는 사람들은 구조주의에 대한 언급이 얼마나 감정적인지를 보여 주었다. '학생들의 정신이 타락하고 있었다', '매주 퇴폐적인 일이 발생하고 있었다', '그들의 거센 엘리트주의적 지적 운동은…… 인간 빈곤의 철학이다', '아주 애매한', '난센스 투성이', '일과성의 어리석음', '이 골치 아픈 사람', '밉살스럽고 가치 없는' 등의 언어들이 당시에 사용되었던 용어 중의 일부이다. 보다 교묘하게, 그리고 '케임브리지풍 위트'의 특징을 잘 보여 주는 스타일로 어떤 비평가는 다음과 같이 지적한다.

　　예를 들어, 문법에 잘 맞게 이야기한다면, 그리고 더 중요하게는 정직하게 말하자면 영문학과 교수들 모두가 똑같은 타르를 뒤집어쓰고 있는 것은 아니라고 할 수 있다. 설령 영문학과 교수들 가운데 한두 사람이 끈적거리는 새까만 물질을 뒤집어쓴 것을 볼지라도 구조나 구조주의에 접촉하였다고 단정해서는 안 된다. 그 사람은 완전히 정직한 사람일 수도 있으니까.[1]

　구조주의란 무엇인가? 그 같은 격렬한 감정과 서로 다른 평가를 유발하는 그것은 과연 무엇인가? 구조주의를 정의하려고 시도해 본 적이 있는 모든 학자들은 우선 한 가지에는 동의하는데, 그 다양한 형태로 말미암아 정의 내리기가 극히 어렵다는 점이다. 예를 들어, 대표적인 문학적 구조주의자인 조나선 컬러(Jonathan Culler)는 다음과 같이 이야기한다.

　　그 단어가 어떻게 사용되어 왔는가를 검토함으로써 구조주의를 정의할 수는 없다. 그러면 실망만 하게 될 것이다.[2]

또한 사회인류학 분야에서 구조주의 비평가이며 동시에 실천가
이기도 한 에드먼드 리치(Edmund Leach)는 다음과 같이 주장한다.

구조주의는 현재의 지적 유행이며 그 단어 자체가 서로 다른
사람들에게 서로 다른 의미를 지니게 되었다.[3]

그러한 난점에도 불구하고 이 첫 장에서는 구조주의에 대한 기
초적인 통찰력을 획득할 수 있도록 세 가지 방식을 동원해 볼 것이
다. 첫째, 구조주의적인 실천의 실례들을 인용해 보고, 둘째, 구조
주의적 작업의 적용 범위를 살펴본 후에, 그 두드러진 특징들을 설
명해 보도록 한다.

구조주의적 실천의 예들

1. 첫째, 1960년대와 70년대의 유명한 프랑스 구조주의 비평가
인 롤랑 바르트(Roland Barthes)가 쓴 영화배우 그레타 가르보(Greta
Garbo)의 얼굴에 관한 에세이를 보자.

가르보는 아직도, 인간의 얼굴을 포착하여 관객을 최고의 황
홀경으로 빠뜨렸던 그러한 영화적 시대에 속하는 인물이다.
…… 가르보는 인간이라는 피조물에 대한 일종의 플라톤식 이
데아를 사람들의 시선에 제공하는데, 이것이 그녀의 얼굴이 왜
성적(性的)으로는 거의 정의되지 않는가를 설명해 준다. ……

많은 여배우들은 자신의 아름다움을 음험하게 성숙시켜 관객들이 볼 수 있도록 허용해 왔다. 그러나 가르보는 그렇지 않았다. 아름다움의 본질은 타락시켜서는 안 되며, 그녀의 얼굴은 그 완전함이라는 실재(實在) 이외에 어떤 실재도 가질 수 없었다. 그것은 형식적인 것 이상으로 지적(知的)인 것이었다. 그러나 그 본질은 점차 사라져 갔다. 이 완전한 아름다움은 어두운 색안경과 넓은 차양 모자와 외국생활에 의해 점차 가려져 갔지만 결코 타락하지는 않았다. …… 가르보의 얼굴은 이제 막 영화가 본질적인 아름다움에서 실존적 아름다움을 끌어내리고 하는…… 본질로서의 육체의 맑음이 '여자'에 대한 서정주의에 그 자리를 내주는 그러한 덧없는 순간을 대표한다. 하나의 변환기로 보았을 때, 가르보의 얼굴은 두 가지 조상학적(彫像學的) 시대를 조화시킨다. 경외(敬畏)에서 매력으로의 변화를 확인시켜 주는 것이다. [이와는 대조적으로] 예를 들어, 오드리 헵번(Audrey Hepburn)의 얼굴이 개성화되는 까닭은 그녀 얼굴이 독특하게 주제화되기 (어린이로서의 여성, 새끼고양이로서의 여성 등처럼) 때문만이 아니라 그녀의 사람됨 때문이며, 그 얼굴에 대해 거의 전례가 없는 특징을 부여하기 때문인데, 그러한 특징 부여는 얼굴 자체에는 아무런 본질도 남겨 두지 않는다. …… 언어로 치자면, 가르보의 특성은 개념인 셈이며 오드리 헵번의 특성은 실체인 셈이다. 가르보의 얼굴은 하나의 이데아이고 헵번의 얼굴은 하나의 사건인 것이다.[4]

2. 다음으로 사회인류학에서 지도적인 구조주의 제창자인 클로

드 레비-스트로스(Claude Levi-Strauss)의 경우이다. 네 권으로 된
그의 방대한 신화 연구에 다음과 같은 글이 나온다.

이 자연의 산물(꿀)과 월경혈(月經血) 사이의 비유를 생각해
보라. 둘 모두 일종의 내적 조리의 (전자의 경우는 식물, 후자
의 경우는 동물) 결과로 가공된 (변형된) 물질이다. 나아가서,
여자가 정상적인 상태에 있을 때에는 '꿀'이 될 수도 있지만 월
경 중일 때에는 독을 감추고 있듯이 꿀은 건강에 좋을 수도 있
고 나쁠 수도 있다. 마지막으로 원주민들의 사고방식에서 찾아
볼 수 있듯이 꿀을 찾는다는 것은 일종의 자연으로의 회귀를 나
타내는데, 여기에는 '성적(性的)인 의미'가 '맛과 관련된 의미'로
바뀌어 표현된 에로틱한 호소력이 스며들어 있으며, 또한 지나
치게 오랫동안 계속되면 문화의 기반 자체를 무너뜨릴 것이라
는 생각이 깃들어 있다. 이와 비슷하게, 부부가 사회에 대한 의
무를 소홀히 하고 서로를 무한정으로 즐기기만 하도록 허용한
다면 밀월(蜜月, honeymoon)이라는 관습 또한 공공질서에 위
협이 될 수도 있을 것이다.[5]

3. 만약 앞의 두 예가 어렵고 낯설게 보인다면 모든 사람이 알고
있는 다음과 같은 구조주의적 진술을 생각해 보라.

$$2+3=5$$

4. 다음으로, 교사들에게 가장 잘 알려져 있으며 가장 존경받고

영향력 있는 심리학자 (또한 철저한 구조주의자인) 장 피아제(Jean Piaget)의 두 짧은 글을 보자. 첫 번째 것은 구체적이고 분명하며, 두 번째의 것은 추상적이고 난해하지만, 둘 모두 근본적으로는 구조주의적인 글이다.

(1) 어떤 어린이에게 직각으로 구부러져 있는 철사를 보여 주고 한쪽 '다리' A를 점점 짧게 만들면 이 어린이는 다른 쪽 다리 B가 점점 길어진다는 것을 아주 잘 이해할 것이다. 그렇다고 해서 이 어린이에게는 전체 철사줄, 즉 A+B의 길이가 변하지 않고 있다는 것을 의미하는 것은 아니다. 그것은 이 어린이가 길이를 서수적(序數的)으로, 즉 끝점들에 의거하여 측정하기 때문이다. 아이에게 '더 길다'는 것은 '더 멀리 떨어져 있다'는 것을 의미하며 그가 간격을 나타내는 단위로 계산하는 것은 아니다. 또한 이 꼬마가 보기에 철사줄이 항상 같은 길이가 아니더라도 그 철사는 일관되게 '같은' 철사줄이다.

(2) [지능의 성장에 있어서도] 우리는 마찬가지의 기능적인 인자들과 구조적인 요소들을 찾을 수 있다. 기능적인 인자들에는 한 행위가 능동적으로 재생산되고 새로운 대상들을 그 자체 내부로 통합하는 과정인 동화(同化)와…… 동화의 스키마 자체가 대상들의 다양성에 적용됨으로써 수정되는 과정인 조절(調節)이 있다. 구조적인 요소들은, 근본적으로는, 특정의 서열적 관계…… 종속 스키마…… 그리고 상응(相應) 등이다. …… 기본적인 동화 스키마가 서로 협응('상호 동화')됨에 따라서 특정의 평형 구조들, 다소간의 '가역성(可逆性)'을 이해하도록 도와주

는 구조들이 확립된다.[6]

5. 구조주의와 언어학은 밀접하게 관계되는데, 그것은 구조주의가 언어연구에 기원을 두고 있기 때문일 것이다. 자세한 내용은 제2장에서 다룰 것이다. 촘스키(Chomsky)나 야콥슨(Jakobson)에서 예를 들기보다는 어휘의 구조주의적 관념에 대한 존 라이언스(John Lyons)의 논의에서 예를 들어 보자.

'그 고양이가 담요 위에 앉아 있었다(The cat sat on the mat).' 라는 문장을 프랑스어로 어떻게 번역할 것인가를 생각해 보자. …… 그 고양이(the cat)를 어떻게 번역할 것인가? 지칭하고 있는 동물이 수컷이니까 혹은 성별을 무시하거나 성별에 관심이 없으므로 le chat로 번역할 것인가? 아니면 그것이 암컷이어서 la chatte로 번역할 것인가? 암고양이 혹은 암컷 같은 고양이를 지칭할 때 프랑스 사람들이 chatte라는 단어를 사용하는 반면에, 같은 상황에서 영국 사람들은 굳이 tabby cat이라는 말을 사용하지 않는다는 사실은 영어에서 cat, tom cat, tabby cat 사이의 구별이 프랑스어에서 chat와 chatte 사이의 구분과 전혀 부합되지 않는다는 것을 의미한다…… 다음으로 mat이라는 단어의 번역에 대하여 생각해 보자. 우리가 지칭하고 있는 것이 발깔개(door-mat, paillason)인가, 혹은 침대 옆에 까는 담요(descente de lit)인가, 아니면 작은 모피(tapis)인가…… 영어에는 mat, rug, carpet 등 일련의 단어가 있고 프랑스어에도 tapis, paillason, carpet 등 일련의 단어들이 있지만, 프랑스어 단어들

중 어느 것도 영어 단어 어느 하나와 똑같은 의미를 지니지 않는다. 각 단어의 집합은 가구 세계의 일부분을, 말하자면 서로 다른 방식으로 구분한다. 범주화의 두 체계는 통약이 불가능한 것이다. …… 우리가 번역을 할 때 하는 일이란, 두 언어들 사이에 완전히 일치하지는 않지만 다소간 비슷하게 구별하거나 같다고 판단할 수 있는 체계에 의하여 해당 사물, 사건, 과정을 어떻게 범주화할 것인가를 최선을 다하여 결정하는 것이다.[7]

6. 다음은 과학에 있어서 구조주의의 예이다.

전쟁 기간 중 내가 비행기 엔지니어였을 때 배운 것 가운데 하나는, 통제 장치의 송환 회로에 시간의 지체가 있으면―즉, 통제행위와 통제해야 할 물체에 미치는 효과 사이에 시간이 경과하면―그 시스템은 진동하기 쉽다는 것이다. 따라서 진동하고 있는 어떤 시스템을 발견하면, 그것이 월경 주기이든지 캐나다의 토끼와 스라소니의 수효이든지, 나는 지연된 송환을 찾아본다. 그럼으로써 나는 구조가 행동을 결정한다는 것을 확인한다. 말하자면, 어떤 체계의 구성요소들이 특정 방식으로 서로 관계되어 있다면 전체 체계는 그에 따라 행동하게 될 것이라는 것이다. 행동은, 그 구성요소들이 전기 회로인가, 호르몬인가, 아니면 동물인가에 의하여 결정되는 것이 아니라, 구조에 의하여 결정된다.[8]

7. 다른 예도 많이 있지만 마지막으로 교육에 있어서 구조주의

적인 실천의 예를 들어 본다. 베이실 번스타인(Basil Bernstein)은 언어에 대한 연구로 가장 잘 알려져 있다. 정련어법(精練語法)과 제한어법(制限語法)에 관한 가장 초기의 저작을 살펴보아도 구조주의의 영향이 명백히 드러난다. 1980년대 이후 그는 구조주의적 방법을 전적으로 수용하여 왔다. 추상적인 논의를 펼치든지 아니면 자신의 개념을 학교교육에 적용하든지 간에 그의 연구물들은 앞의 어떤 예보다 더 분명히 철저하게, 그러나 자주 기대에 어긋나게, 구조주의적이다.

> ……어법을 분석하기 위한 대상이 되는 단위는 맥락을 배제한 발화행위나 혹은 단일한 맥락이 아니며, 맥락들 사이의 관계들이 어법 분석의 단위가 된다. 어법은 맥락들 사이의 관계들을 조정하며, 그 관계를 통하여서는 맥락들 내부의 관계들을 조정하기도 한다. …… 어법은 맥락들을 서로 구별하는 원리들을 만들어 내야 하며 어떤 특정 맥락 내에서는 특수한 관계들을 창조하고 생산하는 원리들을 만들어 내야 한다.
>
> 우리는 학교에서의 사회적 분업이 행위자(전송자와 수신자)의 범주들 및 담론('목소리')의 범주들로 구성된 것으로 볼 수 있다. 만약 언어 규약의 원리가 강력한 분류기준의 하나라면 교육적인 담론('목소리')과 비교육적인 담론('목소리') 사이는 철저히 차단된다. 담론들은 서로 철저히 차단되어 있는데, 각 담론들은 자체의 특수한 '목소리'를 지니고 있어서 전송자와 수신자들은 특수한 목소리를 지닌 특수한 범주가 된다.[9]

이상에서 제시된 일곱 가지 구조주의적 실천의 예는 공통점이 별로 없고 혼란스러운 예처럼 보일 수도 있을 것이다. 이 예들이 공통적으로 지니는 특징이 무엇이며, 각 예들의 이질성을 연결시키는 것은 과연 무엇인가? 이 질문에 답하기 전에 구조주의적 연구의 범위를 간단히 살펴본 다음, 영국 및 다른 영어권 국가들에서 구조주의가 무시되고 평가절하되는 주요한 이유들을 간단히 언급해 보겠다.

구조주의의 범위

앞에서 든 예들로 구조주의가 인간 경험의 방대한 영역을 포괄하고 있음을 알 수 있을 것이다. 구조주의는 교육은 말할 것도 없고 언어학, 인류학, 문학과 문학비평, 그리고 다른 표현예술, 정신의학, 심리학, 건축학, 자연과학, 사회과학, 수학, 마르크스주의, 철학 등을 다루므로 그 영향력이 미치지 않는 분야는 거의 없다. 그와 같은 모든 학문이 구조주의의 범위 안에 있다고 주장하는 것은, 마치 구조주의가 모든 인간행위를 설명하는 열쇠를 쥐고 있는 슈퍼이론이나 슈퍼방법이 되는 것처럼 보일 것이므로 실로 거창한 주장을 하는 셈이 된다. 그러나 일단 구조주의의 주장과 범위가 방대하다는 것을 인정한다면 우리는 동시에 모든 현상을 설명하려는 다른 이론들, 특히 프로이트주의와 마르크스주의와 같은 전괄적(全括的) 이론들과의 유사성도 살펴보아야 한다. 프로이트주의, 마르크스주의 등 다른 전괄적인 이론들과 마찬가지로 구조주의에도 매우 다양한 변형이 존재하며 각 변형에는 저마다 자신의 이론이 탁월한 진리와 강력한 힘을 지니고 있다고 주장하는 이론가들이 존재한다. 다시 한 번 프로이트주의와 마르크스주의처럼, 구조주의는 세상을 설명하는 체계이고, 이 체계를 구성하는 아이디어들은 매우 추상적이고 적용 범위가 넓으며, 또한 이 아이디어들에는 과학적인 정밀성이 요구된다. 구조주의의 확신과 전괄성으로 말미암아 구조주의는 질서와 일관성을 희망하는 기본적인 인간 욕구를 해결해 줄 것처럼 보인다. 구조주의라는 체계는 다양한 이론과 방법을 포함하며 각각의 이론과 방법은 나름의 논의, 단언, 증거 등을 사용하여 보편적인 진리를 획득할 수 있다고 주장한다. 그러나 또다시 프로이트주의와 마르크스주의처럼, 구조주의가 주장하는 진리는 분파주의자들과 구조주의를 믿지 않는 사람들에 의하여 치열하게 검증된다. 그러나 확실한 것은 교사나 혹은 다른 어떤 교육받은 사람들도 구조주의를 무시할 수는 없다는 것이다. 구조주의에 대한 비판이 진지한 만큼, 그리고 구조주의를 대표하는 인물들의 공헌이 지적으로 방대한 만큼 구조주의는 연구해 볼 필요가 있는 주제이다. 이 책에서 나는 여러 분야에서 나타난 구조주의의 가능성과 한계의 일부를 소개할 것이며, 특히 구조주의가 어떻게 교육의 이론과 실제에 신선한 통찰력을 제공하는가를 보여 줄 것이다. 선택적으로 사용한다면 구조주의의 방법들과 개념들은 학교교육의 평가에 도움을 줄 수 있으며 그 개선을 가져다줄 수 있을 것이다.

만약 구조주의가 그처럼 **중요하다면** 그것이 대부분 영국인들의 기본적 교양을 이루지 못하는 까닭은 무엇일까? 구조주의에 대한 저항과 반감의 중요한 한 가지 요인은 구조주의의 지리적 기원과 관습에서 찾아낼 수 있다. 그것은 구조주의가 유럽식, 또는 보다 특수하게는 프랑스식이라는 것이다. 그렇다고 외국혐오적인 이야기를 하는 것이 아니라 영국 또는 많은 영어권 국가의 지적 분위기와 서유럽의 지적 분위기는 서로 매우 다르다는 점을 상기시키려는 것이다. 영국 사람들의 사고 경향은 실용적이고, 경험적이며, 상식에 근거하고, '이론'에 의심이 많으며, 이론 자체를 위한 이론에 대하여 매우 회의적인데 대부분의 영국 교사는 자신이 이러한 기술에 부합함을 인정할 것이다. 이처럼 실용성을 선호하는 경향은 견고하면서도 다양한 근원을 지닌다. 19세기 영국 산업사회의 현실적 성취에 성공한 자연과학을 17~18세기 흄(Hume)과 로크(Locke)의 중요한 철학적 공헌과 연결시키는 것이 그 예이다. 대조적으로, 가까운 유럽 대륙에서는 '이론'이 훨씬 커다란 특권을 누린다. 프랑스에서 '지성인'이 된다는 것은 유명한 지위와 명예로운 지위를 동시에 달성하는 것이다. 그러나 영국에서는 자신을 지성인이라고 쑥스럽지 않게 기술할 수 있는 학자나 교사는 없을 것이다. 만일 어떤 영국인이 어색함을 느끼지 않고 자신을 지성인이라고 부를 만큼 둔감하다면, 그 이야기를 듣는 사람들이 더 어색해하거나 신기해할 것이다. 간단히 말하여, '아이디어'는 영국 사람들 사이에서보다는 외국에서 더 큰 특권을 누리며 영국인들은 자신이 실천에 뿌리내리고 있다고 보는 경향이 있다. 즉, '행위'를 생각보다 선호하는 것이다. 이처럼 구조주의는 아이디어들을 중시하므로 영국 사람들이 좋아하지 않는 경우가 많다. 따라서 구조주의가, 피아제는 예외이지만, 거의 알려지지 않고 미심쩍게 보인다는 사실이 놀랄 일은 아니다. 교사를 위한 교육과정에서 구조주의가 무시되는 것은 이러한 배경에 비추어 이해되어야 한다. 그러나 교사는 자신의 문화와는 다른 문화, 또는 교육 및 학교교육과는 다른 문화들에 접해 보아야 한다고 나는 굳게 믿는다. 사고와 감정의 다른 경향에 접해 볼 긴박한 필요, 예비교사 또는 교사 자신이 관습적으로 중시하는 일 이외의 것들에까지 시야를 넓혀야 할 긴박한 필요가 있다. 그렇게 한다면 일상의 관행에 대해 새롭게 통찰할 수 있게 될 것이며, 다른 방식의 관점을 가질 수 있게 될 것이다. 다문화주의라는 도전은 지나치게 더디게 수용되고 있기는 하나, 적어도 이제는 인정받고 있다. 방법론으로서의 구조주의는 아직 대부분 교사의 관심 밖에 있다. 그러나 교육실천을 변화시키고 질을 높이기 원한다면 구조주의라는 다양한 사고와 실천은 지적인 자극과 잠재력을 제공해 줄 것이다. 구조주의가 낯설게 보일지도 모르고 처음에는 지적으로 편치 않을지도 모르지만, 우리가 가지고 있는 기성 지식과 감정의 본질을 잘 드러내 주는 연결점을 제공해 줄 수 있다. 구조주의는 친숙한 관행에 신선한 시각을 제공해 주며, 새로운 관점을 만들어 내어 그러한 관행의 변화를 가능하게 해 줄 수 있을 것이다.

구조주의란 무엇인가

구조주의는 대단히 다양하지만 모든 형태의 구조주의가 공유하는 기본적인 몇몇 아이디어를 가려내는 것이 가능하다. 가장 근본적으로 구조주의의 중심 생각은, 어떠한 연구대상이든지 그것을 지배하고 설명하는 기본적인 구조들(또는 체계나 균형성)이 있다는 것이다. 그 연구대상은 인간의 신체일 수도 있고 인간의 정신일 수도 있으며, 사회 자체나 언어 또는 문학, 수학, 신화학, 자연세계, 또는 기타 어떤 현상일 수도 있다. 서로 관련된 여섯 아이디어가 이러한 중심 관념을 뒷받침하고 있는데, 이 여섯 가지 아이디어 모두는 앞에서 제시한 일곱 개 구조주의 실천의 예에 어떤 형태로든지 들어 있어 그것들을 찾아내는 것이 가능하다.

첫째, 전체성의 개념으로, 전체는 부분의 총화 이상이라는 가정이다. 예를 들어, 인체생물학에 있어서 심장, 폐, 간, 뇌 등등이 단순히 모여서 인간의 신체를 이루는 것이 아니다. 신체란 기능적인 전체로, 신체 요소들은 모두 이 전체의 기능에 기여한다. 이 요소들은 전체로서의 신체와 관련지어 작동하며 전체 신체와 관련해서만 이해되어야 한다. 이 신체는 요소들의 단순한 집합이 아니라 완전체이다. 이 요소들은 법칙을 따르며, 피아제의 말처럼 '전체나 체계로서의 구조는 이와 같은 법칙들과의 관련하에서 정의된다'. 그 같은 법칙들은 요소들 사이의 관계가 아니라 그 요소들이 전체와 갖는 관계들로 환원된다. 그렇다면 사회란 그것을 구성하는 개인들 이상의 것이고, 언어는 사전에 들어 있는 단어들을 넘어서며, 수학은 숫자 이상의 것이다. '2+3=5'의 예에서 각 정수들은 고립되어서 존재하는 것이 아니라, 그것들의 구조적 속성에 의하여, 그 정수들이 수라는 체계와 가지는 관계에 의하여 이해된다. 앞의 예 가운데 여섯 번째에서 전체의 중요성이 극명하게 드러난다. 이 과학자의 추론은 '구조가 행동을 결정한다'는 것이며 체계나 구조의 요소들이 행동을 결정하지 않는다는 것이다.

전체성이라는 개념 다음에 구조주의의 두 번째 특징이 이어진다. 실재(實在)는 사물(단위, 구성인자, 요소 또는 부분 등)에 존재하는 것이 아니라 그것들 사이의 **관계**에 존재한다. 다시 한 번 신체적인 예를 들자면, 간은 다른 기관들과의 관계 그리고 전체로서의 신체와 관계에 의하여 인지된다. 간은 이 같은 관계 내에서만 이해될 수 있으며, '부분'으로서 간의 중요성과 의미는 간 이외의 것들과의 관계에 존재한다. 또는 언어의 예를 들자면, 어떤 단어가 인지되는 것은 다른 단어를 통하여서만, 언어 내에서 그 단어의 위치에 의해서만 가능하다. 구조주의자들에 따르면, 우리가 한 단어의 의미를 이해하는 것은 단어 **자체**와 관련해서가 아니라 언어라는 전체성과의 관계에 의해서이다. 숫자 2가 수라는 체제 내에서의 관계에 의하여 이해되어야 하는 것과 마찬가지로 구조주의는 사회적 문제에서의 관심을 개인으로부터 사회로 변환시킨다. 개인은 '부분'이며, 사회는 '전체'이다. 개인은 자신이 속한 사회적 관계의 망으로부터 이해되어야 하며, 중요성과 의미를 획득한다. 홀로 고립된 '부분'은, 그것이 기관이건, 단어이건, 개인이건 간에, 아무런 중요성이나 의미를 지니지 않는다. 중요성이나 의미란 그 부분이 기초하고 있는 맥락, 곧 신체, 언어, 사회로부터 발생하기 때문이다. 앞의 일곱 번째 예에서 번스타인이 '어법을 분석하기 위한 대상이 되는 단위는 맥락을 배제한 발화행위나 혹은 단일한 맥락이 아니며, 맥락들 사이의 관계가 어법 분석의 단위가 된다'고 할 때, 그는 이와 같은 구조주의적인 가정, 즉 구조주의는 **사물**이 아니라 **관계**에 관심의 초점을 맞추고 있다는 점을 명확히 밝히고 있는 것이다.

이쯤에서 세 번째 특징이 즉각 분명해진다. 그것은 구조주의의 아이디어나 개념이라기보다는 방금 기술한 두 요소의 결과이다.

구조주의의 전문 용어로 이야기하여 그것은 '주체의 탈중심화'라고 표현된다. 보다 간단히 이야기하여 이것은 인간이 모든 것의 중심에 있던 자신의 위치를 잃는 것을 의미한다. 인간은 '모든 존재의 척도인 인간'이 아니라 체계 내의 한 요소가 되어 버리는데, 이 체계 내에서 구성요소는 전체성보다 덜 중요하다. 인류를 연구하는 데 있어서 이제 더 이상 인간이 적절한 연구대상이 아니며, 인류 자체라는 전체가 적절한 연구대상이 된다. 개인은 그러한 전체와 관련지어 설명되어야 하며, 따라서 전체에 종속적인 것이 된다. 이와 같은 '주체의 탈중심화'는 근대세계를 특징짓는 발전으로 볼 수도 있다. 코페르니쿠스의 천문학, 다윈의 생물학, 물리학, 콩트의 사회학, 후기 마르크스주의, 프로이트 심리학 등을 포함하는 오랜 근대세계 발전과정의 일부로 볼 수 있는 것이다. 이 경향이 구조주의와 얼마나 다르게 보일지는 모르지만 이것들 모두는 그 같은 '탈중심화'의 증거이다. 각 경향은 인간을 보다 거대하고 보편적인 체계 내에서 설명함으로써 중심 무대에서 밀어내 버리기 때문이다. 관심의 초점은 요소들에 의미와 존재를 부여해 주는 체계로 옮아간다. 이처럼 마땅찮으며 논란의 소지가 많고 많은 사람들에게는 받아들이기 어려운 구조주의의 특징은, 단어가 언어체계에 자리를 양보하는 것처럼 인간의 중요성도 사회의 중요성에 자리를 내줄 것을 요구한다. 구조주의에 대한 반감을 그토록 불러일으키는 것이 바로 이와 같은 인간 개인에 대한 거부이다. 앞에 들었던 '인간'과 관련된 예에서 우리가 확인한 것처럼 가르보와 헵번이라는 개인은 본질과 실존주의라는 전체적 구조에 그 중요성을 양보하였고, 레비-스트로스 예에서 남자와 여자, 그리고 피아제에 있어서 어린이는 필연적이고 엄격한 정신구조에 복속되어 있었다. 마찬가지로 라이언스에 있어서는 번역자가 이미 정해진 이질적인 언어체계들 내에서 고생하고 있었고, 번스타인의 예에서는 학생, 교사, 남학생, 여학생이라는 인간 주체가 '어법'이라는 대단히 구조주의적인 개념의 처분에 맡겨져 있었다. 마찬가지로 과학자들이 관심을 가지는 것은 개개의 스라소니나 토끼가 아니라 그 동물들을 포함하는 체계인 것이다.

　자기조절은 구조주의의 네 번째 특징이다. 전체 또는 체계는 스스로 보전하며 완결성(完結性)을 지향하고, 전체성의 보존을 위하여 필요하다면 그 요소들이 변화하도록 요소들을 지배한다고 주장된다. 이 자기조절이라는 특징과 관련하여 평형유지감(平衡維持感)이라는 것이 존재하는데, 그것은 체계는 자체가 지닌 규칙이나 변형의 법칙, 또는 변형의 기능 등을 이용하여 해당 체계의 존속을 보장한다는 것이다. 신체의 규칙적인 기제(먹고 자는 것 등), 언어가 새로운 단어를 통합하든지 옛 단어의 사용법을 변화시키는 것, 근친상간의 금기나 통과의례와 같은 사회적 관행 등이 그 예다. 각각의 경우에 체계(신체, 언어, 사회)는 스스로를 보존하기 위하여 그 요소들을 이용한다. 이와 같이 체계는 그 자체의 변화와 변형을 통제하지만 이 통제는 언제나 그 자체의 법칙을 따른다. 이와 같은 자기보존과 완결성은 '2+3=5'라는 수식에서 가장 잘 볼 수 있는데, 두 수의 합은 법칙을 만족시켜 세 번째의 수를 만들어 내고 있다. 자기조절의 특징인 완결성과 자기보존은 구조의 범위를 제한하거나 약화시키는 특징이 아니라 구조를 충실하게 해 주는 특징이라고 생각해야 한다.[10] 앞의 네 번째 예에서 동화와 조절이라는 피아제의

기능은 지적 성장을 위한 자기조절 기제로 이 두 개념의 설명은 제
3장에서 다루어질 것이다. 가르보의 예에서는 영화가 여성의 얼굴
을 다룸에 있어서 본질적인 아름다움이 실존적인 아름다움에 자리
를 양보한다.

다섯째, 구조주의자들은 **순간촬영** 기법을 선호한다. 구조주의자
들의 전문 용어를 사용하여 이야기하자면 그들은 **통시적 분석**에 대
한 **공시적 분석**의 우월성을 주장한다. 이 전문 용어들이 의미하는
것은, 언어나 사회 또는 인간정신에 대한 연구는 시간의 흐름에 따
른 변화를 연구함으로써가 아니라 **특정 순간**에 부분들의 관계를 연
구함으로써 가장 잘 수행될 수 있다는 것이다. 이처럼 활동사진이
아닌 순간촬영의 기법이 선호된다. 역사는 별로 중요하지 않으며
중요한 것은 현재의 관계들이다. 이러한 강조는 페르디낭 드 소쉬
르(Ferdinand de Saussure; 다음 장에서 논의된다)의 언어연구에 기원
을 둔다. 이처럼 공시적 분석을 강조하는 것이 유별난 것으로 보일
지 모르지만 사실상 학교교육의 여러 분야에서 친숙한 관행이다.
수학은 본질적으로 공시적으로 수행되며(2+3=5), 과학의 대부분
도 마찬가지이다. 또한 영문학에서도 시의 실천적 비평에 종사해
온 사람들은 누구나 공시적 분석을 수행해 왔다. 부분들이 서로 어
떻게 관계되는가, 의미와 중요성이 어떻게 텍스트 자체 내에 존재
하는지 등에 대한 연구를 해 온 것이다. 리처즈(I. A. Richards)는『실
천적 비평(Practical Criticism)』[11]이라는 중요한 그의 저서에서, 모든
맥락을 제거한 시들을 학부 학생들에게 분석시키기 위하여 자신이
이 시들을 어떻게 제시하였는가를 보고하고 있다. 리처즈를 구조주
의자라고 부를 수는 없지만, 앞의 예는 그 자체로 공시적 분석의 표

본으로 볼 수 있다. 이처럼 역사의 가치를 무시하는 것이 구조주의에 대한 반감, 특히 마르크스주의자들이 갖는 반감의 또 다른 중요한 이유이기도 하다. 앞에서 살펴본 각 예를 보면, 체계를 순간촬영 기법으로 설명하는 방식을 선호하는 경향이 명백히 드러난다.

　마지막으로, 구조주의의 중요한 아이디어 가운데 하나가 **변형**이다. 앞의 특징들에서 본 것처럼 구조주의가 공시적 분석과 자기조절을 선호하므로 본질적으로 정적(靜的)이라고 생각할 수도 있을 것이다. 그런 이유로 이 변형이라는 아이디어는 앞에서 들었던 특징들과 이상할 정도로 대조적으로 보일 것이다. 그러나 공시적 분석이나 자기조절 등의 특징들이 변형이라는 개념과 반드시 충돌하는 것은 아니다. 구조의 변형 또한 전체성의 법칙들을 따르는데, 이 법칙들은 여전히 전체 자체에서 생겨나며 변화의 흐름 또한 이 법칙들이 통제하기 때문이다. 그러한 법칙들은 이미 구조화되어 있기도 하고 다른 규칙들을 구조화시키기도 한다. 말하자면 이 법칙들은 부분과 부분, 부분과 전체 사이의 역동적 관계를 형성해 주는 것이다. 이 역동성 내에서 변화는 필연적인 결과이다. 피아제가 이야기한 것처럼 '알려진 모든 구조는…… 예외 없이 변형의 체계이다'. 따라서 구조는 변화해야 하지만 그 변화는 체계의 법칙을 따른다. 언어에 대한 구조주의 접근법에서 변형이라는 개념을 분명히 살펴볼 수 있다. 그것은 언어의 심층구조에 대한 탐구를 이끄는 전제가 되며 촘스키의 변형생성문법이라는 개념에서 특히 잘 드러난다.[12] 구조주의 언어학자들은 언어가 거의 무한정으로 다양하며 시간의 흐름에 따라 변화를 겪는다는 점을 인정하기는 하지만, 그러한 차이와 변화를 지배하는 보편적 법칙이나 규칙의 존재를 가정한다. 이와 비슷하게 사회학자들과 인류학자들은 자신이 연구하는 아주 다양한 사회적 관행의 표현 밑에 깔려 있는 구조적 규칙과 원리를 탐구한다. 사회는 변화하지만 그 변형은 구조적인 법칙들, 예를 들어 친척관계나 생산관계에 의거하여 설명되어야 한다. 비슷하게 수학이나 생물학은 가장 근본적으로는 변형 법칙의 체계로 볼 수 있다. 2+3=5에서 수학의 변형적인 성질은 자명하게 드러난다. 앞에서 제시하였던 다른 예에서도 변형이라는 개념은 중심적이다. 예를 들어, 바르트의 예에서 '이제 막 영화가…… 을 끌어내려고 하는', 레비-스트로스의 예에서 '변형된 물질', 피아제의 예에서 '동화'와 '조절', 라이언스의 예에서 '번역하다', 과학자의 예에서 '결정된다', 번스타인의 예에서 '생성하다'와 '창조와 생산' 등이 그것이다.

이상이 구조주의의 일반적 특징들이다. **전체** 또는 **전체성**이라는 개념은 가장 중심적인 개념이며 의미는 사물이 아니라 관계에 존재한다는 전제, 그리고 자기조절과 변형이 구조의 특징이라는 두 가지 전제가 뒤따른다는 것을 알 수 있다. 그렇다면 구조주의는 이론(또는 이론들)임과 동시에 방법론이다.

이쯤에서 앞서 제시하였던 각 예들을 살펴보고 방금 소개한 특징들을 찾아내 보는 것은 독자들이 구조주의에 대한 이해력을 검증해 보는 귀중한 연습이 될 것이다. 로버트 숄즈(Robert Scholes)는 다음과 같은 적절한 요약문을 제공한다.

구조주의의 아이디어 중심부에는 체계라는 아이디어가 존재한다. 그것은 그 체계적인 구조를 유지하면서 그 모양들을 변형

시킴으로써 새로운 조건에 적응하는 완전하고 자기조절적인 실
재를 말한다.[13]

제1장에서는 구조주의의 본질을 설명하고 실천의 몇몇 예를 들
어 보았고, 구조주의가 야기하는 반대도 예시해 보았다. 많은 정통
의 학자들이 왜 구조주의를 마음에 들어 하지 않는가에 대한 몇몇
이유 또한 밝혀 보았는데, 소쉬르의 저술에 존재하는 구조주의의
기원과 후속 발전상을 다루는 다음 장부터 초점들이 명확해지면
또 다른 비판이 제기된다. 그렇게 되면 우리는 교육연구와 실천에
구조주의가 어떻게 강력한 영향을 미치는가를 알게 될 것이다.

주

1. 케임브리지 대학교 평의회의 이틀에 걸친 토론 내용은 1981년 2월 18일
   자 『Cambridge University Reporter』, 5108, CXI의 18쪽에 실려 있다. 이
   사건에 대한 다른 분석 혹은 언급, 특히 구조주의에 관한 내용은 1981년
   2월 6일자 『The Times』의 문학판 부록에 「Modern Literary Theory」라는
   기사로, 1981년 2월 14일 『The Guardian』에 「The Oxbridge Malaise」라
   는 제목으로, 1981년 2월 1일 『The Observer』에 「Structuralism and Dry
   Rot」이라는 제하에 실려 있다. 이 책에 인용된 내용들은 앞의 출처에서
   나온 것들이다. 그러나 이 케임브리지 사건은 끊임없이 계속되던 신랄
   한 논쟁이 지역에서 잘 드러난 예일 뿐이었다. 1983년에도 논조들은 여
   전히 냉혹하고 날카로워서 다음과 같은 용어들이 사용되고 있었다. '불
   평과 편집중', '주류(主流)의 음모', '이 책은 쓸모가 없다', '터무니없다',
   '특히 남성적인 외설의 일종' 등. Tom Paulin (1983). *London Review of*

Books, 5, 2, p. 5 참고.

2. Jonathan Culler (1975). Structuralist Poetics: Structuralism, Linguistics and the Study of Literature. London: Routledge and Kegan Paul.
조나선 컬러의 이 책은 영국의 문학적 구조주의 초기의 매우 중요한 책이다.

3. Edmund Leach (1973). 'Structuralism in social anthropology', in David Robey (Ed.), Structuralism: An Introduction. Oxford: Clarendon Press.
에드먼드 리치 경은 케임브리지 대학교 King's College의 학장을 역임하였는데 다른 문화들을 구조주의적으로 분석하는 데 중요한 역할을 수행해 오고 있다.

4. Roland Barthes (1972). Mythologies. London: Jonathan Cape, pp. 56-57.

5. Claude Levi-Strauss (1978). Mythology. V. 3 The Origins of Table Manners. London: Jonathan Cape, pp. 412-413.
클로드 레비-스트로스는 가장 탁월한 구조주의 인류학자로 그의 연구는 제3장에서 다룰 것이다.

6. Jean Piaget (1971). Structuralism. London: Routledge and Kegan Paul, pp. 63-65.
제3장에서 밝혀지겠지만 이 책은 구조주의적 연구의 본질을 파악하려는 교사들에게 중요한 책이다. 이 책은 구조주의에 대한 비판점을 포함하지 않고 있으므로 신중하게 읽혀야 한다.

7. John Lyons (1973). 'Structuralism in linguistics', in David Robey (Ed.), pp. 5-19.

8. John Maynard Smith (1982). 'Understanding Science', London Review of Books, 4: 10, p. 72.

9. Basil Bernstein (1982), 'Codes, modalities and the process of cultural reproduction: a model', in Michael Apple (Ed.), Cultural and Economic

Reproduction in Education. London: Routledge and Kegan Paul, p. 304.

10. Piaget (1971), p. 14 참고.

11. I. A. Richards (1929). *Practical Criticism: A Study of Literary Judgement*. London: Routledge and Kegan Paul.

반세기가 더 지난 지금도 이 책은 영어교사뿐만 아니라 모든 교사들이 주의 깊게 살펴보아야 할 만한 책이다.

12. Noam Chomsky (1965). *Aspects of the Theory of Syntax*. Cambridge, Mass.: MIT Press.

노움 촘스키의 구조주의 언어학에 대한 공헌은 제3장에서 다루어진다.

13. Robert Scholes (1974). *Structuralism and Literature*. New Heaven, Conn.: Yale University Press, p. 10.

나중에 컬러(1975)가 쓴 더 어려운 책에 의해 대치되기는 하였으나 숄즈의 책은 문학적 구조주의에 대한 쉬운 입문서이다.

제2장

구조주의의 기원
Structuralism and **E**ducation

구조주의는 언어학, 즉 페르디낭 드 소쉬르(Ferdinand de Saussure 1857~1913)의 연구에 기원을 두고 있다. 약간 특이한 방식이기는 하지만 소쉬르는 구조주의의 창시자로 인정되어야 마땅하다. 그 자신은 '일반적으로 중요한 어떤 문헌도',[1] 심지어는 자신을 유명하게 해 주고 구조주의를 탄생시킨 책마저도 직접 저술하지 않았다. 『일반언어학 강의(Course in General Linguistics)』라는 책은 1907년부터 1911년 사이에 제네바 대학교에서 소쉬르 강의를 들은 학생들의 노트들을 정리해서 그의 사후에 출판한 것이다.[2] 겸손할 뿐만 아니라 잘 알려지지도 않았던 이 교수가 20세기 사상 혁명에 끼친 영향 면에서 동시대 인물들인 프로이트(Freud)와 뒤르켕(Durkheim) 등과 동등한 위치에 서게 된 까닭이 단지 제자들의 헌

신과 정열 때문이었다는 사실에는 매력적인 아이러니가 깃들어 있
다. 소쉬르는 프로이트나 뒤르켕 연구에 대하여 거의 또는 전혀 알
지 못하고 있었던 것 같지만, 정신과정(프로이트), 사회(뒤르켕), 언
어(소쉬르)를 보는 우리의 견해가 바뀌게 된 것은 앞의 두 사람과
마찬가지로 소쉬르가 무의식 현상과 구조적 설명을 강조하였기 때
문이다.

소쉬르의 연구는 어원에 대한 탐구를 한다든지 언어의미의 변
화 발전을 끈기 있게 추적하였던 19세기의 역사적 언어연구에 대
한 반동을 대표한다. 소쉬르는 그러한 역사를 순간촬영(공시적) 방
법에 대한 관심, 즉 특정 순간에 언어 전체를 연구하는 데 대한 관
심으로 대치하였다. 나아가서 그는 상식적인 의미이론(한 단어의 의
미는 특정의 대상을 지시한다는)에서 벗어나 언어라는 전체성 내에서
단어들 사이의 관계를 강조하였다. 그의 연구는 근본적으로 언어
에 대한 것이기는 하지만 인간행동의 모든 양상을 연구하는 데 중
요한 시사점을 지니며, 앞으로 살펴보겠지만 교육 및 학교교육을
연구하는 데도 적지 않게 중요한 시사점을 제공한다. 제2장에서 우
리는 여러 형태의 구조주의 발전에 영향을 준 소쉬르의 중요한 아
이디어들을 검토해 보려고 한다. 이 아이디어들을 다섯 가지의 소
제목하에 논의하게 될 것인데, 그 다섯 제목은 랑그(langue)와 파롤
(parole), 기표(記表, signifier)와 기의(記意, signified), 기호의 자의성,
차이, 공시적 분석과 통시적 분석이다. 여러 독자들은 이 용어들에
낯설 것이고 따라서 지나치게 전문적인 용어라고 묵살해 버릴지도
모르지만 이 전문 용어들이 지니는 의미와 중요성을 파악하는 것
이 반드시 필요하다. 나로서는 신조어에 대해 독자들이 미심쩍어

하는 것을 이해하며 동의하기도 하지만, 소쉬르의 이 아이디어들은 본질적인 중요성을 지닌다. 처음에는 이 용어들이 편리한 속기와 같은 역할을 해 줄 것이기 때문이다.

소쉬르의 중요한 아이디어들

1. 랑그(*Langue*)와 파롤(*Parole*)(언어체계와 언어행위)

소쉬르에 있어서 첫 번째로 중요한 개념은 랑그와 파롤(언어체계와 언어행위 혹은 언어와 말, language and speech)의 차이에 대한 강조이다.[3] 그는 모든 말(언어행위)이 언어(체계)로부터 도출되며 언어(체계)가 말(언어행위)에 의미를 부여한다는 사실을 지적하여 파롤에 대한 랑그의 지배권을 주장하였다. 언어란, 예를 들어 사전에서 찾아볼 수 있는 것처럼 존재하는 단어들의 단순한 집합이 아니다. 언어란 말하는 사람과는 관계없이 역사적으로 주어진, 그리고 말하는 사람이 그것에 의존할 수밖에 없는 체계이고 전체이며 규칙들의 집합체이다. 그것은 요소들 사이 규칙들의 체계이며, 어떤 요소(단어, 발화, 파롤)이든지 전체로서의 언어 내에서 가지는 위치에 의하여 뜻이 생긴다. 따라서 규칙들의 체계인 랑그는 파롤을 가능하게 해 준다. 내가 말할 수 있는 까닭은 (혹은 읽고 들은 것을 쓰거나 해석할 수 있는 것은) 언어에 대한 나의 이해력 때문이다. 그리고 앞으로 밝혀질 것이지만, 그러한 이해력은 주로 무의식적이다.

말(언어행위) 또는 파롤은 지금 여기에 존재하며, 한 단어에 다른 단어가 뒤이어지므로 직선적으로 경험된다. 말은 시간과 공간 내에서 구체화되는 하나의 사건이다. 그러나 언어(랑그)는 직선적으로 경험되지 않으며 결코 눈으로 볼 수도 없다. 그것은 관계들로 구성된 전체, 그리고 어떤 저장된 인지능력을 구성하는 추상적인 전체이다. 언어(체계)란 모든 발화자가 파롤이라는 개별적인 진술문들을 만들기 위하여 의존해야만 하는 지식의 총체이다. 랑그는 체계이고 파롤은 그 체계의 실현(또는 표현)이다. 소쉬르에게 있어서 언어학자들의 첫 번째 임무는 전체로서의 언어를 연구하는 것, 즉 언어의 규칙들과 관계들을 밝혀내는 것, 그 본질과 형태를 발견하는 것이었다. 전체로서의 언어에 대한 그의 강조는 언어행위 자체에 초점을 맞추고 있었던 비트겐슈타인(Wittgenstein)이나 서얼(Searle)의 접근법과는 전혀 다른 것이었다. 소쉬르에게는 랑그가 우선적이며, 파롤은 부수적인 것이다.

　이러한 이야기가 모두 상당히 추상적으로 들린다면 다음과 같은 비언어적인 비유가 도움이 될 수도 있을 것이다. 축구나 크리켓 경기를 관전할 때, 케빈 키건(Kevin Keegan)이 한 골을 넣었다든지 이언 보덤(Ian Botham)이 6점을 냈다든지 등 여러분이 가장 생생하고 구체적으로 보는 것이 파롤에 해당된다. 이 사건들은 여러분의 눈앞에 즉각적으로 존재하는 것들이고, 익숙하여 즉시 이해되며 손에 땀을 쥐게 하는 것들이다. 그러나 여러분이 보는 내용을 이해하도록 만들어 주는 것, 그리고 키건과 보덤의 행위를 결정해 주고 설명해 주는 것은 눈에 보이지 않는 추상적인 경기의 규칙, 다시 말해 축구나 크리켓이라는 '전체'이다. 이것이 랑그에 해당한다. 천부적인 재능을 지닌 개인인 키건과 보덤은 둘 다 어떤 체계 또는 구조 내에서 움직이며 그들은 자신의 모든 행위에 있어 그 구조에 의존하고 구조를 표현하며 실현한다. 그들은 게임의 규칙이라는, 자신이 태어나기 전에도 존재하였고 그들이 운동을 그만둔 오랜 후에도 계속 존재할 구조의 맥락 내에서 행동하고 (골을 넣는다거나 점수를 낸다거나 등) 자신이 무엇을 하고 있는가를 이해한다. 그렇다고 해서 그 규칙들이 언제나 고정되어 있다는 것은 아니다. 그 규칙들은 물론 변화하며, 어떤 변형은 훌륭한 천부적 재능을 지닌 개인들에 의하여 생겨나기도 한다. 그러나 이 개인들의 행위의 한계를 정하고 그 행위들을 포함하며, 또한 행위들의 원인이 되면서 동시에 행위의 까닭을 설명해 주는 것은 축구나 크리켓이라는 구조이다. 보덤이 6점짜리를 쳤다는 것은 하나의 사건이며, 우리는 그것을 하나의 구조 내에서 경험한다. 그리고 내가 이 글을 쓰고 있고 독자 여러분이 그것을 읽고 있을 때, 그것들은 사건들, 즉 파롤이다. 그러나 내가 글을 쓰고 여러분이 그것을 읽는 것은 랑그라는 구조에 의해서이다. 우리는 모두 이 구조를 확실히 이해하고 있지만 역설적이게도 구조에 대하여는 대략적으로, 더듬더듬 설명할 수밖에 없다. 우리는 우리가 말할 수 있는 것보다 훨씬 많이 알고 있는 것이다.

분명한 것은, 소쉬르의 랑그–파롤 구분이 제1장에서 구조주의의 첫 번째 특징으로 이야기되었던 **부분–전체**의 관계와 대응한다는 것이다. 그러나 생물학적 구조에서의 기관–신체 관계와는 중요한 차이가 있다는 것 또한 중요하다. 생물학에서는 전체와 부분이 둘 다 우리가 검사할 수 있도록 존재하므로 우리는 실제로 신체와 기관을 눈으로 볼 수 있다. 그러나 랑그–파롤의 관계에서는 파롤만이 존재하며 랑그는 언제나 부재(不在)한다. 어떤 문장이나 단어는 언어(체계)를 예시하며, 언어의 존재를 증명하지만 언어 자체는 결코 실재하지 않으며, 눈으로 볼 수 없고, 전체로서 파악될 수도 없다. 사전은 랑그가 아니라 파롤의 한 형태인데 그 까닭은 언어란 관계들의 복합체이며 그 전체성을 결코 물리적으로 파악할 수 없기 때문이다. 이 점을 지적하는 까닭은 기관-신체라는 생물학적 비유가 우리를 얼마나 오해시킬 수 있는지를 보여 주기 위한 것으로, 이 경우에 '전체'라는 것은 우리가 눈으로 볼 수 있는 단순히 물리적인 신체가 아니라 우리의 눈으로는 볼 수 없는 기관-신체의 (부재不在하는) 관계들이기 때문이다. 이와 마찬가지로 축구나 크리켓 게임의 규칙이 출판된 문서로 우리 손에 쥘 수 있는 것들이라고 생각하는 것 역시 잘못된 것이다.

이처럼 파롤의 랑그에 대한 관계는 존재의 부재에 대한 관계와 같은 것으로, 이 존재-부재의 구분은 여러 후기 구조주의자에 의하여 만들어진 것이다. 누구나 단어들을 듣고 볼 수 있으므로 랑그의 실재는 모든 말하기 행위와 쓰기 행위 안에 존재의 상태로 내포되어 있지만, 결코 완전하게 명시될 수 없는 언어의 규칙들을 통하여 부재의 상태로 이해된다. 20세기에 들어서 언어학자들은 이와 같은 규칙과 법칙들을 찾아내고 분석해야 한다는 소쉬르의 요구를 수용하였으나 그들의 노력에도 불구하고 소쉬르의 랑그에 대한 통찰력 가운데 극히 일부만이 밝혀졌을 뿐이다.

랑그-파롤의 구분은 언어학자들에게뿐만 아니라 모든 사회생활을 이해하는 데 아주 중요하다. 앞의 축구와 크리켓의 비유가 이 중요성을 잘 보여 준다. 현대 사회학자들은 개인이 어떻게 사회적 지식이라는 전체성에 의존하는가를 점점 더 강조하는데, 이 사회적 지식이라는 전체성은 인간행위에 대한 제한자임과 동시에 인간행위의 원천이기도 하다. 언어체계와 마찬가지로 이러한 사회적 지식의 축적물은 저장된 역량의 복잡한 세트로 소유되며, 모든 사회적 행위에 의하여 실현되고 그 행위를 통하여 예증된다.[4] 어떤 특정의 행위에 의미를 부여하는 것은 이와 같은, 결코 눈으로 확인할 수 없는 전체성인 것이다. 랑그와 파롤의 비유가 학교교육과 교육에 가지는 중요성은 명백하다. 철수가 덧셈을 하고 있다든지, 영희가 철수를 밀고 있다든지, 담임 선생님이 영희에게 이야기하고 있다든지 등등 학급에서 일어나는 어떤 사건이든지 구조 또는 구조들 내에서 이해되어야 한다. 철수와 영희와 선생님은 모두 고유한 개인들이며 그들의 인성과 행위는 구체적으로, 특수하게, 그리고 자명하게 그 자신들의 것이다. 그러나 소쉬르로부터 얻은 통찰력에 따른다면, 랑그 및 랑그에 해당하는 체계를 구성하고 있는 눈에 보이지 않는 구조들 내에서만 이들의 행동이 적절히 설명될 수 있다. 마찬가지로 소쉬르의 랑그-파롤 관계는 교육과정, 학교 분위기, 평가, 또는 교육과 관계있는 다른 문제들을 논의하는 데 유효한 통찰력을 제공해 준다(특히 제7장과 제8장을 보라).

　소쉬르의 다른 개념을 다루기 전에 그의 랑그-파롤 관계에 대한, 서로 관련되어 있는 근본적인 비판 두 가지를 살펴보자. 첫째, 구조주의 자체와 마찬가지로 그의 이론에서도 명백하게 결여되어 있는 것은 역량을 지닌 개인의 개념이다. 파롤(사건)이 아닌 랑그(구조)에 주어진 우위로 인하여 둘 사이의 관계가 무시되고 있다는 비판인데, 랑그와 파롤 그리고 구조와 사건을 이어 주는 연계항(連繫項)이 개인이기 때문이다. 이와 같은 사실은 보덤과 키건의 예를 생각해 봄으로써 알 수 있을 뿐만 아니라 그 밖의 모든 인간행위를 고려해 보면 잘 드러난다. 발화행위를 한다는 것은 그 자체로 인간 역량의 구현으로, 다시 말하면 랑그라는 구조에 대한 이해, 직관적이지만 무의식적이고 당연시되는 이해를 구현하는 행위이다. 이렇게 본다면, 어른과 마찬가지로 어린이들 또한 그러한 역량을 아주 잘 보여 준다. 여기에서 두 번째 비판점이 도출되는데, 구조와 사건 사이의 관계와 마찬가지로 랑그와 파롤은 서로 밀접하게 연결되어 있다. 이처럼 전체는 특수한 것에 의미를 부여할 뿐만 아니라 특수한 것(파롤 또는 사건)은 숨겨져 있는, 부재하는 전체성(구조 또는 랑그)에 의존하며 그것을 재생하고, 재창조하며 결국 변형시키게 된다. 어떤 학생이 '노르만족이 1066년에 영국을 정복하였다'고 이야기할 때, 명백하게 간단한 이 발화행위는 이 학생이 의존하고 있는 언어, 시간(1066년), 장소(영국), 그리고 사회(노르만족)라는 복잡한 구조들의 증거이기도 하며, 또한 인간행위를 통하여 그 구조들이 재생되고 재창조되는 증거이기도 하다. 이 책에서 강조하고자 하는 바는 이같이 근본적으로 서로 통하는 관계에 대한 이해, 랑그와 파롤, 구조와 사건, 보편과 특수, 집단과 개인 사이의 상호작용에 대한 이해가 필수적이라는 것이다.

2. 기표(記標)와 기의(記意)

소쉬르는 언어가 기호의 체계라고 보았다. 아주 평범한 이야기처럼 들릴지도 모르지만 우리가 언어 및 모든 사회적 행위를 이해하는 데 이러한 언어관이 아주 중요한 역할을 해 왔다. 언어가 기호체계라는 것은 말하기와 쓰기가 기본적으로 기호들이라는 주장, 즉 의미를 표현하고 전달하는 소리이거나 종이 위의 표식이라는 주장이다. 그것들이 의미가 없다면 언어가 아니라 단지 소음이나 자국에 불과하다. 조나선 컬러(Jonathan Culler)의 이야기처럼, 소리는 그것이 아이디어를 표현하고 전달하는 데 사용될 때에만 언어로 간주되며 그렇지 않으면 그저 소음일 뿐이다. 이로써 우리는 신호체계란 관습의 체계이며, 언어란 의미에 관한 일련의 특정 관습이라는 사실을 깨닫게 된다. 소쉬르는 이 체계 내에서 **기표**와 **기의**를 구분하는데, 기표는 의미의 매개체인 기호 자체(단어, 글자, 소리)이며 기의는 전달되는 아이디어나 의미를 뜻한다.

기호, 그리고 이 기호를 구성하는 요소인 기표와 기의에 대한 소쉬르의 강조로 인하여 **기호학**이라는 새로운 학문이 생겨나게 되었다. 소쉬르는 '기호의 과학'을 확립하고자 하였으며 그에게 있어서 기호학이란 다음과 같은 학문이다.

> 사회생활의 심장부에 존재하는 기호의 삶을 연구하는 과학…… 즉, 기호의 특징들이 무엇이며 어떤 법칙들이 기호를 지배하는가를 설명해 주는 과학이다.

이 기호학의 대상은 언어학에만 한정되는 것이 아니라 의식(儀式), 여러 형태의 예절, 군사신호 등과 같은 모든 형태의 의사소통을 연구하는 것이었다. 기호학이 발전해 오면서 쓰기와 말하기를 근본적인 기표로 삼기는 하였지만 모든 것(의복, 행위, 음식 등)을 기호의 체계로 해석하려는 관심, 간단히 말해 문화에 대한 기호학적인 연구를 확립하려는 관심이 기호학의 특징이다. 제1장에서 살펴보았던 가르보(Garbo)의 얼굴에 대한 롤랑 바르트(Roland Barthes)

의 분석은 기호학의 한 예이다.

학교교육은 잠재적으로 풍부한 기호학적 연구 가능성을 지닌 분야이지만 교육연구에서 이러한 연구를 무시해 왔다는 사실은 홍미로운 일이다. 기호연구는 영화, 텔레비전, 광고 등에 대한 연구들을 교육과정과 직접 관련지어 주며, 학교는 그 자체로 기호, 즉 의미전달의 관례들을 풍부하게 지니고 있는 장소이기도 하다. 교복이라든가 학생이 손을 드는 것, 상벌 등은 그 분명한 예들이고, 시간표, 반이나 분단을 편성하는 일, 교육과정 주제들, 학부모에게 제공되는 통신문, 학부모의 밤 등등 학교에서 벌어지는 어떤 활동이든지 하나의 기호체계로 볼 수 있으며, 따라서 기호학적인 분석이가능하다. 기표들은 어디에서나 찾아볼 수 있으며, 기의들은 복잡하지만 반드시 연구해 보아야 할 항목들이다. 중학교 1학년 학생이개학 첫날 시간표를 받아 쥐었을 때, 그가 손에 쥐고 있는 종이쪽은기표이다. 학생은 그 서류의 의미를 이해해 가면서 나머지 학교생활을 보내게 되는데, 이러한 '기의들'과 함께 같은 반 학생들, 교사들, 학부모들의 기의들 또한 학교교육을 이해하고 변화시키는 데기여하려는 연구들이 중요하고 정당한 연구목표로 삼을 만한 것들이다.[5]

구조주의자들이 사용하는 기표-기의의 구분은 앵글로 색슨 전통의 상식과는 배치되는 것이어서 자주 혼돈과 적대감을 일으킨다. 왜냐하면 소쉬르가 기표와 기의라는 전문 용어를 사용한 까닭이 상식적인 지시이론에서 벗어나기 위해서였다는 것을 깨닫는 것이 중요하기 (처음에는 많은 이들이 당혹해할 것이지만) 때문이다. 다시 말해서, 기표는 단어나 소리이고 기의는 그 개념이어서 이 둘 중

어느 것도 '사물 자체'를 지시하지는 않는다는 것이다. 그의 주장에
따르면, 우리가 '개'라고 말할 때 우리는 어떤 실제적인 대상, 우리
가 실제로 볼 수 있는 어떤 개, 우리의 저 바깥에 현존하는 대상을
언급하는 것이 아니다. 그가 기표라는 용어를 사용한 까닭은 의미
란 어떤 대상과 관련지어 생겨나는 것이 아니라 어떤 단어가 다른
단어들과 관련하여 차지하는 위치로부터 생겨나는 것임을 보여 주
고자 한 것이다. 소쉬르에게 있어서 의미란 랑그의 체계로부터, 랑
그의 추상적인 관계들과 규칙으로부터 도출되는 것이지 외부의 독
립 세계와 가지는 관계로부터 나오는 것이 아니다. 이것은 여러 독
자들에게는 매우 낯설고 마땅찮은 견해이겠지만 이 기표-기의 구
분의 중요성은 소쉬르 이론의 다음 요소들을 살펴보면 점점 분명
해질 것이다.

3. 기호의 자의적(恣意的) 성격

우리 대부분은 당연히 우리가 '개'라고 말할 때 우리 눈앞에 실제
로 볼 수 있는 착한 늙은 개 로버(Rover)를 의미한다고 여긴다. 그
러나 소쉬르의 생각은 다르다. 그는 어떤 단어의 지시관계를 자연
세계의 대상이 아니라 언어 자체라는 전체 의사소통체계 내에서
가지는 단어의 의미로 변환시키는 데 관심을 두었다. 그에게 있어
서 의미란 대상물로부터 나오는 것이 아니라 기호들 사이의 관계
로부터 나오는 것이었다. 따라서 그는 기호의 **자의적** 성격을 주장하
는 것이다. 이것은 어떤 단어와 그것이 지시하는 대상 사이에 아무
런 본질적인 관계가 없음을 의미하는 것일 뿐만 아니라, 소쉬르의
용어로 이야기하자면 기표와 기의 사이에도 아무런 본질적인 관계

가 없음을 의미한다.

일상적인 예를 하나 들어 보면 그의 주장이 잘 드러난다. '나무'
라는 단어는 대상 자체와는 단지 자의적인 관계만을 지니는데, 어
떤 언어가 사용되는가에 따라서 그 대상을 'tree'(영어)로도 'arbre'
(프랑스어)로도 'Baum'(독일어)으로도 묘사할 수 있기 때문이다. 그
대상물은 또한 한 집단의 모든 사람이 그렇게 하기로 동의하기만
한다면 'rudd'라고 불릴 수도 있다. 그 단어와 그 대상물을 연결시
켜 주는 것은 단지 관습일 뿐이며 그 사이에는 아무런 논리적이거
나 필연적인 관계가 존재하지 않는다. 마찬가지로 기표와 기의, 단
어와 개념을 연결시켜 주는 것도 관습일 뿐이다. 소쉬르에게 있어
그 관계는 자의적인 또는 '정당한 이유가 없는' 것이다. 어떤 단어
의 의미는 다른 단어들과의 관계로부터, 즉 그 자체로는 '부재'인,
그리고 랑그라는 전체성인 그 복잡한 기호체계로부터 나온다. 소
쉬르에 따르면, 우리가 '나무'라는 단어를 듣거나 읽을 때 우리 마
음에 떠오르는 모든 것, 즉 개념 자체는 어떤 독립성도, 어떤 개별
적인 존재도 지니지 않는 것이었다. 그 개념, 또는 생각(기의)은 단
어(기표)와 마찬가지로 한 언어체계 내의 요소에 지나지 않는 것이
어서 그 언어체계에 의하여 비로소 의미가 부여된다. 여기에서 우
리는 또다시 구조주의에서의 '전체'가 요소를 어떻게 지배하고 있
는가를 확인할 수 있다.

기호의 자의적 특징에 대한 이러한 주장에서 우리는 소쉬르의
생각에 깃들어 있는 혁명적인 특징을 찾아볼 수 있다. 그는 어떤 종
류이든지 외부의 지시물에서 언어를 분리해 내기를 바라며, 언어
와 세계의 관계를 근본적으로 단절시킬 것을 제안한다. 그의 주장

에 의하면, 세계를 지시하는 어떤 단어이든지 그 외부세계와 단지 자의적인 관계만 가질 뿐이어서 인간들이 추구하는 의미란 외부의 세계에서가 아니라 언어체계 자체 내에서 찾아져야 한다.

이러한 언어와 실재의 단절로 인하여 교사들은 대단히 혼란스러워할 것인데, 그러한 단절은 자신들이 지닌 상식적인 가정들에 어긋날 것이기 때문이다. '버릇없는' 행동이란 이제 더 이상 교사들이 '버릇없다'고 이름 붙이기로 합의한 그러한 행동이 아니라는 말인가? '표준'이란 특정 집단의 자의적인 주장에 불과한가? '특수한 요구'는 전문가들의 사회적 구성물일 뿐인가? '교육'에는 관습적으로 합의된 요소 말고는 의미의 본질적인 핵심은 없는 것인가? 만약 기호의 자의성에 관한 소쉬르의 주장이 위험할 정도로 상대주의적으로 보인다면 우리는 이미 오래전 줄리엣(Julliet)의 독백, 즉 "이름 안에는 무엇이 있을까? 우리가 장미라고 부르는 이름에는. 어떤 다른 이름을 가져도 이 달콤한 향기는 변하지 않으리."라는 독백을 떠올리거나, 또는 햄릿(Hamlet)의 도덕성에 대한 언급, 즉 "선한 것도 악한 것도 없다네, 선한 것 악한 것은 우리의 생각이 만든 것이라네."라는 언급을 떠올려 보아야 할 것이다. 그러나 셰익스피어(Shakespeare)는 소쉬르와는 달리 언어와 실재를 단절시키는 일에는 관심이 없었을 것이다. 예를 들어, 'the cat sat on the mat'이라는 문장에서 소쉬르가 보여 주려 했던 것은 'the'와 'on'과 'sat' 등의 단어가 언어라는 체계에 의하여 이해되어야 한다는 것이었을 뿐만 아니라, 'cat'나 'mat'처럼 사물로서 존재하고 그 대상을 즉시 확인할 수 있을 것 같은 단어들도 마찬가지로 우리가 눈으로 볼 수 있는 사물에 비추어서 이해되는 것이 아니라 언어체계와 관련지어서 이해된다는 것이었다.

소쉬르의 주장으로 인한 세 가지 불편한 결과가 이쯤에서 도출된다. 첫째, 어떤 기호('버릇없는', '표준', '학생' 등)도 그 자체로는 아무런 의미도 지니지 않으며, 단어는 한 체계(체제)의 일부로서만 의미와 중요성을 지닌다. 둘째, 체계나 구조들(예를 들어, 학교, 사회, 언어 등)은, 전문 용어로 말하자면 서로 통약불가능(通約不可能)할 것이다. 다시 말하여, 그것들은 서로 '번역이 가능하지' 않을 수도 있다(제1장의 다섯 번째 예를 보라). 한 집단에서 버릇없게 생각되는 행동은 다른 집단에는 버릇없는 것이 아닐 수도 있으며, 한 집단에서의 표준은 다른 집단에 의해서 그 가치가 무시될 수도 있다.[6] 셋째, 언어는 실재를 규정하는 최고 정의자(定義者)의 위치로 격상되어 버리는데, 이 역시 '실제적'인 앵글로−색슨족이나, 마르크스주의자나, 또는 논쟁에서 이길 자신이 없는 어떤 사람이든 똑같이 못마땅해 할 견해이다. 그러나 이 세 결과 중 어느 것도 상식에 맞지 않다고 단순히 무시해 버릴 수는 없다. 세 가지 모두 교사들 및 다른 사람들이 계속 연구해 보아야 할 것들이다. 기호의 자의적 성격이라는 생각을 더욱 잘 이해하기 위하여 이 책에서는 소쉬르가 '차이'라는 개념을 사용하여 어떻게 언어의 관계적인 본질을 역설하고 있는지를 살펴볼 것이다.

4. 차이

'기호의 자의성'과 랑그의 전체성이라는 소쉬르의 개념은 다음과 같은 그의 주장으로부터 기원한다.

언어에는 ~인 관계란 없고 차이만이 존재한다.

나중에 레비-스트로스의 연구에서 기본이 된 구분법을 사용하여 소쉬르는 의미란 대립으로부터, 특정 맥락에서의 차이로부터 나온다고 주장한다. 이처럼 '빨강'이란 노랑이나 초록이 아닌 것이며, 빨강 자체에 의해서가 아니라 색깔체계 내의 관계에 의하여 정의된다. 이와 비슷하게, 단어들 사이의 구별, 단어의 범주, 지시 대상의 경계 등이 의미를 만들어 내는 것은 언어의 관계적인 특질로부터 발생하는 차이에서이지 개별적인 언어들 자체 내에서 의미가 만들어지는 것이 아니다.

> 기호는 다른 기호와 서로 구별되는 차이에 의하여 서로를 중립적으로 정의한다…… 'the'와 'this'는 이 단어들이 'a'와 'that'과 절대적으로 구분되는 한에서만 의미를 지닌다.

제1장에서 다루었듯 실체가 아니라 관계에 대한 구조주의의 강조를 여기에서 다시 확인할 수 있다. 개념은 다른 개념들에 의존하며, 홀로 서서 독립되어 있거나 자율적이지 않고 체계에 전적으로 의존한다. 소쉬르의 기념할 만한 문장을 빌리자면, '개념의 가장 정확한 특징은 그것이 다른 것들이 아닌 것이라는 것이다'.

8시 25분발 제네바-파리 특급열차의 예를 들어서, 소쉬르는 특정 열차를 제네바-파리 특급열차로 만드는 것은 그 내용(즉, 특정 대상물: 객차, 엔진 등)이 아니라고 주장한다. 장소와 시간이 적혀 있는 열차 시간표가 그 정체성을 부여하며 다른 열차들과 구분 지어 준다는 것이다. 그 특급열차는 열차 시간표에 의하여 다른 열차들과 구별되며 늦게 출발하든 빨리 출발하든, 객차를 더 달았든 덜 달았든 그것

은 언제나 8시 25분 제네바-파리 간 특급열차인 것이다. 그 내용이
아니라 형식이 의미를 부여하며, 그 형식은 그것이 제외하는 것에 의
하여, 즉 전체 체계 내에서 차지하는 위치에 의하여 결정된다.

맥락, 즉 차이로부터 도출되는 의미를 강조하는 것은 서양 장기
에 대한 비트겐슈타인의 아이디어와 비슷한 점이 있다. 서양 장기
에서 의미는 순전히 내적(內的)이어서 그 자체의 규칙에 의하여 구
현되며 그 규칙과 말의 움직임, 즉 수는 관계들의 체계로 이해된다.
장기를 두는 능력이란 특정의 맥락에서 어떤 수를 둘 것인가를 아
는 것으로 정의된다. 이처럼 '서양 장기'라는 어떤 전체성 또는 전
체는 각각의 특정 장기알과 수, 또는 순서를 지배한다. 장기알들 사
이의 차이가 장기 경기를 구성하는 것처럼, 내용이 아닌 형식이 지
배적인 위치에 있다. 장기알의 크기와 형태는 어떻든 관계없지만
장기알의 정체성은 서양 장기의 규칙이라는 '전체' 내에서 다른 장
기알들과의 차이가 결정한다. 조나선 컬러가 말한 것처럼 "정체성
이란 전적으로 한 체계 내에서 차이의 기능이다."

간단한 언어의 예 하나로 소쉬르의 주장을 분명히 보여 줄 수 있
다. 'pan'이라는 단어는 요리사, 연극평론가, 금광의 광부, 그리스
학자, 사진기사, 화장실 용기 제조자들에게 서로 아주 다른 의미를
지닌다. 이 단어의 의미는 그것이 사용되는 맥락으로부터, 그리고
그 맥락 내에서 다른 단어들과 구별되는 차이들로부터 나오기 때
문에 pan이라는 단어 홀로는 아무런 의미도 지니지 못한다. 소쉬
르가 언어에는 '~인 관계가 없다'라고 이야기할 때, 이 말은 언어가
내부의 대립에 의하여 성립된다는 것을, 그리고 어떤 단어나 개념
이란, 역설적이게도 다른 개념이나 단어들이 아닌 것이라는 사실

을 이야기하고 있는 것이다. 이러한 이야기는 이해하거나 받아들이기에 쉬운 아이디어는 아니다. 그러나 이 아이디어는 언어란 발화행위를 가능하게 해 주는 일련의 내적 관계들이라고 확인해 준다. 말하는 능력이 보여 주듯, 모든 발화자는 이러한 관계들을 잘 알고 있는데 이러한 관계들은 일상생활이 가능하도록 해 주는 암묵적 지식의 필수 요소이다. 그 관계들이 과연 무엇인가는 아주 복잡하고 뜨거운 논쟁거리가 되고 있다.

언어 부문에서 '차이'라는 개념은 도전적인 개념이지만, 사회적 혹은 개인적인 상황에서는 더더욱 많은 문제를 제기하며 이론의 소지가 많아진다. 그 까닭은, 이 개념에 의하면 '학생'이라든가 또는 다른 역할은 일반적으로 받아들여지는 것처럼, 즉 어떤 사회적 지위나 어떤 '사물'로, 또는 어떤 개인이 수행하고 있어서 우리가 실제로 볼 수 있는 특정 역할로 이해되어서는 안 되기 때문이다. 이 '학생'은 다른 역할들과의 관계에 의하여서만 이해할 수 있는(또는 수행할 수 있는) 하나의 관계로 이해되어야 하고, 그러한 역할의 가장 근본적인 특징은 학교교육이라는 구조 내에서 다른 요소들과의 차이가 된다. 그리고 소쉬르의 주장이 받아들여지게 되면 개인의 정체성 문제 또한 아주 날카롭게 대두된다. 당신은 가장 근본적으로, 그리고 가장 중요하게 '다른 사람이 아닌 사람'인가? 정서적으로, 지적으로, 그리고 문화적으로 우리는 그러한 부정적인 정의를 거부한다. 이 점에서 우리는 주체의 완전한 탈중심화가 이루어지고 있음을 확인할 수 있다. 상호의존성, 관계성, 명료함(제3장에서 다루어질 피아제의 '적극적 이상積極的 理想') 등을 강조한다는 점에서 소쉬르의 구조주의가 고무적이기는 하지만 구조주의는 전통적으로 이해되어 온 개인의 정체성이나 자율성의 개념을 완전히 뒤엎는다. 구조주의가 영국인의 마음에 들지 않고 혐오스러운 것은 단순히 '차이' 개념의 추상성 때문만은 아니다. 그러나 여전히 소쉬르의 개념들이 실제적인 학교경험의 모든 범위에 대해 철저히 탐색할 도구를 제공하고 있는 것은 사실이다.

5. 공시적 분석과 통시적 분석

우리는 제1장에서 공시적 분석과 통시적 분석에 관하여 살펴본 바 있다. 이 두 분석 방법에 대한 소쉬르의 관심은 언어학적 연구가 어떻게 수행되어야 하는가에 대한 고민에서 비롯된 것이다. 그가 선호하였던 공시적 방법은 순간촬영 기법과 같은 것으로, 특정 시점의 언어를 취하여 그 관계들을 일련의 대립관계로 연구한다. 역사 내의 한 순간에 있어서 언어의 구조를 연구하는 것이다. 반면에 통시적 분석은 언어가 어떻게 변화하는가에 관심을 가지는, 시간에 따른 언어의 진화에 대한 연구이다. 이렇게 본다면 공시와 통시는 방법론에 관한 것이며 소쉬르는 19세기 언어학자들이 선호하던 통시적 분석을 배격하려고 노력하였다.

소쉬르가 공시적 분석을 선호하였다는 것이 이상하게 보일 수도 있을 것인데, 특히 그 자신도 단어들이 시간의 흐름에 따라 변화한다는 사실을 인정하였기 때문에 더욱 이상할 것이다. 예를 들자면, 'silly'라는 단어는 '축복받은, 경건한'의 뜻으로부터 시작하여 '순진무구한, 무력한'의 뜻을 거쳐서 현재의 '멍청한, 어리석은'의 뜻으로 변화해 왔다. 그러나 겉보기에 명백한 이 역설은 쉽게 설명될 수 있다. 소쉬르가 바랐던 것은 언어체계와 언어의 **진화**를 구별하는 것이었다. 그가 기호 **자체**에는 어떤 핵심이나 본질도 없다고 주장한 까닭은 그가 기호의 자의성을 강조하였기 때문이었으며 또한 단어의 의미가 시간의 흐름에 따라, 또 문화가 달라짐에 따라 변화함을 인정하였기 때문이었다. 언어가 근본적으로 역사성을 지녔다는 것은 의미의 본질적인 핵심이 존재하지 않는다는 사실을 말해 준다. 여기에서 우리는 다시 한 번 사물이 아닌 관계에 대한 구조주의자들의 강조를 확인할 수 있다. 기호란 단지 관계적일 뿐이며 가장 중요한 관계는 특정 순간에 획득된 관계들이다. 기표와 기의가 순간 촬영 방식으로 다루어져야 하는 까닭은 그것들이 **변화하기** 때문이고('cattle'이라는 단어는 한때는 **어떤 재산이든지**를 의미하였다), 자의적이기 때문이며, 순간촬영 방법이 이와 같은 적절한 관계를 가장 잘 보여 주기 때문이다. 소쉬르에게 언어란 '오로지 특정 순간에 언어들의 관계들이 어떻게 배열되어 있는가에 의해서만 결정되는 의미(개념)체계'이다. 현재의 언어 사용법을 이해하는 데 역사는 부적절한 것이 되어 버리며 예전 의미들은 전혀 쓸모가 없다. 'silly'라든가 'cattle'이라는 단어의 역사를 안다는 것은 상당히 흥미로운 일일 수는 있겠지만 현대 영어 단어들의 기능과 의미를 이해하는 데 반드시 필요한 것은 아니다. 그러한 기능과 의미는 현재의 언어구조가 결정한다.

언어의 공시적인 분석에 대한 소쉬르의 세세한 주장을 여기에서 모두 논할 수는 없다. 이 문제는 여전히 언어학자들 사이에 뜨거운 논쟁거리가 되고 있다. 소쉬르의 이론들을 사회문제에 적용하려고 할 때 통시적 분석을 선택한다는 것은 더더욱 논쟁거리가 된다. 학교교육을 연구함에 있어서 역사를 무시한다는 것은 근시안적으로 보일 것이며, 심지어는 어리석게까지 생각되기도 할 것이다. 마르크스주의자들에게는 역사적 분석이 중심이 되므로 공시적 분석은 마르크스주의자들이 구조주의를 거부하는 또 다른 요인이 된다. 그러나 많은 학급연구들, 굳이 구조주의적 연구가 아니더라도 문화기술적 전통에 속하는 연구들 또한 일부러 학교교육을 역사의 맥락 밖으로 끌어내서, 현재의 행위를 형성하는 구조적이고 역사적인 영향들을 무시하고 지금 현재 개인들 간의 상호작용에 초점을 맞추는 경향이 있다.[7] 비록 소쉬르의 언어이론이 사회분석에 특히 유용하기는 하지만 그의 공시적 분석에 대한 선호를 옹호하기는 매우 어려울 것 같아 보인다. 학교교육의 역사, 사회계급의 발전, 그리고 정치의 역사적 발전은 현재 교육의 과정을 이해하기 위해 결정적으로 중요하다. 내 의견을 말하자면, 역사란 순간촬영 기법에 의하여 어느 정도까지는 '읽힐 수' 있을 것 같다. 현재 교실의 실제 상황은 부분적으로는 이전의 실제 상황을 드러내는 것이다. 과거는 현재에 깃들어 있다. 그러나 역사의 직접적인 도움을 받아 보다 완전한 그림을 그려 낼 수 있을지 모르지만 그러한 그림은 우리의 추론이 끼어들 여지를 남겨 주지 않는다.

소쉬르: 도전과 비판

제자들이 고생스럽게 재구성해 낸 페르디낭 드 소쉬르의 사상은 20세기의 지적 활동에 심대한 영향을 끼쳐 왔다. 언어학, 인류학, 문학, 사회학, 심리학 및 다른 여러 분야에서 상식적이고 당연하게

생각되던 가정들에 던진 그의 도전으로 말미암아, 당시의 주도적
인 정통이론들에 의하여서는 잘 받아들여지지 않았으나, 자극적
이고 논쟁적인 지적 발전이 이루어지게 되었다. 이 난해하고 파괴
적인 견해에 대해 열정적인 지지자도 있었고 격렬한 반대자도 생
겨났다. 언어를 외부의 지시물과 분리시킨 것이나, 기표와 기의의
자의적인 관계에 대한 강조, 비역사성, 그리고 관계와 차이에 대한
주장 등은 결과적으로 그가 무의미에서의 의미를 창조하였음을 보
여 준다. 개개의 용어는 그 자체로는 아무것도 의미하지 못하며 전
체성 내에서만 의미를 지닌다는 그의 주장과 기호체계로서의 언어
라는 그의 개념으로 인하여 그는 구조주의와 기호학의 창시자가
되었다. 특히 흥미로운 것은, 랑그와 파롤의 구분에서 출발한 그의
아이디어는 매우 상이한 사상가들과 주제들을—비트겐슈타인의
'언어게임', 가다머(Gadamer)의 '전통'개념, 뉴턴과 아인슈타인 물
리학의 '힘'에 대한 쿤(Kuhn)의 분석, 현대 수학 등[8]—포함하는 하
나의 (가장 느슨한 의미로) 지적 운동에 속한 것으로 볼 수 있다는 것
이다. 이 모든 이론은, 부분들이 전체를 어떻게 설명하는가가 아니
라 관계들의 총체가 어떻게 개개의 부분들을 설명하는가를 밝히
려 한다. 이러한 이론들은 관심의 초점이 실체에서 관계로 변화하
는 과정을 보여 준다. 제5장에서 자세히 다룰 것이지만 우리가 '모
더니즘'이라고 부르는 문학과 예술에서의 발전 또한 이러한 변화를
증명한다. 예를 들어, 피카소로 대표되는 회화라든가, 입체파, 제
임스 조이스(James Joyce)나 새뮤얼 베킷(Samuel Beckett)의 작품 등
은 내용보다는 형식을, 그리고 사물보다는 관계를 강조하는 경향
들이다.

우리가 또한 주목해야 할 것은, 자크 라캉(Jacques Lacan), 루이 알튀세르(Louis Althusser), 자크 데리다(Jacques Derrida), 롤랑 바르트(Roland Barthes) 같은 최근의, 그리고 대부분의 영국 교사들에게는 낯선 저술가들에게서 발견되는 '주체의 탈중심화'가 소쉬르의 언어학에 미리 나타나고 있다는 점이다.[9]

종교가 지식과 실천의 확실한 기초로서의 위치를 점차 잃어 감에 따라 인간에게는 몇 안 되는 확실성만 남게 되었는데, 이와 같은 탈중심화는 그러한 확실성에 대한 중대한 도전이 되었다. 현대의 세속적인 세계에서 그러한 확실성은 주로 데카르트(Descartes)의 철학에 의하여, 그리고 과학이 제공해 줄 수 있는 확실한 지식에 의하여 획득될 수 있었다. 철학과 과학이라는 이 두 세계 내에서 인간 주체, 환원불가능한 '나'는 중심에 굳게 서서 확실성을 보장하고 있다. "나는 생각한다, 고로 나는 존재한다."라는 데카르트의 확실성, 그리고 지식은 자신의 감각기관으로부터 나온다는 신념을 가진 경험주의는 모두 '나 자신에 대한 나의 지식보다 확실한 것이 있을 수 있는가?'라는 가정에 근거한다. 그리고 영국 부르주아 문화의 중심을 이루는 개인주의라는 개념에도 그러한 신념이 간직되어 있다. 구조주의는 '나'를 상위 구조 내의 요소 가운데 하나로 '해체'함으로써 이와 같은 확실성을 흔들어 버린다.

소쉬르와 그 뒤를 이은 구조주의는 인간의 문제에서 코페르니쿠스적인 혁명을 일으켰다. 코페르니쿠스(Copernicus)의 천문학이 인간의 지구를 행성운동의 중심에서 밀어내 버렸듯이 구조주의 또한 주체, 즉 인간 자신을 사회체계의 주변부로 옮겨 놓아 버렸다. 인간 주체는 그러한 과정에서의 기원이 아닌 결과물이 되어 버린 것이다. 인간의 탈중심화는, 소쉬르가 언어 내에서 그리고 언어를 통하여 의미가 창조되는 양식을 주목한 결과로 생겨난 것이다. 구조주의는 이와 같은 원칙을 강조하며 모든 인간행위에 이 원칙을 적용하려 하였다. 인격적인 '나', 확실한 지식으로서의 '나'와는 달리 구조주의는 오직 언어, 따라서 사회라는 전체성과 관련지어서만 '나'가 의미를 지닌다고 주장한다. '나', '너', '그들' 등 개별 인격을 나타내는 표현은 오직 '언어 속에 우리를 끼워 넣음으로써'만 의미를 지닌다. 따라서 구조주의자들에게 '나'는 더 이상 순수한 단어가 아니라 언어와 사회라는 전체성의 한 결과일 뿐이다. 의미는 단어나 인간에게 존재하는 것이 아니라 전체 내에서의 관계성에 존재하는 것이다. 레비-스트로스가 '인간존재를 언어적 기표들이라는 전체성에 끼워 넣다'라고 할 때, 그는 인간이 된다는 것이 무엇인가에 대한 근본조건으로서의 '나'를 버리고 언어의 기호적인 특성에 입각한 설명을 추구하고 있는 셈이다. 자아는 전체성 안에서, 관계들 사이에서만 찾아질 수 있다는 것이다. 역사와 맥락을 초월하는 진정한 존재란 없다. 사회적인 관계들에 덮여 발견되기를 기다리는 본래적인 자아 따위는 존재하지 않으므로 프루스트(Proust)의 추구는 잘못된 추구이다. 이러한 아이디어는 교사들에게(개인의 정체성이라는 개념을 중시하는 교사들에게) 날카로우면서도 불편한 문제점들을 제시하지만 이 문제점들은 교사들이 반드시 부딪쳐서 해결해야 할 것들이다. 우리는 우리 자신과 학생들의 독특성을 보호하기 위하여 단순히 부르주아적 개인주의라는 편리한 수사(修辭)에 의지할 수만은 없다. 구조주의의 여러 이론 및 다른 분야에서의 구조주의적 탐구들을 살펴보면 우리는 그동안 무시되어 온 유용한 방법론들과 문헌들을 발견할 수 있는데, 이러한 방법론들과 문헌들은 우리로 하여금 '구조와 개인의 상호작용 내에서 어떻게 개인의 정체성이 형성되는가'에 대해서 낯설지만 신선한 방식으로 연구할 수 있도록 해 준다.

그러나 소쉬르의 야심찬 기획은, 그 실천에서 중대한 실패를 하면서 드러낸 심각한 결점을 지니고 있다. 랑그를 구성하는 관계에 대한 세밀한 설명은 단지 이론적인 환상으로 남아 있다. 이 실패의 이유 가운데 일부는 쉽게 찾을 수 있다. 가장 중요한 까닭은 구조주의가 상대성이라는 문제를 다루는 능력이 없다는 점이다. 기호의 자의적인 특징에 대한 집착으로 인하여 구조주의에서는 지시(指示)의 가능성이 배제된다. 간단히 말하자면, 만약 언어가 외부의 세계와 자의적인 연결관계만 지닌다고 가정한다면 언어라는 폐쇄된 체계 밖에 있는 어떤 진리에 대해서든 이야기할 수 없게 되어 버린다. 언어와 세계와의 연결관계를 단절하고 물체에 대한 관계의 우월성과 내용보다는 형식의 중요성을 고집하는 데서, 구조주의 이론의 아킬레스건이 즉각적으로 드러난다. 그 이유는 서로 다른 기술(記述), 요구, 주장들의 진리를 판결할 만한 수단이 존재하지 않게 되기 때문이다. 모든 기술은—따라서 모든 도덕성은—똑같이 타당성을 지니게 된다. 악한 (또는 선한) 행동이라는 판단은 더 이상 가능하지 않다. 나아가서 서로 다른 문화를 번역하거나 해석하는 것도 거의 불가능하게 되어 버리는데, 각 문화 내에 폐쇄된 언어체계가 존재한다는 가정으로는 그러한 주제를 아예 다룰 수 없기 때문이다. 예를 들어, 중류계급 교사들과 노동계급의 학생들은 전혀 다른 세계에 살고 있어서 서로를 이해하는 것이 불가능하다고 주장하는 교육 연구물은 아무래도 자기모순적인 듯하다. 여러 하위문화의 문제점과 다인종 사회의 문제점이 전혀 없다고는 하지 못하겠지만 학교교육이 (그리고 사회가) 제공하는 공통의, 공유되는 경험과 가정 또한 간과되어서는 안 된다.

소쉬르의 기획에서 또 다른 문제는 이미 언급한 바 있듯이 역량 있는 언어사용자의 존재를 무시하고 있다는 점이다. 소쉬르는 파롤과 랑그를 연결시켜 주는 것이 무엇인가에 대하여는 거의 논의하지 않는다. 이것은 그 연결고리가 인간의 역량 자체라는 사실을 살피는 데 실패하였음을 보여 준다. 개인을 한 체계 내의 단순한 부분으로 축소시켜 버리고('주체의 탈중심화'), 어떤 설명 구도 내에서 이든지 그 체계를 첫째가는 구성요소로 삼음으로써 구조주의는 사실상 인간의 역량을 제외하여 버린 것이다. 이상한 사실은 소쉬르가 기호학을 강조하였음에도 불구하고, 즉 자신을 둘러싼 환경으로부터 의미를 찾아내려 노력하는 의미 부여자로서의 인간을 강조하였음에도 불구하고 그는 이러한 개념을 랑그와 파롤을 연결하는 데 사용하지 않았다는 점이다. 촘스키(Chomsky)의 지적처럼 언어란 서로 관련된 단위들의 체계를 넘어 규칙의 체계이며, 그러한 규칙은 수행역량을 내포하고 또 필요로 한다. 촘스키는 언어의 일상적 사용에 포함된 그런 종류의 '규칙을 따르는 창의성'이 소쉬르의 이론구도에 들어설 자리가 없다고 주장한다.

체계와 개인 사이에 적절히 변증법적 관계를 성립시키지 못한 이러한 실패를 제8장에서는 구조적 분석 방법을 개발해서 치유해 보려 한다. 모든 사회생활(아마도 학교교육은 가장 절박하고 계몽적인 예일 것이다)에는, 인간의 역량을 인정하여 인간주체를 재중심화(再

中心化)하고 인간이 위치한 구조와 인간의 관계를 재개념화하도록
그 사회생활에 대하여 저술하는 사람들이 필요하다. 역량을 지닌
학생과 교사의 개념이 없다면 학교교육에 대한 어떤 기술이나 분
석도 불완전할 뿐만 아니라 교육 실제를 개선할 가능성도 근본적
으로 줄어들게 된다.

　랑그와 파롤(필연과 우연, 사회와 개인, 심리적인 것과 물질적인 것)
을 분리하기 위하여 소쉬르가 채용하였던 여러 준거도 비판받아
마땅하다. 근본적으로 서로 다른 그러한 구분 방식들은 많은 논쟁
을 야기해 왔다. 그리고 이미 살펴본 대로, 소쉬르의 공시-통시 구
분 및 공시적 연구에 대한 그의 선호로 말미암아 언어연구와 사회
생활 연구에 중대한 문제점들이 생겨난다. 공시(순간촬영) 또한 역
사에 의존하며 항상성이란 시간과 관련해서만 의미를 지닌다. 소
쉬르는 언어를 시간으로부터 떼어 내려 하였지만 그러한 시도는
필연적으로 실패할 수밖에 없다. 특정 순간에 관찰 가능한 언어요
소들 사이의 관계 내에는 현재 시점뿐만 아니라 과거 시점도 녹아
들어 있으며, 의미변화를 충분히 설명할 수 있으려면 그러한 연속
성 또한 고려되어야 한다. 그러한 고려는 사회적인 문제들에 적용
되었을 때 더욱 강력한 설명력을 지닌다.

　소쉬르 이후 언어학의 변화는 이 책의 관심사가 아니며, 그의 최
초 아이디어에서 싹터 온 셀 수 없을 정도로 다양한 구조주의 이론
에 대한 세세한 설명 또한 이 책에서는 다루지 않을 것이다. 그보
다는 구조주의가 교육에 대하여 갖는 적절성을 보여 주기 위하여,
그리고 구조주의의 난점을 극복하기 위한 접근법을 개발하기 위
하여, 제1장과 제2장에서 확인된 구조주의의 특징들에 비추어 다

음 장부터는 구조주의적 방법과 가정들을 채용해 왔거나 그것들에
영향을 받은 몇몇 중요한 사상가들의 연구를 검토해 보도록 하겠
다. 이어질 장들은 교육에 대한 구조주의의 중요성을 시사할 수 있
도록 조직되었다. 학교교육의 중요한 관심사이며 학교교육 활동인
정신의 구조, 사회조직의 구조, 감정의 구조 등을 이후 장들의 제
목이 보여 주기 때문이다. 이제 구조주의와 문학(이 역시 교육실제
에 중심적이다)이라는 특정 예를 살펴본 다음, 이 주제들을 한데 묶
어 이 책의 말미에 제시되는 구조적 분석 방법이 어떻게 교육에 대
한 사고에 활기를 넣고 그것을 밝혀 주는지, 그리고 교사들에게 자
신의 교육실천을 이해하고 기술하는 참신한 방법뿐만 아니라 그러
한 교육실천을 개선할 수 있는 방법에 대한 통찰력을 어떻게 제공
해 줄 수 있는지를 보여 줄 것이다.

주

1. Jonathan Culler (1976), *Saussure*. London: Collins, p. 9.
   컬러의 이 책은 소쉬르를 기리는 책이기는 하지만 소쉬르에 대한 필수적
   인 입문서이다.
2. Ferdinand de Saussure (1974). *Course in General Linguistics* (translated
   by Wade Baskin). London: Collins (Fontana); first published 1916 and
   edited by C. Bally & A. Sechehaye.
3. 『일반언어학 강의』라는 책이 소쉬르 자신이 저술한 것이 아니라 학생들
   의 강의노트를 편집한 것이라는 사실은 몇 가지의 문제를 낳는다. 예를
   들어, 소쉬르라면 책 내용의 순서를 좋아했을까? 기호의 자의적 특징 같은
   특정 주제가 소쉬르가 원했을 만한 정도보다 덜 중요하게 다루어지지 않

았을까? 편집자가 사용한 용어들은 충분히 일관되게 사용되고 있는가? 조나선 컬러는 소쉬르의 사상을 가장 잘 재구성하려면 이 책 내용의 순서를 달리해야 한다고 주장한다. 내가 보기에는『일반언어학 강의』의 원래 순서대로 랑그와 파롤에 대한 논의가 맨 앞에 오는 것이 나을 듯하다. 독자들이 주목할 부분은 나는 랑그-파롤이 소쉬르의 가장 중요한 개념이라고 생각하는 데 반해, 컬러는 기호의 자의적 특징이 가장 중요하다고 생각한다는 점이다.

4. 기든스의 다음 연구들은 특히 중요한 연구들이다. 그는 소쉬르의 구조주의에 대하여 비판적이기는 하지만 소쉬르의 중심 아이디어들의 중요성을 인정하여 활용하고 있다.

Anthony Giddens (1976). *New Rules of Sociological Method*. London: Hutchinson.

Anthony Giddens (1977). *Studies in Social and Political Theory*. London: Hutchinson.

Anthony Giddens (1979). *Central Problems in Social Theory: Action, Structure and Contradiction in Social Analysis*. London: Macmillan.

Anthony Giddens (1981). *A Contemporary Critique of Historical Materialism*. London: Macmillan.

Anthony Giddens (1982). 'Power, the dialectic of control and class structuralism', in A. Giddens & G. Mackenzie (Eds.), *Social Class and the Division of Labour*. Cambridge University Press, pp. 29-45.

Anthony Giddens (1983). *Problems and Critique in Social Theory*. London: Macmillan.

5. Roger Mills (1978). *A Comprehensive Schooling 1965-75*. London: Centreprise Trust.

이 문헌은 학생 시절 첫해의 시간표를 받은 날부터 자신이 겪었던 학교 경험에서 의미를 어떻게 찾았는가를 회상하는 매우 재미있는 책이다.

6. 한 문화를 다른 문화로 '번역할 수 있는 가능성'이라는 주제는 최근 교육사회학의 유명한 주제가 되어 왔다. 실재(實在)에 대한 학생의 관점과 교사의 견해는 전혀 다를 뿐만 아니라 서로 조정이 불가능하다.

Paul Willis (1977). *Learning to Labour*. Aldershot: Saxon House 참고.

7. M. Hammersley와 M. Woods(1976)가 편집한 개방대학의 교재(*The Process of Schooling*. London: Routledge and Kegan Paul)만이 아니다. 요즘 유행하는 '연구자로서 교사' 운동의 약점 가운데 하나는 역사적이고 구조적인 교실환경을 무시한다는 점이다.

8. H. G. Gadamer (1975). *Truth and Method*. London: Sheed and Ward.

L. Wittgenstein (1972). *Philosophical Investigations*. Oxford: Basil Blackwell.

Thomas Kuhn (1962). *The Structure of Scientific Revolutions*. Chicago: University of Chicago Press.

9. 이 저술가들은 1960년대와 1970년대 프랑스의 지적 생활에 깊은 영향을 미쳐 왔지만 영국에는 잘 알려져 있지 않다. 네 사람 모두 구조주의 아이디어들로부터 크게 영향을 받았으나 연구의 초점과 성격은 서로 다르다. Kurzweil(1980)은 이 사람들 및 다른 저술가들 사이의 관계를 약간 특이하기는 하지만 간단히 연구하고 있다.

Roland Barthes (1967). *Elements of Semiology*. London: Jonathan Cape.

Jacques Lacan (1977). *The Four Fundamental Concepts of Psycho-analysis*. London: Hogarth Press.

Jacques Derrida (1978). *Writing and Difference*. London: Routledge and Kegan Paul.

L. Althusser(1969). *For Marx*. London: Allen and Lane.

Edith Kurzweil (1980). *The Age of Structuralism: Levi-Strauss to Foucault*. New York: Columbia University Press.

제3장

사고의 **구조**

Structuralism and Education

교사들의 책임은 학생들의 이해력을 길러 주는 것이므로 모든 교사의 중요한 관심사는 사고의 구조이다. 이 점에서 대부분의 교사들은 구조주의자이다. 앞의 주장은 별난 것이 아니지만 뒤의 주장은 놀라운 주장이다. 이 장에서는 우리의 사고방식에 대한 지식, 즉 사고의 구조에 대하여 구조주의가 공헌해 온 바를 검토하게 될 것이다. 이 검토는 인간사고의 구조를 가려내는 작업에만 일생을 바쳐 온 지도적인 두 구조주의자, 즉 클로드 레비-스트로스(Claude Levi-Strauss)와 장 피아제(Jean Piaget)의 연구에 대한 검토를 포함한다. 피아제라는 이름을 언급하였으므로 독자들은 '대부분의 교사들이 구조주의자'라는 논란의 소지가 있는 주장의 근거를 궁금해할 것이다. 피아제는 지난 50여 년 동안 거의 모든 교사에게

헤아릴 수 없는 영향을 끼쳐 왔다. 교사들이 그의 이론을 받아들인 정도만큼 교사들은 구조주의자들이다.[1]

피아제의 이야기처럼 만약 구조주의가 '모든 인간 정신에 타당하게 적용되는 사고 형성의 원리들을 발견하려' 한다면, 그리고 이같은 지적인 구조가 사회적 실천보다 우선한다는 점을 강조한다면 그 기원은 소쉬르(Saussure)보다 훨씬 이전까지 거슬러 올라가게 된다. 플라톤(Plato)과 칸트(Kant)와 헤겔(Hegel)은 각기 다른 방법으로이기는 하지만 모두 인지구조를 탐구하였다는 점에서, 그리고 관념론(물질보다 정신을 우위에 두는)을 선호한다는 점에서 구조주의적인 특성을 보여 준다. 보다 근래의 게슈탈트(Gestalt) 심리학도 마찬가지이다. 요소들과는 다른 패턴, 배열 혹은 구조화된 전체를 나타내는 독일어인 Gestalt는 쿠르트 코프카(Kurt Koffka), 볼프강 쾰러(Wolfgang Köhler), 그리고 막스 베르트하이머(Max Wertheimer)를 지도적 인물로 하는 금세기 초엽에 시작된 심리학파를 특징짓는 용어가 되었다.[2] 이들은 주로 실험심리학자들이기는 하지만, 이들은 자신들의 주요 개념, 즉 요소들은 전체에 종속되며 전체에 의하여 결정된다는 개념을 예술, 과학, 철학에 적용시켰다. 게슈탈트 이론가들에 의하면 두뇌는 지각과 감각을 전체로 조직하려고 애를 쓴다. 우리는 음악을 개별적인 음표들로가 아니라 하나의 가락으로 들으며, 우리가 보는 것들 안에서 단순하거나, 규칙적이거나, 대칭적이거나, 깔끔하게 정리된 모양 등 '좋은' 형태를 추구한다. 피아제는 게슈탈트주의자들이 지적인 행동을 너무 편협하게 정의하였으며 인간이 구조를 구성하는 활동을 과소평가하였다고 비판한다. 그러나 게슈탈트 이론가들의 명백히 구조주의적인 강조점은 쾰러의 다음과 같은 지적을 통해 잘 드러나는데, 쾰러는 주로 물리학자로 훈련받았고 '장(場; 조직화된 전체)'이라는 자신의 개념을 물리학으로부터 차용하였다.

> 우리 두뇌의 생리학적 과정은…… 막스벨(Maxwell)과 플랑크(Planck)와 내가 말하는 구조화되고 기능적인 전체들임에 틀림이 없다.

노움 촘스키(Noam Chomsky)의 '언어의 심층구조(深層構造) 이론' 또한 인간 정신의 구조를 그려 내려는 시도로 볼 수 있다. 그의 주장에 따르면 모든 인간의 언어들은, 그 '표층구조(表層構造)'가 서로 다를지라도(예를 들어, 영어와 중국어), 인간의 유전적 프로그래밍과 비슷한 기본구조(심층구조)를 공통으로 지니고 있다. 아무도 어린이들에게 실제로 언어를 가르치지 않지만 어린이는 언어를 배운다는 놀랄 만한 사실에 근거하여, 촘스키는 우리가 자신의 정신적인 성장과 언어적인 성장을—환경과 상호작용을 해 가면서—결정하는 생물학적인 재능을 분명히 지니고 있다고 주장한다. 이러한 주장은 대단히 중요한 것으로 그 까닭은 칸트와 마찬가지로 촘스키가 이 타고난 정신구조에 '들어맞지' 않는 것은 어느 것도, 다시 말하면 '정신구조의 망(網)에 잡히지 않는' 어느 것도 이해될 수도 표현될 수도 없다고, 미리 갖추어진 구조에 들어맞지 않는 것은 아무 것도 보거나, 이해하거나, 말할 수 없다고 주장하고 있기 때문이다. 놀라운 유추를 사용하여, 촘스키는 언어의 발달을 팔다리의 신체적인 성장, 또는 사춘기의 출현에 비유하고 있다.

내가 보기에 언어는 정신 내부에서, 보통의 신체계(身體系)가 성장하는 것과 같은 방식으로 성장한다. …… 마음이란 정신적 기관(器官)의 체계로—언어기능은 그중 하나이다—각각의 정신기관이 우리가 생물학적으로 부여받은 자질에 의하여 결정되는 구조를 가지고 있다는 견해는 전혀 부적절한 견해가 아니다.[3]

이와 같은 마음의 이론모형, 즉 마음이 유전적으로 결정된다는 이론모형은 마음의 기능을 축소하고 제한하는 그러한 이론모형으로 보일 수도 있겠지만 촘스키는 생물학적 자질의 풍요로움을 강조하려고 대단히 노력한다. 변형생성문법의 기제가 우리로 하여금 한정된 수단을 무한정하게 사용하는 것을 가능하게 해 주는 것과 마찬가지로 우리의 유전적 프로그램은 풍부한 가능성을 가지고 있어서 우리가 창조적으로, 심지어는 자유롭게 사고하고 행위할 수 있도록 해 준다고 그는 주장한다.[4] 촘스키에게 영향받은 언어의 심층구조에 대한 연구는 아직 심층구조의 존재에 대한 결정적인 증거를 찾아내지는 못하고 있다. 그러나 촘스키의 기본적인 아이디어, 그리고 구조주의적 연구에 대한 그의 긍정적이고 인간주의적인 이해는 여전히 호소력과 설득력을 지니고 있다.

그럼에도 불구하고 지적되어야 할 것은, 촘스키의 구조주의에는 내가 앞에서 내렸던 긍정적인 평가에 분명히 반대할 맹렬한 비판가들도 있다는 점이다. 어니스트 겔너(Ernest Gellner)는 구조주의의 노력들에 대한 여러 비판을 하는 중에 촘스키의 연구를 겨냥하여 그것이 인간의 역량과 잠재성을 비하하고 축소시켰다고 비난한다. 그는 촘스키의 구조가 인간존재에 대하여 '무관심'하다는 점에서 '사악한' 것이라고 생각한다.

> 인간의 행위와 역량을 순수한 구조에 입각하여 설명하는 것
> 은 그 어떤 설명도 도덕적으로 죄를 범하는 것이다—왜냐하면
> 순수한 구조란 비인격적인 개념이어서 그것은 'it'을 지칭하는
> 것이지 '나'를 지칭하는 것이 아니기 때문이다.[5]

이 점에서 교육철학자인 폴 허스트(Paul Hirst)의 연구를 간단히 언급해 보고자 한다. 구조주의자가 아닌 것은 분명하지만 지식의 구조를 개괄하고 자세히 설명하려는 그의 노력은 인간 마음의 구조를 이해하는 데 중요한 공헌을 하였다고 볼 수 있다. '지식의 형식'이라는 그의 기본적인 개념은 칸트, 촘스키와 아주 밀접한 관계가 있으며 교사들에게는 교육과정 계획을 위한 직접적인 가치를 지녀 교육과정 계획에 적용할 수 있다. 허스트에 따르면, 우리는 특정의 몇몇 방식으로 세계에 대한 경험을 해석하고 이해한다. 이해의 방식들, 즉 '지식의 형식들'이 논리적으로 서로 구분된다는 이야기는, 세계를 이해하는 방식들이 우리 마음의 구조들, 즉 우리 사고의 그물망(網)에 상응한다고 주장하고 있는 셈이다. 이와 같이, 우리가 지식을 습득할 때 하는 일은 개념망과 진리 검증을 통하여 세계 내의 우리 존재를 분류하고 이해하는 일을 하는 것일 뿐이다. 각 지식 형식들은 이미 서로 다른 개념망과 진리 검증 방법을 지니고 있어서, 이 개념망과 진리 검증 방법은 각 지식의 형식들을 구별하고 한정 지어 준다. 이러한 지식의 형식에는 어떤 것들이 있는가? 허스트는 자연과학, 수학과 형식논리학, 인문과학과 역

사, 도덕적인 이해, 종교, 미학, 철학의 일곱 가지를 들었다. 만약에 허스트의 이론이 타당하다면 대단히 중요한 교육적 영향력을 지닌다. 교사의 임무는 이 구조에서 도출될 것이어서, 각 지식 형식에 대한 학생의 이해를 증진시켜 주고 형식들 사이의 차이들을 깨닫게 해 주는 것이 교사의 임무가 될 것이기 때문이다.[6] 분명한 것은, 이러한 사고의 구조들과 교육과정 구성이나 교수 방법이라는 실제적인 이슈는 서로 불가분의 관계에 있으므로 모든 교사는 아동과 성인이 세계를 어떻게 생각하는가 하는 문제를 깊이 다루어야 한다는 점이다.

이제 구조주의자를 자임하는 두 구조주의자 장 피아제와 클로드 레비-스트로스의 연구를 살펴보자. 이 두 사람은 모두 거물급 구조주의 사상가들이지만 서로 대조적이다. 둘 다 주로 사고의 구조에 관심을 가졌으나 그들이 사용한 방법, 그들이 얻은 명성, 인정되는 정도에 있어서는 서로 다르다. 피아제의 연구는 끈질기고 경험적이며 존경을 받고 있어서 그의 실험이 널리 반복되고 있는 반면, 레비-스트로스의 연구는 상상력이 풍부하며 사변적이고 논쟁의 소지가 많다. 피아제는 근 반세기 동안 초등학교 교사들의 실제 활동에 지대한 영향력을 끼쳐 왔으나, 레비-스트로스는 교사들에게 실질적으로 별로 알려져 있지 않다.

장 피아제

피아제(1896~1980)의 관심은 심리학, 철학, 언어학과 수학에 걸처 있다. 60여 년 동안의 40권이 넘는 책과 셀 수 없을 정도의 논문을 망라한 전작(全作)에서, 그는 지적인 성장의 본질 및 발달과정에 대한 종합적이고 세부적인 설명을 시도하였다. 가장 잘 알려져 있으며 가장 이해가 쉬운 구조주의에 대한 책에서 그는 사회과학에서의 구조주의뿐만 아니라 수학적, 논리적, 물리학적, 생물학적, 심리학적, 언어학적 구조들의 본질을 연구한다.[7]

피아제는 스스로 구조주의자라고 선언하는데 구조주의적 방법론의 풍부한 가능성을 인정하여 이 구조주의적 방법론을 긍정적이고 적극적인 이상 가운데 하나라고 간주한다. 모든 구조들은 구조를 어떤 특수한 대상에 적용하든지 쉽게 이해할 수 있는 내재적 명료함을 공통적으로 지니고 있다는 것이다. 구조주의에 대한 피아제의 이와 같은 견해에서 우리는 현대 세계에서 지식의 파편화에 대한 반발을 감지할 수 있으며, 다양하면서 때로는 혼란스러운 우리의 경험을 통합하고 이해할 일관성 있는 체계에 대한 그의 관심을 발견할 수 있다. 피아제야말로 구조주의가 지닌 체계적이고 적극적인 동력을 가장 강력하게 옹호하는 사람이다. 이 적극적 이해 능력을 표현하는 구절에서 그는 환원주의와 파편화에 대항하여 구조주의가 어떻게 일관된 체계를 추구하는가를 보여 준다.

　　구조주의는 동형사상(同型似像)을 통하여 통일성을 회복함으로써 분절화(分節化)에 대항하므로 수학자들에게 구조주의는 분절화(分節化)에 반대되는 개념이다. 언어학자들에게……구조주의는 고립된 언어현상을 통시적으로 연구하는 경향으로부터 벗어나……공시적으로 기능하는 통일된 언어체계를 연구

하는 경향으로 바꾸는 출발점이 된다. 심리학에서 구조주의는
전체를 그에 선행하는 요소들로 환원하려는 원자론적 경향과
오랫동안 투쟁해 왔다.[8]

앞 글의 대비들을 주목해 보자. 피아제는 '통일성', '통일된' 등의
단어를 '분절화', '고립', '원자론적' 등의 단어들보다 더 좋은 뜻으로
쓰고 있다. 아동의 지적 성장에 관한 연구에서 피아제는 이 책의 제
1장에서 우리가 다루었던 구조주의의 모든 특징을 잘 보여 주고 있
지만, 아동이 자신의 성장에 있어서 능동적인 행위자라는 점을 강
조함으로써 다른 구조주의 이론에서는 명백히 빠져 있는 인간역량
의 이론을 구조주의에 도입하려 매우 애쓰고 있다는 점은 분명하
다. 피아제가 보기에 아동이 자신의 정신구조를 '구성'한다는 것이
다. 그러나 여기에서도 그 인간의 활동은 그것을 지배하는 법칙들
에 종속된다.

관찰과 실험을 통하여 밝혀진 사실은 논리적 구조들이 구성
되다는 것이며, 이 구조들이 정교하게 완성되는 데에는 약 12년
이 소요되고 나아가서 이 논리적 구조들이 구성되는 것도 특수
한 법칙들에 의거한다는 사실이다.[9]

그러나 개인과 구조 사이에는 항상 변증법적 관계가 있어서, 아
동의 지능은 자신의 세계와 교섭하면서 내면화된 행위를 통하여
발달한다. 아동발달에 대한 낭만주의 이론들처럼[10] 피아제도 **구성**
을 강조하고 있다는 사실은, 그의 연구가 교육의 진보주의 전통을

학문적으로 지탱하여 주고 정당화해 주는 토대가 되어 왔음을 증명해 준다. 피아제는 구조가 변형된다는 특징을 늘 강조한다. 구조화된 전체를 조직하는 법칙들에 따르면 이 구조화된 전체는 안정성과 변화, 그리고 발생과 변형을 늘 수반하므로, 인간의 지능발달에서 그는 **유동성**(流動性)을 지닐 수밖에 없는 역동성을 찾아낸다. 일곱 살에서 열 살까지 기간을 설명하면서 그는 다음과 같이 기술한다.

> 여기에서 우리는 진짜 구조들, 이미 '논리적'이지만 이전의 것들에 비해 '새로운' 구조들을 만들어 내는 구성활동을 목도할 수 있으며, 그 구성활동을 한 단계씩 따를 수도 있다. 새로운 구조를 특징짓는 변형은 형성적(形成的) 변형으로부터 생겨나는데, 새로운 구조는 단지 평형화(平衡化)의 측면에서만 형성적 변형과 구분된다.[11]

그렇다면 피아제의 정신모형은 아동의 활동을 통하여 발달하는, 자율적이며 변형적인 구조들의 체계이다. 보편적이고 불변하는 일련의 단계를 거치면서 모든 아동이 경험하는 지적 발달에 대한 자세한 구조주의적인 기술은 다른 많은 문헌에도 훌륭히 제시되어 있다.[12] 여기에서는 이러한 단계들과 몇몇 주요 개념에 대해 간단히 설명하고 피아제 연구에 대한 비판 몇 가지만 제시해 보기로 한다.

피아제의 지적 발달 단계

물론 어떤 단계에서든 표면적으로는 서로 다른 행동양식이 많이 생겨나는 것을 볼 수 있다. 그러나 그 서로 다른 행동양식들 밑에는 그 양식을 설명하고 그 발달단계에 통일성을 부여하여 주는 어떤 공통의 구조가 있다고 이야기된다.[13]

1. 감각운동기(출생부터 대략 18개월~2세)

유아는 세계가 안정되어 있다는 개념을 구성하는데, 세계 속의 물체는 유아 자신 및 자신의 행위와 독립된 시·공간에서 안정된 정체성과 실재를 지니고 있다는 것을 깨닫는다.

2. 구체적 조작기(18개월~2세부터 11세까지)

(1) 전조작기(18개월~2세부터 7세까지) 아동은 상징화 능력, 즉 사물을 자신에게 표상하는 능력을 발달시킨다. 사고와 언어는 아동의 세계에 대한 이해력을 크게 확장시켜 주지만 아직은 구체적으로 경험되는 즉각적인 물체에 밀접하게 얽매어 있다.

(2) 구체적 조작기(7세부터 11세까지) 수, 형태, 시간 및 양을 분류하는 원칙들과 함께, 가역성(可逆性)과 보존의 개념이 크게 확장된다. 아직은 구체적인 개념이 중심적이기는 하나, 상징적 행위(언어와 사고)로 인하여 아동이 세계를 이해하고 설명하는 능력이 급속히 늘어난다.

3. 형식적 조작기(12세 이후)

청소년은 더 이상 즉각적이고 구체적인 경험에 얽매이지 않고, 논리적으로 추리하고 가설을 세우며 결과를 연역한다. 추상적 사고로 인하여 이 단계의 아동은 자신의 분류법칙들을 조정할 수 있게 된다. 다른 단계와 마찬가지로 이 단계는 아동들로 하여금 이전 수준의 성취들을 능동적으로 재구성하게 한다.

이와 같은 발달단계의 바탕에는 특정의 기능적인 요소들과 구조적인 요소들이 작동하고 있다. 그 기능적 요소들이란 **동화**(어떤 행위의 재생산을 통하여 새로운 대상이 기존의 구조들 속으로 통합되는 과정)와 **조절**(새로운 상황에 맞추기 위하여 동화의 스키마 자체가 수정되는 과정)이다. 이 두 과정은 상호보완적이고 밀접하게 관계되어 있으며 모든 지적 발달단계에서 관찰되는데, 계속성과 변화를 수반한다. 구조적 요소들이란 **서열적 관계**(반사행동에서의 동작, 습관적 스키마에서의 동작, 그리고 수단을 목적에 맞출 때 동작의 순서)와 **종속화 스키마**(보다 단순한 스키마를 보다 복잡한 스키마에 종속시키는 것), 그리고 **협응**(여러 형태의 인지를 조화시키는 것) 등이다.[14] 피아제는 **집단**과 **평형**이라는 구조주의적 개념을 일관되게 사용하고 있는데, 이 개념은 안정성/변형, 계속성/가변성, 자기조절/수정을 **동시에** 담보한다. 이 두 개념이 구조를 안정시켜 주면서도 동시에 변형을 담보하며, 계속성과 가변성 그리고 자기조절과 수정을 동시에 가능하게 해 주는 방식을 여기에서 모두 다루기에는 너무 복잡하다.

지적 성장에 관한 피아제의 구조주의적 설명은 기념비적이면서도 난해하기도 하다. 앞에서의 설명과 같이 그에 대한 어떤 간단한 설명도 개략 이상이 되지 못한다. 그러나 최근 들어서 그에 대한 비판이 점점 늘고 있다. 피아제의 발달단계들은 너무 명백한 것으로 해석되어서 교사들은 자주 이것을 오해하여 학생들에 해가 되기도 한다. '준비성'에 대한 데니스 로턴(Denis Lawton)의 신랄한 비판은 그 예이다.[15] 또한 그의 발달 스키마에서 차지하는 사회적, 정서적, 동기적 요인들에 대한 폄하도 존재한다.[16] 언어 또한 이상할 정도로 무시되고 있으며 언어가 사고에 미치는 영향력이 광범위하게 조사되지 않고 있다. 자아중심적인 언어행위에 대해 연구하면서 피아제가 언어에 대단한 주의를 기울였음에도 불구하고 그의 연구는 요즈음 일반적으로 잘못된 것이라고 여겨지고 있다.[17] 나아가서, 최근의 연구들에 의하면 어린이들의 사고는 피아제의 스키마가 암시하는 것보다 더 빨리 발전한다는 것이 드러났으며, 청소년과 성인의 사고는 그가 제안한 형식적 조작의 모형과 정확히 일치하지 않아서[18] 비논리성이 일반적으로 나타난다. 또한 피아제의 실험행위 자체, 그가 제시한 증거의 본질, 그리고 다른 이론적 설명을 고려하지 못한 점 등도 비판의 대상이 되어 왔다. 그가 취한 구조주의에 대한 명확한 비판은 거의 없으나, 개별 개념에 대한 비판들에서, 예를 들어 그가 사용한 **평형**이라는 개념이 지나치게 보편적이고 애매한 개념이라는 비판 등은 구조주의가 기초하고 있는 전체성과 통일성의 강조에 대한 공격으로 여겨지기도 한다.

이러한 비판들에도 불구하고 피아제의 연구는 광범위하게 수용되고 교육의 실제에 엄청난 영향을 주어 온 다양한 구조주의의 범례를 잘 보여 준다. 얼마나 무비판적으로 또는 부적절하게 받아들이는지와 관계없이, 그의 이론을 수용한다는 점에서 지난 20~30년

동안 양성된 영국과 미국의 거의 모든 교사는 구조주의자이다. 그의 저술들은 구조주의적 업적의 기념비, 그리고 인간의 개인적인 행위를 강조하는 새로운 구조주의의 기념비로 높이 서 있다.

클로드 레비-스트로스

피아제의 명성은 동시대의 구조주의 이론가인 클로드 레비-스트로스(1908~2009)를 따라다니는 논쟁들과 날카롭게 대비된다. 피아제는 레비-스트로스에 대하여 다음과 같이 이야기한다.

> 구조주의의 가장 뛰어난 대표자는 인간 본성의 영속성과 이성의 통일성에 대한 구조주의적 신념의 화신(化身)인 레비-스트로스이다.

피아제는 더 나아가서 사회적 삶에서 무엇보다 구조가 우선한다는 레비-스트로스의 이론과 피아제 자신의 인지구조 이론은, 그 방법론의 차이에도 불구하고 서로 밀접한 관계가 있음을 발견한다.

레비-스트로스도 피아제와 마찬가지로 광대한 범위에 걸쳐 저술활동을 하였으며 그의 생각은 복잡하고 난해하다. 그럼에도 불구하고 그의 주된 연구대상이 무엇이었던가를 정확히 가려낼 수 있는데, 인간 문화 현상을 만들어 내는 토대인 마음의 무의식적 특성, 즉 '집단적 현상의 무의식적 본질'이 그것이다. 그는 이러한 정신의 구조를 찾으려고 하였는데 정신의 구조란 인간사고의 보편적 특징들로 인간 자신은 의식하지 못하고 있거나 인간에게 알려지지 않은 구조들을 말한다. 이러한 레비-스트로스 구조주의의 기본 원리는 다음과 같다.

> 아무리 기본적인 것이라도 모든 사회생활은 인간 내부의 지적 활동을 전제로 하며, 따라서 그러한 인간 내부의 지적 활동이 지니는 형식적 특성이 구체적 사회조직을 반영하지는 않는다.[19]

이처럼 물질적 관계('구체적 사회조직')보다는 의식의 우위를 강조하는 것은 마르크스의 이론을 극적으로 반전시킨 것이며 헤겔의 관념론으로 회귀하는 것이다. 이처럼 그의 연구의 많은 부분이 역사와 구조에 대한 마르크스주의적인 해석과 반대되는데도 레비-스트로스가 마르크스에게 지적인 빚을 졌다고 스스로 인정한 사실은 더욱 놀라운 일이다.

레비-스트로스는 자신의 사상에 영향을 끼친 몇몇 다른 주요 인물들 또한 인정한다. 그는 뒤르켐(Durkheim)의 저작인 『종교생활의 기본형식(Elementary Forms of Religious Life)』과 뒤르켐이 모스(Mauss)와 함께 쓴 『원시 분류체계(Primitive Classification)』라는 책에 영향을 받아 사고의 범주에 관심을 가지게 되었고 다양한 문화 내에서 자연세계가 어떻게 코드화되는지를 탐구하게 되었다. 레비-스트로스 구조주의의 중심개념인 이항대립(二項對立)에 대한 강조는 언어학자인 로만 야콥슨(Roman Jakobson)으로부터 영향받은 것이다. 부분이 아닌 전체, 개별 사건이 아닌 구조, 대상이 아닌 관계에 대한 강조와 기호의 과학인 기호학에 대한 강조는 소쉬르의 영향이라고 인정된다. 문화의 무의식적 측면을 강조하며 사고를 형성하는 보편타당한 원리를 추구한 것은 프로이트에 지적 빚을 진 것이다. 레비-스트로스는 또한 루소(Rousseau)의 영향도 인정한다. 자신이 인간 보편성을 탐구하고 비근대적이며 비서구적인 문화의 가치를 강조하게 된 것은 루소가 인간을 자연과 구분해 주는 언어를 중요시한 것에 영향받았다는 것이다. 그는 서구문화의 헤게모니에 대한 비판, 즉 대안적인 '원시'적 사고형태의 가능성과 정통성을 허용하지 않는 지배형태인 서구문화 헤게모니에 대한 비판에도 루소의 사상이 영향을 주었다고 주장한다. 레비-스트로스의 연구는 교사들에게 익숙한 연구는 아니다. 그러나 그가 택한 과제(마음의 구조를 파악해 내려는), 그에게 영향을 준 멘토들, 그리고 그가 사용한 연구 방법론들을 두루 고려해 보면 그의 연구물들은 교육 및 학교교육에 대한 신선한 시각을 얻기 위해 반드시 읽어야 할 목록이 된다.

인간사고의 구조에 대한 레비-스트로스의 계속적인 관심을 살펴보면 그의 연구는 세 단계로 분류된다. 첫 번째 단계는 친척관계라는 문화인류학의 전통적 연구문제에 몰두한 단계이다. 이 단계에서 그의 연구는 색다른 방법으로 친척관계의 구조를 밝히려 하므로 논쟁의 여지가 매우 많다. 두 번째는 물신숭배(物神崇拜)에 대한 연구를 통하여 분류이론을 제공하려는 관심의 단계이다. 이 단계에서 그는 원시사회가 자신의 세계를 어떻게 분류하는가라는 문제를 다룬다. 레비-스트로스는 그러한 분류로부터 정신의 보편적 구조가 도출된다고 주장한다. 세 번째는 그가 계속 관심을 가져 온 신화의 구조를 연구하는 단계이다.[20] 신화에 대한 연구는 특히 그의 주된 관심사에 부합되는 것으로 그는 신화가 음악과 마찬가지로 시간을 초월하여 수없이 많은 연주행위(演奏行爲)를 만들어 낼수 있으며, 따라서 정신의 보편적 구조를 드러내는 랑그를 표현한다고 믿었기 때문이다.

레비-스트로스는 모든 문화 내에서 사는 사람들이 의미를 만들어 내는 보편적이지만 무의식적인 정신의 특질들을 발견하려고 하며, 신화는 이러한 구조주의 방법의 좋은 예를 보여 준다. 그의 주장에 따르면 일련의 기본적 정신구조 범주라는 것이 존재하므로 문화, 특히 신화를 연구함으로써 이 범주들의 코드를 해독할 수 있다는 것이다. 서구사회의 신화들에 항상 존재하는 문제인 신화와 실제 역사 사이의 관계라는 문제를 피하기 위하여 그는 브라질의 부족이라든가 오스트레일리아의 원주민 등 '역사가 없는 사회들'의 신화를 연구한다. 이 사람들은 그가 '차가운' 문화(서구의 '뜨거운' 문화에 비하여)라고 부르는 문화 속에 사는데, 이 문화에서 시간은 직선적인 것이 아니라 순환적이며 문자 따위는 존재하지 않는다. 그러한 문화에서 발생한 신화를 분석해 보면, 정신구조들을 드러내 주는 코드의 역할을 하는 특정 구조가 설화 이야기의 이면에서 발견된다. 레비-스트로스에 따르면 모든 차이란 기본적으로 두 개의 항목 사이에서 생기므로, 그러한 구조 또한 이항대립으로부터 발생한다.

물론 서구사회에서 사는 사람들이 알고 있는 이 신화들은 그것들이 처음 이야기되던 맥락과는 매우 다른 형식일 수도 있다는 사실, 또는 분명히 원래의 맥락에서 벗어난 것이라는 사실은 신화연구에 대단히 큰 문제점을 야기한다. 그러나 이러한 문제점과는 별도로, 레비-스트로스는 신화가 표면적인 내용이나 의미 밑에 더 깊은 의미, 코드로 표현된 메시지를 포함하고 있다고 주장한다. 그가 목적으로 삼은 것은 바로 이 메시지를 해독해 내는 것이었다. 여기에서 잠깐 이 메시지를 해독하는 일이 프로이트(Freud)의 꿈의 해석과 얼마나 비슷한지, 또한 이 해석에 늘 따르는 '이 해석이 옳은지 그른지 어떻게 증명할 것인가'의 문제와 얼마나 비슷한지를 주목해 볼 필요가 있다. 리치(Leach)는 레비-스트로스의 방법론이 '일반화된 공식을 가지고 노는 언어적 속임수이며…… 모든 것이 가능하지만 아무것도 분명하지 않은 세계로 이끌어 버린다'고 주장하며 그것이 '재치 있는 말솜씨'에 불과할지도 모른다고 생각한다. 그러한 난점들에도 불구하고 레비-스트로스가 어떤 일을 하려고 하였는지를 개괄해 볼 수 있다. 일단(一團)의 신화들을 함께 살피면서 그는 여러 반복되는 주제들(근친상간, 부친살해, 모친살해, 식인풍습 등)은 관현악의 악보와 비슷한 코드화된 메시지들이라고 주장한다.[21] 전달되는 메시지는 특정 신화가 아니라 이 '악보' 속에 포함되어 있고 언제나 어떤 이항대립과 관계되어 있으며, 또한 드러난 갈등을 해소하려는 노력과 관련되어 있다. 그렇다면 신화의 기능은 삶/죽음, 이승/저승, 인간/신, 근친상간/족외결혼(族外結婚), 성관계(性關係)/처녀탄생(處女誕生) 등의 갈등을 드러내고 극복하는 것으로 볼 수 있다. 각각의 경우, 갈등은 자연/문화라는 지배적인 이항대립에 기초하고 있다.

레비-스트로스의 연구 방법은 다음과 같은 특수한 예에 잘 드러난다. 그는 그리스 신화에 대하여 논의하면서, 해소되어야 할 갈등 가운데 하나가 인간은 대지로부터 생겨났다(토생±生)는 종교적

인 신념과 인간은 남녀의 결합으로부터 태어난다는 지식과의 갈등
이었다고 주장한다. 그는 근원적인 문제(한 몸으로부터 태어나는가
아니면 두 몸으로부터 태어나는가)와 그 변종 문제(다른 종류로부터 태
어나는가 아니면 같은 종류로부터의 태어나는가)를 연결시키는 논리적
도구로 오이디푸스 신화를 사용한다.

> 이와 같은 형태의 상관관계에 의하여, '혈연관계(말하자면 근
> 친상간)에 대한 과대평가'와 '혈연관계에 대한 과소평가' 사이의
> 관계는 '토생(土生; 땅으로부터 생기는 것)으로부터 탈출하려는
> 노력'과 '그 노력의 성취불가능성(즉, 남녀 결합에 의한 탄생)'과
> 의 관계와 같다. 비록 실제 경험이 이론과는 다르지만, 두 구조
> 사이에 유사성이 있으므로 사회적 삶은 우주론의 타당성을 증
> 명한다. 따라서 우주론은 진리이다.[22]

리치가 지적하는 것처럼 이 같은 지적 궤변, 지나친 일반화, 상상
에 의거한 대담한 이야기는,『거울나라의 앨리스』동화에서 말장난
하는 앨리스를 떠올리게 한다. 그러나 분명한 것은 레비-스트로스
연구가 이항대립(위의 예처럼 근친상간/부친살해의 대립관계를 '혈연관
계의 과대평가'/'혈연관계의 과소평가'의 대립관계로 일반화시킨 것까지
포함하여)을 사용함에 있어서 수학적 추론 형식을 드러낸다는 점이
다. 추상적·보편적 형식을 추구하고 있다는 것이 잘 드러나는 것
이다. 그러나 리치가 여러 그리스 신화를 검토한 결과, '만약 사회
가 계속 유지되려면 딸들은 부모에게 충실치 않아야 하고 아들들은
아버지를 파멸시키거나 갈아 치워야 한다'는 '해결이 불가능하고

달갑잖은 모순'만 찾아냈을 뿐이라고 이야기하고 있으므로[23] 리치로서는 레비-스트로스의 방법론을 이와 같이 풍자할 수도 있다.

그러나 그러한 비판에 개의치 않고 레비-스트로스는 요리하기, 불 만들기, 식사법, 성적 행태 등 광범위한 문화활동을 조사하면서 이 이항대립의 방법을 사용한다. 이 모든 연구에서 그는 중요한 것은 내용이 아니라 형식이며, 보편적으로 발견되는 이항대립 관계가 문화적 의미와 의의를 창출해 낸다고 주장한다. 그의 주장에 의하면, 그러한 이항대립이 생기는 것은 인간의 두뇌가 정리기제(整理機制)들로 구조화되어 있기 때문이다. 이 보편적 구조들은 인간이 세계를 보고 이해하는 방식을 조직하며, 의식(儀式), 신화, 물건 등 모든 문화적 관습과 인공물(人工物)이 그러한 보편적 구조들의 예가 된다. 문화는 인간의 정신에 의하여 구성되는 것이므로 인간의 정신을 반영한다. 문화적 관습은 서로 다르지만, 보편적 심리구조들이라는 명제를 지지해 주는 공통의 **구조들**을 찾아낼 수 있다는 것이다.

이와 같은 정리기제들 또는 정신구조들로 인하여 우리는 세계를 일련의 차이들로, 레비-스트로스 용어로는 이항대립 관계로 지각하게 된다. 검정색은 흰색과, 남자는 여자와, 문화는 자연과 대립되는 것이다. 레비-스트로스가 이 이항대립이라는 개념을 사용한 중요한 이유는 그가 컴퓨터 언어에 매혹되어 있었기 때문이며, 또한 언어분석에서 엄밀한 이항분류 방법을 사용하는 로만 야콥슨과의 교류 때문이기도 하다. 의미란 사물, 내용, 개개의 특색(검정색, 남자, 문화 등)으로부터 생기는 것이 아니라 다른 것과의 **관계**, 즉 다른 것과의 대립에서 발생한다. 예를 들어, 붉은색과 초록색의 대립

관계를 살펴보자. 그 두 색깔은 인간이 지각하는 색 스펙트럼에서
도 대립적이며 우리의 신호체계(교통신호에서 붉은색은 정지, 초록색
은 진행)에서도 대립관계이다. 따라서 자연에서나 문화에서나 마찬
가지의 **구조**가 발견된다. 그러나 인간의 정신은 그 대립관계를 해
소할 매개항(媒介項)을 찾으려고 하기 때문에 그 대립관계를 뛰어
넘는다. 색 스펙트럼에서 우리는 초록색과 붉은색의 중간쯤에 있
는 노란색을 지각하며 교통신호의 계열은 빨강, 노랑, 초록(정지, 주
의, 진행)의 순서이다. 인간의 두뇌는 이와 같이 자연에서 이항대립
을 찾지만 이항대립으로 인한 불연속성이나 모순에 만족하지 않으
므로 그 대립관계를 해소하거나 연결시켜 줄 매개항을 찾아내려
한다.

구조주의적 분석에서 대립관계 및 이 관계를 매개하거나 변형시
키려는 항목들은 삼각형 형태로 제시되는데 레비-스트로스의 요
리 삼각형은 대표적인 형태이다. 모든 문화에서 음식은 날것으로
먹거나 어떤 방식으로 변형하여(조리하거나 자연적으로 부패시켜서)
먹는다. 따라서 여기에서 대립관계는 문화/자연, 정상/변형의 대
립이다.

레비-스트로스는 요리 삼각형에 대하여 많은 연구를 하였지만
앵글로 색슨인들로서는 굽고, 끓이고, 훈제하는 등의 논의나 공기,
물, 그릇 등의 매개과정에 대한 논의를 중요한 것으로 받아들이기
가 어렵다. 그러나 리치가 지적하는 것처럼, 문화인류학 연구들에
의하면 서로 다른 문화들이 놀라울 정도로 비슷하게 음식을 분류
하고, 그것에 지위를 부여하여 구별한다는(구운 고기는 끓인 가금류
보다 '고급'이라든가 하는) 것이 드러나기 때문에 '무의미 밑에 의미

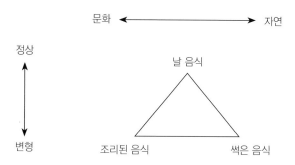

레비-스트로스의 요리 삼각형(Leach, 1970, p. 30)

가 숨어 있다'. 레비-스트로스는 교환/비교환(非交換), 수여자/수용자, 대칭/비대칭, 변경/반복 등의 이항대립 관계를 찾아내는 비범한 능력을 보여 준다. 그는 이 이항대립 관계가 인간정신의 본질로부터 생겨나며 가장 중요한 신화들은 그 갈등관계를 극복하려는 무의식적 노력을 표현한다고 주장한다. 처녀태생이라는 기독교 신화는 이와 같이 성적(性的)/비성적(非性的), 더러움/깨끗함, 원죄/무죄, 처/어머니 등의 대립관계와 관계가 있다. 모든 대립관계는 해소되어야 하며 처녀태생은 그와 같은 갈등을 해소하는 중요한 매개항이다.

　인간정신은 코드들을 해독하도록 구조화되어 있고, 그러한 코드들은 이항대립 형태로 되어 있으며, 변형은 이러한 대립을 해소할 수 있다는 레비-스트로스의 구조주의적 주장에 대해서 어떤 비판이 가능할까? 그의 이론이 대단히 흥미로운 것이기는 하고, 일부 이론가들 사이에서는 우리가 개인-사회 관계를 이해하는 데 근본적인 공헌을 하였다는 명성을 누리고 있기도 하지만, 레비-스트로스의 이론은 여러 비판의 표적이 되기도 한다.[24]

많은 비판은 레비-스트로스 이론의 경험적 토대가 적절한지의 여부를 겨냥한다. 앵글로 색슨 인류학 전통의 기준에 비추어 보면 그의 현장연구는 기간이 매우 짧고 본질적으로 너무 대략적이다. 나아가서 그는 원래 맥락과 형식으로부터 분리되어 수정된 문화관습의 예를 자주 인용하는데, 이러한 인용은 매우 미심쩍은 것으로 여겨진다. 특히 영국 인류학자들은 프레이저(Frazer)의『황금 가지(The Golden Bough)』에서 나타나는 무원칙적인 절충주의를 레비-스트로스의 연구에서도 발견한다. 그의 이론은 허황한 억측과 해석들일 뿐이라고 생각되며 그가 드는 예들도 자신의 이론에 맞는 예들을 멋대로 선택한 것일 뿐이라는 것이다. 레비-스트로스 이론의 타당성은 반증(反證)하기도 입증(立證)하기도 적절치 않아 보인다.

이항대립에 기초를 둔 레비-스트로스의 범주 개념은 특히 의심스럽다. 근본적으로 두 항목으로 환원해 버리는 것은 인간정신의 복잡성과 전혀 어울릴 것 같지 않기 때문이다. 야콥슨의 원래 논지의 신빙성은 사실상 부정되었으며 인간두뇌의 컴퓨터 모형은 거의 명백히 잘못된 생각이어서 더 이상은 쓸모가 없다. 피아제의 연구는 아동의 사고구조가 대단히 복잡하다는 사실을 보여 주었고 따라서 이 컴퓨터 모형은 별로 지지받지 못하고 있다. 의미가 이항대립으로부터 생겨난다는 생각보다는 대비들의 네트워크를 강조하는 이론이 인간이해라는 본질에 더 적절히 어울리는 것처럼 보인다.

레비-스트로스의 이론에는 지식과 이데올로기를 구분하는 방식이 빠져 있다는 비판으로부터는 인식론적인 난점들이 발생한다. 서양사회의 사고와 부족사회의 사고 사이에 존재하는 대조적인 차이로 인하여 문화매개 활동이라는 매우 특수한 문제가 생기기 때문이다. 이와 같이 신화에서 구조적인 이항대립을 찾아내자는 그의 주장은, 그 이항대립이라는 개념 또한 자기 자신이 지닌 (서구의) 정신이 만들어 낸 결과일 뿐일 수도 있다는 비판에 의하여 그 가치가 훼손되어 버린다. 레비-스트로스는 자신의 근대적이고 과학적인 사고구조를 그러한 과학적 사고구조가 존재하지 않는 원시적인 정신에 강제로 적용시키고 있는지도 모른다. 이것은 문화적 매개행위가 아니라 문화적 제국주의이며, 레비-스트로스가 신화를 합리적으로 평가하는 확고한 근거를 가지고 있지 못하다는 점을 시사해 준다.

우리는 이미 대부분의 구조주의 이론에는 역량 있는 사회적 행위자에 대한 이론이 부족하다는 것을 지적한 바 있다. 레비-스트로스 또한 시간이 흐름에 따라 어떻게 신화들이 만들어지고 다시 복제되는지를 연구해 보지는 않았으므로 그러한 비판에서 제외될 수 없다. 그는 자주 신화를 원래의 맥락으로부터 고립시켜 떼어 낼 뿐만 아니라, 일상생활에서 사회적 행위자가 신화를 만들어 내고 수정하는 데 어떻게 참여하는지는 간과하고 있다. 이 점에서 그는 많은 구조주의 이론가들이 생각하는 공통적인 오류, 즉 숙련되고 식견이 있는 인간행위자가 결여되어 있다는 오류를 함께 범하고 있다. 우리는 이미 소쉬르의 랑그-파롤 개념에도 그러한 인간행위자가 빠져 있음을 살펴본 바 있다. 실천적 의식, 행위에 대한 반성적 관찰, 다시 말하여 인간 개개인의 역량에 대한 논의가 없는 것이다.

마지막으로, 어떤 관행적 행위에 참여하고 있는 사람이 직접 그 관행을 설명한다면 그 설명은 보다 심층적인 인지구조(참여자 자신은 볼 수도 없고 알 수도 없는)가 겉으로 표현된 것일 뿐이라고 주장함으로써 레비−스트로스는 이러한 비판이 스스로에게도 적용되도록 자초하고 있다. 레비−스트로스 구조주의는, 그것이 지닌 게임의 법칙에 따르자면, 스스로의 기원과 구조를 성찰할 수 없게 된다. 레비−스트로스 구조주의 자체의 근본을 이루는 코드들은 어떤 것들일까? 또 레비−스트로스 구조주의는 그 자체에만 해당되는 일련의 사회−문화적인 환경의 산물이라고 간주할 수도 있지 않은가? 이와 같은 질문들에 대한 대답은 '레비−스트로스 구조주의'라는 이름을 곤혹스러운 처지에 빠뜨리게 될 뿐이다.

레비−스트로스의 이론과 방법론은 독특한 특징들을 지니고 있다. 레비−스트로스 저술들은 애매성으로 특징지어지며 치열한 논쟁의 대상이 되고 있기는 하지만 학문적인 탐구라기보다는 상상력에 의거한 작품처럼 읽히고 있다. 『신화학(Mythology)』이라는 자신의 저서가 그 자체로 신화로 읽힐 수 있다는 그의 주장 때문에 경험주의 인류학자들은 그를 존경할 것 같지도 않고, 레비−스트로스의 신뢰성이 높아질 것 같지도 않다. 그는 인류학 연구에서 자신의 해석을 확고하게 안정화시키는 문제를 심각하게 다루지 못했다고 자주 비난받는다. 소쉬르와 마찬가지로 그의 연구에는 연구정보 출처의 신빙성이라는 고질적인 문제가 늘 따라다닌다. 이러한 비난은 대단히 심각한 것이기는 하지만, 레비−스트로스가 천착하는 것이 인간의 정신 깊숙이 자리 잡고 있는 문제들이므로, 이 연구의 상상력과 애매성 또한 그가 가진 호소력의 일부일 수도 있다. 어떤 결점을 지녔든 간에 그의 연구가 근본적인 문제들을 과감하게 다루었다는 점은 부정할 수 없으며, 인간성을 연구함에 있어서는 상상력이 풍부한 연구실천들 또한 기꺼이 받아들여야 한다.

지금까지 기술한 레비-스트로스에 대한 논의와 비판들 가운데 많은 부분이 교사들의 교육실천이나 관심사와는 전혀 관계없는 것으로 보일 수도 있다. 보로로(Bororo) 인디언의 신화가 비 오는 금요일 오후의 4층 교실과 무슨 상관이 있단 말인가? 이항대립은 또 교육과정 구성과 무슨 관계가 있는가? 레비-스트로스에 대한 여러 비판가의 회의적인 태도는 동의할 만하지만 학교교육 및 교육과는 관계없다고 그를 무시해 버리는 것은 부적절하고 근시안적인 일이 될 것이다. 그의 구조주의가 극단적이고 낯선 형태를 취하고 있기는 하지만, 교육이론과 실천에 신선한 통찰력을 효과적으로 제공할 수 있는 방법도 잠재적으로 지니고 있다. 일상적이고 관습적인 사건들로부터 정신의 구조를 '읽어 낼' 수 있다는 그의 생각은 도전적이면서도, 어렵고, 또한 계몽적이기도 하다.

이항대립에 대한 그의 강조는 지나치게 단순화된 이론처럼 보이기는 한다. 그러나 자연-문화의 대립과 그 대립에 내재되어 있는 역설들, 그리고 그 역설관계를 해소하기 위해 어디엔가 존재하는 매개항들의 가치를 받아들인다면 학교교육의 여러 측면을 새로운 눈으로 탐구하는 것도 가능하다. '그건 (그저) 자연스러운 거야'라는 표현은 교사나 학부모들이 널리 사용하는 어휘이지만, 학교는 여러 역설과 모순이 구현되는 특별하고 고유한 **문화적** 기관이다. 교사와 학생들이 그러한 모순을 실제로 느끼고 **경험하는지**, 또는 어떤 방식으로 느끼고 경험하는지 하는 문제는 시급히 연구해야 할 문제이며, 그러한 긴장관계를 줄이기 위한 해결책 또한 연구해 보아야 한다. 특히 교사/학생, 남성/여성, 지식/감정, 성공/실패 등에 포함된 대립관계는 새로운 검토를 필요로 한다. 음식을 준비하고 소비하는 등의 일상생활 문제에 대한 레비-스트로스의 비범하고 신선하며 도전적인 견해는 학교교육을 창의적으로 재해석할 수 있도록 하는 자극제이다. 예를 들어, 변형(變形)이라는 개념은 영국의 교육사상에서는 거의 주목을 받아 오지 못한 개념이다. 그 개념을 학교교육에 대한 논의에 직접적으로 받아들인다면 계몽적인 여러 관점이 생겨나게 된다. 학교교육 연구에 새로운 접근을 한다면 거기에는 대단히 구체적인 것들을 매우 추상적인 것과 연결시킨 레비-스트로스의 시도도 포함될 것이며, 이처럼 추상적인 내용을 도입하는 절차는 경험적 전통에 입각한 상식을 지니고 있는 모든 영국 교사에게 특이하고도 불편한 도전이 될 것이다.

　레비-스트로스 식의 상상력은 교육연구를 변형시키거나 아니면 적어도 교육연구에 새로운 관점을 제공해 주는 도움을 줄 수 있다. 교육에 대한 많은 연구서들은 너무 평범하고 단조롭다. 레비-스트로스를 여러 가지로 평할 수는 있겠지만, 그의 연구는 결코 평범하거나 단조롭지는 않다. 레비-스트로스의 연구는 교사들로 하여금 관습적이고 강제적인 방식에서 벗어나, 기존의 '교육문헌들'(아이러니컬한 이름이지만)에서는 보기 어려운 방식으로 자신의 연구에 대하여 사색하고, 상상하며, 가설을 세워 보도록 유도한다. 비록 레비-스트로스가 연구정보 출처의 신빙성(그의 분석이 옳은가 그른가를 우리는 어떻게 알 수 있는가?) 문제로 시달리기는 하지만, 그의 문화 해석은 개방성과 융통성을 포함하고 있다. 따라서 더 사실적(事實的)이지만 상상력이 부족하며 협소한 실용주의적 교육연구 혹은 과학적 교육연구들보다는 인간사고와 감정의 복잡성과 다양성을 보다 정밀하게 잡아낼 수 있도록 해 준다. 레비-스트로스를 읽는 영국의 교사들은 20마일의 바다 거리 때문에 자신의 경험으로부터 거의 철저히 단절되어 온 사고형태를 고통스럽게 접하게 될 것이다. 그러나 그들은 또한 인간의 사고구조를 이해하고 발달시키려는 자신의 노력에 신선한 빛을 던져 줄 수 있는 개념들을 분명히 발견하게 될 것이다.

주

1. 대부분의 교사가 구조주의자라는 이야기는 몰리에르 희곡 『부르주아 귀족(Le Bourgeois Gentilhomme)』에서 무슈 주르댕(M. Jourdain)의 반응과 비슷하다. 시와 산문의 차이를 말해 주자 무슈 주르댕은 '세상에, 나는 40년 이상을 내 말체가 산문인지도 모른 채로 산문체로 말해 왔군요!'라고 감탄하며 즐거워한다. 그러나 교사들이 구조주의자라는 내 주장은 진심이다. 서구 사회의 모든 교사교육 기관에서 피아제의 연구는 중요한 자리를 차지해 왔으며 정신구조에 대한 피아제의 견해는 교사들이 어떻게 이해하거나 상관없이 교육실제에 막강한 영향력을 발휘하고 있다. 기억해야 할 구조주의의 세 유파는 다음과 같다. 첫째, 스스로 구조주의자임을 공언하는 경우, 둘째, 구조주의 특질 일부를 과시적으로 채용하는 경우, 셋째, '구조'라는 단어를 유용한 단어로 알고 별 의식 없이 단순히 사용하는 경우 등.
2. 형태심리학에 대한 최고의 입문서는 여전히 Max Wertheimer (1961). *Productive Thinking*, London: Tavistock이다.
3. Brian Magee (Ed.). (1978). *Men of Ideas*. London: British Broadcasting Corporation, pp. 205-206.
   텔레비전의 교육적 측면을 가장 잘 보여 주는 고무적인 시리즈를 책으로 엮은 것이다.

4. Magee (1978), pp. 213-214.

5. Ernest Gellner (1974). *Legitimation of Belief.* Cambridge: Cambridge University Press, p. 99.

이 책은 구조주의에 대한 사회학적 비판서 가운데 가장 쉬운 책일 것이다.

6. Paul Hirst (1975). *Knowledge and Curriculum.* London: Routledge and Kegan Paul.

7. Piaget (1971).

피아제 연구의 범위와 종류에 대한 언급은, 예를 들어,

Johan Mogdil & Celia Mogdil (1976). *Piagetian Research: Compilation and Commentary, Vol. I.* Windsor: National Foundation for Educational Research, p. 17: '대략······ 1만 8천 쪽의 인쇄된 페이지(250쪽짜리 책 75권에 해당함!)'

8. Piaget (1971), p. 4.

9. Piaget (1971), p. 62.

10. '낭만주의 이론들'이라는 말은 아동에 대해 오랫동안 계속되어 온 생각 및 태도를 지칭한 것으로 루소, 워즈워스(Wordsworth), 프뢰벨(Froebel), 페스탈로치(Pestalozzi), 수잔 아이작스(Susan Isaacs) 등 다양한 인물을 포함한다.

11. Piaget (1971), p. 66.

12. 피아제는 쉽게 읽히는 사람은 아니지만 그의 저술을 직접 읽는 것이 최선이다. 교사들에게 비교적 쉽고 재미있는 책은 다음의 책이다.

Jean Piaget (1929). *The Child's Conception of the World.* London: Routledge and Kegan Paul.; also published in paperback (1976). London: Collins (Fontana).

피아제를 훌륭하게 소개하면서 비판적 논평을 덧붙인 두 책은 다음과 같다.

Margaret Donaldson (1978). *Children's Minds.* London: Collins (Fontana).

Margaret Boden (1979). *Piaget.* London: Collins (Fontana).

13. Donaldson (1978), p. 133.

14. Piaget (1971), p. 63.

15. Denis Lawton (1981). *An Introduction to Teaching and Learning.* London: Hodder and Stoughton.

16. Q. A. Cowan (1978). *Piaget with Feeling: Cognitive, Social and Emotional Dimensions.* New York: Holt, Reinhart and Winston.

17. Boden (1979), p. 152.

18. 청소년기 사고에 대한 피아제의 낙관적 견해 비판은 다음 책 참고.

    E. A. Peel (1968). *The Pupil's Thinking.* London: Oldbourne.

19. Claude Levi-Strauss (1963). *Totemism.* Boston, Mass.: Beacon Press.

20. 레비-스트로스 연구의 세 단계는 다음 저서들에서 잘 드러난다.

    (1) 친척관계에 대한 연구

    Levi-Strauss (1969). *Elementary Structures of Kinship.* Boston, Mass.: Beacon Press. 대단히 전문적인 책이며 비판을 많이 받는 책이다.

    (2) 분류에 관한 연구

    Levi-Strauss (1966). *The Savage Mind.* Chicago, Ill.: University of Chicago Press. 아마도 그가 저술한 가운데 최고의 책일 것이다.

    (3) 신화연구

    Levi-Strauss (1970). *Mythology, Vol. I The Raw and the Cooked.* London: Jonathan Cape.

    Levi-Strauss (1973). *Mythology, Vol. II From Honey to Ashes.* London: Jonathan Cape.

    Levi-Strauss (1978). *Mythology, Vol. III The Origins of Table Manners.* London: Jonathan Cape.

    Levi-Strauss (1981). *Mythology, Vol IV The Naked Man.* London: Jonathan Cape.

그의 아이디어와 방법론은 다음 책에 담겨 있다.

Levi-Strauss (1968, 1977). *Structural Anthropology, Vol. I-II.* London: Allen Lane.

앵글로 색슨의 경험적 전통에서 성장한 사람들에게 *Mythology*와 *Structural Anthropology* 두 책은 대단히 어렵고 혼란스러우며, 좌절감까지 안겨 주는 책이다.

대단히 쉽지만 비판적인 소개서는 다음의 저술이다.

Edmund Leach (1970). *Levi-Strauss.* London: Collins (Fontana).

21. 음악은 레비-스트로스에게 강력한 은유를 제공해 준다. 음악은 형식에 있어 비직선적(非直線的)이어서 심층 정신구조의 한 모델이 된다. 소쉬르의 용어를 빌리자면, 신화는 파롤, 선형, 서사(敍事), 내용의 신태그마(통합)이다. 우리는 랑그 혹은 형식에 해당하는 문화라는 연합적 관계들로부터 신화의 의미와 실현을 파악해 낸다. 우리 정신의 구조가 우리로 하여금 우리가 듣는 내용을 창조해 내고 해석할 수 있게 해 주는 것이다.

22. Levi-Strauss (1968), p. 216, Leach (1970), p. 75에 인용.

23. Leach (1970), p. 80.

24. 피아제는 명백히 레비-스트로스에 찬성한다. 훨씬 비판적인 평가는 다음 문헌 참고.

Simon Clarke (1981). *The Foundations of Structuralism: A Critique of Levi-Strauss and the Structuralist Movement.* Brighton: Harvester Press.

제4장

사회의 구조
Structuralism and Education

학급이나 학교에서 어떤 일이 벌어지는지 어떻게 설명할 것인가? 특정의 행위를 식별해 주며 그 행위에 영향을 주기도 하는 중요한 개념이나 요인들, 즉 우리가 주의를 기울여야 하는 가장 중요한 초점은 무엇일까? 앞 장에서 우리는 마음의 구조에 초점을 맞춘 바 있다. 이 장에서는 사회의 구조에 대하여, 그리고 제5장에서는 감정의 구조에 대하여 논의해 볼 것이다. 개인이 아닌 구조, 체계, 전체에 대한 관심이 이 세 가지 구조주의 접근법의 공통된 특징이다.

이미 살펴본 바와 같이 레비-스트로스(Levi-Strauss)의 구조주의는 무의식적인 마음의 구조에 우위를 부여함으로써 체계가 개인을 지배한다고 주장한다. 모든 형태의 문화적 활동을 결정하는 것은 이와 같은 마음의 구조들이다. 마음의 구조는 '사회 구성원들이 거의 의식하지 못하는 사회의 이성(理性)들'이다. 이러한 보편적 사고 구조가 인간사를 가장 강력하게 설명해 준다고 레비-스트로스는 주장한다. 그러나 또 다른 구조주의적 설명은 사회적 행위의 기반을 이루며 그러한 행위를 하게 만드는 전혀 다른 기제를 찾아낸다. 그것은 마음의 구조가 아니라 사회의 구조 또는 사회조직의 구조이다.

사회생활의 구조, 양식, 체계와 제도들을 찾아내는 데 관심을 가지는 경향을 구조주의라고 한다면, 매우 엉뚱하고 이질적인 사상가들의 집단을 구조주의자라고 이름 붙이는 것도 가능하다(제3장의 주1을 보라). 이처럼 가장 넓은 의미로는 마르크스(Marx), 뒤르켕(Durkheim), 그리고 탈콧 파슨스(Talcott Parsons)와 같은 다양한 사상가를 구조주의자로 볼 수도 있다. '구조'가 이들의 연구에 중심적이기는 하지만 자신을 구조주의자라고 부르는 데에는 모두 반대하였을 것이다. 이들은 모두 인간의 행위를 지배하는 사회적 절대명령을 찾으려 하였는데, 각각 유물론적으로는 지배, 조직적으로는 협동, 그리고 이데올로기적으로는 규범 질서라는 절대명령을 찾으려 하였다. 이들에게는 경제적인 요인, 사회계급, 사회관계의 기본양식, 그리고 사회제도가 정신구조보다 우선권을 쥐고 있었다. 마르크스의 '의식이 존재를 결정하는 것이 아니라 존재가 의식을 결정한다'라는 잘 알려진 명제는 생활의 사회경제적 조건(존재)이 우리의 사고와 세계관(의식)을 결정한다는 그의 신념을 잘 드러내 준다. 게다가, 역사의 중심성에 대한 마르크스의 강조 및 뒤르켕과 파슨스의 '기능'이라는 개념으로 인하여 이 세 사람은 마음과 언어의 심층구조를 추구하였던 레비-스트로스와 소쉬르의 구조주의와는 근본적으로 구분된다.

마음의 구조에 대한 피아제(Piaget)의 선호는 대단히 뚜렷하여 그는 자신과 비슷한 성향의 레비-스트로스를 '정통' 구조주의자라고 부른다. 피아제가 보기에 뒤르켐은 사회적 전체, 즉 집단 및 하위 집단에 관심을 기울이기 때문에 그저 '일반적인' 구조주의자일 뿐이다. 뒤르켐에게는 이러한 종류의 사회적 전체성들이 우선적으로 설명력 있는 개념들이다. 피아제 입장에서 '정통'(또는 분석적) 구조주의자란 그러한 사회적 전체성들을 설명해 줄 마음의 심층구조를 찾는 사람이다. 피아제는 '앵글로 색슨 국가들에서는 구조라는 개념을 관찰 가능한 관계와 상호작용에만 사용하는 경향이 있다'고 거의 멸시가 드러나는 지적을 하고 있다. 반면에 마음의 심층구조란 참여자들에게는 보이지 않는, 사회형태가 변하는 법칙들을 제공해 주는 '관찰된 사회관계에 대한 궁극적인 논리-수학적인 모형들'을 말한다. 피아제의 판단에 의하면, 파슨스의 구조 개념은 구조주의자들이 선호할 만한 정도의 추상화에 가까운 형식을 갖추어 제시되고 있어서 (파슨스의 저작과 씨름해 본 사람이면 누구나 동의할 것이다) 파슨스는 '지나치게 평범한 경험주의를 넘어선다'. 반면에 피아제는 마르크스를 일반적인 구조주의와 정통 구조주의의 중간쯤에 위치시킨다.

교사들이 처음 보기로는 이와 같이 약간은 가혹한 서론이 자신들의 관심 및 활동과는 전혀 관계없는 것으로 보일지도 모른다. 그러나 간단히 몇몇 관계를 연결해 보도록 하자. '학급', '학교', '교사', '학생', '지방교육청', '학부모' 등에 대하여 이야기한다는 것은 사회구조의 존재와 힘을 인정하는 것이다. '노동계급 학생들'이라거나 '중류계급 학생들' 또는 '중류계급의 가치들'이라는 표현도 마찬가지이다. 이 모두는 다른 구조들 내에 존재하는 사회적 범주 또는 그룹분류로, 그 다른 구조들 또한 사회구조들이다. 이러한 사회적 구조들('학교', '사회계급') 또는 사회적 요소('학생')는 그 구조들 안에, 그 구조들을 통하여 존재하는 고유한 개인들에 강력한 영향을 미친다.

네 살짜리 철수가 유치원에 입학할 때, 또는 열여섯 살 영희가 고등학교 교문을 걸어 들어갈 때, '학급', '학교', '교육체제', '사회계급', '사회'라는 사회적 구조는 그들의 행위를 통제하면서 동시에 그들의 행위를 가능하게 해 주며, 그들의 행위를 형성해 주기도 하고 그 행위의 자원이 되기도 한다. 이 사회적 구조는 그 안에서 철수와 영희의 정체성, 의미, 신념, 존재가 형성되는 중요한 장이다. 둘 모두 '학생'이며 그 일상적이고 당연해 보이는 꼬리표는 자신이 만나게 되는 성인과 관계를 맺는 사회적 기반이다. 그 성인들 자신도 '교사'들로, 이 '교사'는 자신들의 행동과 신념과 기대 등을 형성하는 사회적 범주 중의 하나이다. 이와 같은 사회적 구조들이 개인의 행동에 영향을 주는 방식을 알지 못한다는 것은 매우 중요한 실재를 간과하는 것이며 어떻게 변화가 생기는가를 보지 못하는 것과 같다. 철수가 주저앉아서 색깔 모형들을 분류하고 있다든가 영희가 평행사변형 면적을 계산해 내고 있을 때, 철수가 잘했다고 칭찬을 받거나 영희가 한눈판다고 꾸중을 들을 때, 또는 교사가 읽어주는 동화를 철수가 듣고 있거나 영희가 제2차 세계대전의 원인에 대한 작문을 하고 있을 때, 이것들은 자연적 활동이 아니라 사회적 활동이며, 학급, 학교, 사회계급, 사회라는 사회적 구조들의 결과이다. 그들의 활동은 학생이라는 존재의 과정인 동시에 결과인 것이다. 철수와 영희가 그 안에서 자신들의 존재를 확보하고 있는 사회적 구조들은 구조주의적인 입장에서 보자면, 자신들의 **자기조절적 기제**와 **변형의 법칙**(학교교육의 가장 핵심적인 임무는 그 성원들의 변형이다)을 지니고 있는 '전체들'이다. 철수와 영희는 독특한 개인이기는 하지만 그들이 지니는 순간순간의(공시적인) 개인성은 교육이라는 사회체계 내 관계들에 의하여 조절되고, 그것들에 의하여 실현되며, 그것들 안에서 규정된다. 관심의 초점은 철수와 영희에서 그들이 지니는 구조적인 특징들로 대치되어 버리므로, 여기에서 우리는 주체의 **탈중심화**라는 우울한 결과를 엿볼 수 있다.

교육에 대한 이러한 구조주의적 접근은 이어지는 장들에서 더욱 자세하게 다루기로 한다. 이 장에서는 지난 20~30년 동안 교육사회학 분야 대부분의 연구가 두 수준에서 구조에 관심을 가져왔다고 볼 수 있다는 지적만 하도록 한다. 그 두 수준은 사회(거시적) 수준과 학교 및 학급(미시적) 수준이다. 정통(실증주의적) 사회학이든 마르크스주의 사회학이든, 사회학은 교육과 사회와의 관계에 관심을 가져 왔다. 여기에서 학교교육에 대한 설명을 지배해 왔던 구조는 사회계급이었으며, 이를 증명하는 많은 문헌이 존재한다. 사회계급과 학업성취 사이의 관계를 조사한 많은 자료들은 계급이 낮을수록 학업성적도 낮다는 단일한 메시지를 담고 있다. 사회계급이 학업성취에 영향을 주는 이 뚜렷한 패턴의 근본 원인은 무엇인가에 대한 설명도 마찬가지이다. 다른 요소들(언어, 태도, 아동 양육 방식 등)보다 계급체계('자본주의'는 구조적 '전체'가 된다)가 더 지배적인 영향을 미친다고 주장하는 것이다. 가정이나 지역사회보다는 학교에 초점을 맞추는 설명방식들까지도(예를 들어, 학생들을 분류하는 방식, 교육과정, 가치 등) 결국 그 설명을 '중류계급 기관으로서의 학교'로 환원시키는 뚜렷한 경향을 보인다. 그러한 종류의 구조주의가 초래한 비참한 결과는 흔히 '노동계급'(또는 '흑인' 또는 '여성')은 '실패'를 뜻하며 그 '실패'의 원인이 된다는 지나치게 인과적인 등식으로 귀결되어 왔다.

미시적 수준에서 교육사회학은 조직으로서의, 그리고 사회체계로서의 학교라는 개념에 매달려 왔다. 인간이 자신의 실재를 능동적으로 구성한다고 보는 사회이론들로 인하여 구조보다는 학급에서 일어나는 과정에 대한 관심이 커지게 된다. 학급 수준에서 **사회관계 측정법**은 아동의 비형식적인 교우관계를 찾아내는 데 관심이 있는 것이기는 하지만 일종의 구조주의적 연구로 볼 수 있다는 견해도 있다. 그러나 교육에 있어서 사회관계 측정법은 이론 면에서나 실천 측면에서나 구조주의 개념들의 잠재력을 무시해 온 것처럼 보인다.

사회적 구조에 대한 접근법을 이렇게 거시적·미시적 수준으로 구분하는 것은 단순한 구분이기는 하지만 부정확한 것은 아니다. 주목해야 할 것은 몇몇 학자, 특히 마르크스주의자들이 이 두 수준을 자신의 연구에 직접 포함시켜 보려고 여러 다른 방식으로 노력해 왔다는 것이다. 제1장과 제2장에서 예시되었던 구조주의적인 사고 형태를 채용한 교육학자는 찾아보기 힘들다. 번스타인 (Bernstein)이 유일한 예외로 그의 공헌은 제7장에서 다룰 것이다. 이 장에서는 구조주의 개념들을 사회구조 분석과 결합하려고 노력해 온 중요한 두 학자, 쿠르트 레빈(Kurt Lewin)과 루이 알튀세르 (Louis Althusser)를 살펴보도록 한다. 레빈은 집단역학 연구의 기원이며(말하자면, 미시적 수준에서), 알튀세르는 마르크스주의를 구조주의로 '번역'하는 거시적 수준에서 연구해 오고 있다.

레빈은 게슈탈트 심리학자 쾰러의 제자이었으며 사회적 관계들을 게슈탈트 또는 전체성으로, 또는 자신의 용어 '장(場)'으로 이해하려고 노력하였다. 그는 모든 개인이 각자의 사회−심리학적 환경, 즉 '전체 장' 내에 위치한다고 보았다. 그는 분명히 '전체'라는 구조주의적 개념에 몰두하고 있는 것이다.

어떤 개인이나 집단의 행동은 그 개인의 내재적인 특질 때문에 발생하는 것이 아니라 전체로서 사회적 상황 내에서의 힘의 분배가 그 원인이다.

환경의 역동성은 원자가(原子價; 개인의 요구와 환경 내 요인의 '요구가要求價'와의 상호작용 관계)와 접근성(전체 장 내의 물질적이고 심리적인 장애물)에 의하여 생성된다. 장, 원자가, 접근성 등의 개념은 레빈의 이론모형이 물리학에 근원을 두고 있음을 보여 주며, 그는 위상기하학을 통하여 전체 장을 분석하는 방법인 위상심리학을 개발하려고 노력하였다. 심리학적 환경, 즉 생활공간의 힘을 '운동', '진로', '벡터'(이 용어들의 기원이 물리학임을 다시 주목할 것) 등을 통하여 가려낸 레빈의 업적은 그물망 구조가 핵심적인 요소를 차지하는 사회심리학의 발달에 엄청난 영향을 끼쳐 왔다.

대부분의 교사들은 레빈의 제자인 리핏(Lippit)과 화이트(White)의 연구에 익숙할 터인데, 이들의 지도성 유형(권위주의적, 자유방임적, 민주적)과 집단역학은 교사 교육에 있어서 고전(덧붙일 것은, 자주 잘못 이해되고 많은 부분은 의심해 볼 필요가 있는 고전) 중의 하나가

되어 왔다. 피아제는 집단역학 연구에 대하여 '분석적 구조주의의 훌륭한 예'라고 매우 관대한 평가를 하고 있으며, 교사들도 집단역학을 공부하면 도움이 될 것이다. 예를 들어, 터너(Turner)의 연구는 학교와 학급의 구조 및 과정이 학생들의 학습에 지대한 영향력을 행사한다는 것을 명백히 밝힌다. 우열반(또는 직업반과 인문계반)을 통합함으로써 사회적 이득이 생긴다는 증거들이 여러 학교에서 충분히 쌓이고 있듯이, 효과적인 교육적 변화를 일으키기 위해서는 교사가 이와 같은 구조와 과정에 어떤 역할을 하고 있으며 그것들을 어느 정도 통제하고 있는가를 면밀하게 연구해 보아야 한다.

사람을 변화시키기 위해서는 그 사람이 처한 전체 상황을 변화시켜야 한다고 깨우쳐 주는 사람은 레빈과 집단역학 이론가들뿐만이 아니다. 칼 마르크스는 이미 여러 해 전에 이러한 원리를 간파하였으며 '전체 상황'이라는 개념을 훨씬 심층적으로 발전시켰다. 학급의 구조 연구나 또래집단의 구조 연구에 대한 정당한 비판 가운데 하나는 흔히 이 연구들이 학급과 또래집단의 모태가 되는 다른 구조들, 즉 사회적이고 역사적인 구조들에 관심을 기울이지 않는다는 것이다. 이와 같은 거시적 구조들과 구조주의와의 관계에 관심을 돌려 보자.

근래의 가장 중요한 인물은 구조주의를 마르크스주의에 적응시키고자 했던 불운한 루이 알튀세르이다.[1] 그의 저술은 마르크스주의를 구조주의적인 입장에서 재조직하려는 노력을 명확히 보여 준다. 그는 대부분의 교사에게는 잘 알려져 있지 않다. 그러나 그의 구조주의는 폭넓게 연구되어야 하며, 교육체제는 사회를 유지하고 재생산하는 데 가정, 교회, 매스미디어, 법률, 정치, 예술, 또는 스

포츠보다 훨씬 더 중요하다는 그의 신념 또한 보다 광범위하게 연구할 만한 가치가 있다.[2]

　마르크스 원저의 신성함을 강조하는 정통 마르크스주의와 현대 상황에 비추어 마르크스를 다시 쓰고 재해석하려는 수정주의 사이의 오랜 논쟁에 있어서, 알튀세르의 연구는 중요한 경향 가운데 하나로 볼 수 있다. 예를 들어, 프랑크푸르트학파의 연구는[3] 이러한 논쟁을 명확히 보여 주고 있어서 일반적으로 수용되는 이전의 마르크스에 대한 관점들을 마르크스 저술들에 대한 수정된 해석으로 대치하려고 노력한다. 알튀세르는 프랑크푸르트학파의 일원이 아니며 '수정주의자'라는 명칭도 받아들이지 않는다. 그러나 자신이 '정통적'이라는 주장에도 불구하고 알튀세르의 연구는 자신과 동시대인인 라캉(Lacan)의 연구와 마찬가지로 정통 마르크스주의에서 실질적으로 결별하는 대표적인 예이다. 마르크스의 원래 의미들을 재발견한다는 주장을 내세우고 있지만 그의 연구는 고전적 마르크스주의를 실질적으로 개작(改作)한 것이다. 이러한 알튀세르의 마르크스주의 수정은 구조주의로부터 많은 영향을 받았으며, 그의 접근을 구조주의적 마르크스주의라고 부를 수 있다.

　알튀세르의 연구는 크게 두 가지 방향으로 나누어진다. 첫째, 경제적 구조는 언제나 사회변화의 첫째가는 원인이라는 고전적 마르크스주의에 대한 반동이다. 둘째, 마르크스를 '인간화'하려는 시도에 대한 반동이다. 여기에는 매킨타이어(McIntyre)처럼 마르크스주의를 기독교 정신과 연결시키는 이론가들과, 특히 사르트르(Sartre)와 메를로-퐁티(Merleau-Ponty) 등 현상학자들과 실존주의자들처럼 인간('인간주체')을 설명의 중심에 위치시키는 이론가들이 포함된다. 이처럼 알튀세르는 조잡한 경제적 결정론과 인간주의적 마르크스주의를 둘 다 논박하고자 하였다. 따라서 알튀세르의 아이디어를, 첫째, 경제주의에 대한 비판과, 둘째, 인간주의에 대한 비판으로 나누어 논의할 수 있을 것이다.

경제주의 비판

정통 마르크스주의는 물질적 생활조건, 즉 경제적 조건이 모든 것을 결정한다고 주장한다.[4] 마르크스주의 용어를 사용해서 이야기하자면, 토대가 상부구조를 지배한다는 것이다. 역사와 사회에 대한 이러한 유물론적/경제주의적인 견해에 따르면 이데올로기(신념, 생각)는 물질적 조건으로부터 생겨난다. 즉, 정치, 종교, 교육은 모두 경제적 관계에 종속되고 경제적 관계에 의하여 결정된다는 것이다. 이와 같이, 사회를 이해한다는 것은 그것의 경제적 결정인자(決定因子)를 이해하는 것이다. 알튀세르는 그 같은 단순한 경제결정론에 반대하여 사회변화에서 물질적 요인들의 역할에 관한 보다 정교한 이론을 개발한다. 그가 보기에 역사를 이런 경제적 해석에만 의존하는 것은 잘못된 것이다. 마르크스주의 이론화를 바로잡기 위하여 그는 '사회구성체', '중층적(重層的) 결정', '구조적 인과관계'라는 세 가지 개념을 채용한다. 이 세 개념 모두에는 구조주의적 사고의 영향이 아주 뚜렷이 드러난다.

그는 사회구성체라는 용어가 '사회'라는 보다 느슨한 용어에 비해 더 정확하며 더 분석적인 힘을 지닌다고 주장한다. 사회구성체

는 이데올로기적 수준, 정치적 수준, 경제적 수준의 세 가지 수준을
지니는 '전체성'이며 알튀세르의 주장에 따르면 이 세 가지 수준 사
이에 인과적 관계가 있다고 추측해서는 안 된다. 그 세 수준 사이
의 관계는 사회에 따라서—예를 들어, 자본주의 또는 봉건주의 내
에서, 또는 아시아적 생산형태 안에서 등—크게 달라진다. 세 가
지 수준 모두는 상대적 자율성을 지녀서 정통 마르크스주의에서는
허용되지 않는 독립성을 유지한다. 이와 같은 설명적 도식은 단지
'요소들의 조합'같이 보일지 모르지만, 알튀세르 구조주의에서는
이것이 인과적 다원주의 또는 절충주의로 빠지는 것은 아니라고
주장한다. 오히려 자신이 마르크스를 '제대로 읽는 법'을 제공하는
것이라고 주장하면서, 어떤 사회구성체에서나 존재하는 세 수준들
사이의 관계에 영향을 주는 두 요인, 즉 **지배인자**와 **결정인자**를 구별
해 낸다. 이처럼 봉건사회에서 지배적인 구조들은 정치적이고 이
데올로기적인 구조로, 영주에 대한 충성과 의무에서 볼 수 있듯이
정치적 권력과 이데올로기적인 통제가 혼합되어서 나타난다. 한
편, 자본주의에서는 여러 사회생활에서 경제적 수준이 지배적인
인자가 된다. 자본 축적이 보다 중요해짐에 따라 경제적 수준이 훨
씬 광범위한 영향력을 지니게 되는 것이다. 알튀세르가 이야기하
고자 하는 것은, 마르크스주의자들이 모든 역사를 통하여 '경제주
의'가 지배적이라고 주장하는 것은 잘못이라는 것이다. 경제주의
는 자본주의 사회에서만 지배적 위치를 차지해 왔다. 나아가 자본
주의에서도 경제주의는 '마지막 순간'에만 결정적이며 알튀세르가
인정하는 것처럼 "그 '마지막 순간'이라는 외로운 시간은 결코 오지
않는다". 경제와 다른 사회 요소들 간의 관계를 제한적으로 보는

이 같은 태도는 경제적 요소만이 역사의 결정적 요소가 아니라는 엥겔스(Engels) 자신의 강한 부정(否定)을 떠올리게 한다.[5]

알튀세르의 '사회구성체'라는 개념에서 우리는 전체성이라는 구조주의적인 개념을 발견한다. 사회구성체는 그 요소들 사이의 갈등관계에 의하여 특징지어지는 구조이다. 이와 같은 사회적인 관계의 망 속에서 인간과 인간, 집단과 집단 사이의 경제적 관계가 중요한 것이기는 하지만 [그리고 (존재하지 않는) 마지막 순간에는 결정적이지만] 경제적 관계들이 언제나 지배적인 것은 아니다. 이데올로기적인 구조들과 정치적인 구조들은 상당한 정도의 독립성을 지닌다. 여기에서 관계라는 구조주의적인 개념이 두드러지며, 알튀세르의 사고는 변화의 변증법에 기초하고 있으므로 변형이라는 개념도 마찬가지로 잘 드러난다.

교육에서 알튀세르의 개념이 중요한 까닭은 보울스(Bowles)와 진티스(Gintis) 등 많은 마르크스주의 학자들이 기꺼이 인정하는 것보다 훨씬 더 높은 정도의 독립성을 교육실천에 부여한다는 점이다. 앞서 보았던 것처럼 그는 교육체제에 실로 엄청난 중요성을 부여하고 있다. 그가 학교에 대하여 '이데올로기적 국가기구(ISA)'라는 우아하지 못한 정의를 내리고 있기는 하지만, 전체적으로 그의 저술들은 학교의 힘과 상대적 자율성을 인정한다. 놀랄 만한 음악과의 비유를 통하여(제3장의 레비-스트로스 소개에서도 보았듯, 음악과의 비유는 우연히도 구조주의자들의 전형적 특징이 되었다) 그는 학교의 힘을 분명히 드러낸다.

모든 이데올로기적 국가기구는 어떤 것이든, 생산관계의 재생산이라는 똑같은 결과를 낳는다. …… 정치적 기구는 개인을 '민주주의적'인 이데올로기에 종속시킴으로써…… 대중매체 기구는 신문과 라디오, 텔레비전 등을 수단으로 삼아 민족주의, 국수주의, 자유주의, 도덕주의 등의 약을 모든 시민에게 매일 강제로 복용시킴으로써. 문화적 기구 또한 마찬가지이다(국수주의에서 스포츠의 역할은 제일 중요하다). 종교적 기구는 설교를 통해서 혹은 탄생, 결혼, 장례 등 다른 큰 행사에서 먼저 때리는 사람에게 다른 쪽 뺨도 내줄 정도로 이웃을 사랑하지 않으면 인간은 누구든 단지 재에 불과하다고 상기시킴으로써. 가족 기구는…… 더 이상 계속 이야기할 필요도 없다. 이와 같은 연주회는 단일한 악보에 의하여 지배된다. …… 그것은 위대한 선조들의 인간주의라는 위대한 주제를 자신들의 음악으로 통합시키는 현재 지배계급의 이데올로기라는 악보이다. 그럼에도 불구하고 이 연주회에서, 비록 그 음악에 귀 기울이는 사람들은 별로 없으나(그만큼 조용하니까!), 명백히 지배적인 역할을 수행하는 이데올로기적 국가기구가 하나 있다. 그것은 바로 학교이다.[6]

두 번째 개념인 중층적 결정은 사회변화를 설명하는 데 있어서 알튀세르의 중심개념이다. 그는 이 개념을 프로이트의 정신분석학으로부터 빌려오는데, 어떤 한 신경증상(神經症狀)은 서로 다른 여러 원인들의 조합에 의하여 생긴다는 아이디어이다. 이와 같이 사건에는 단일한 원인이란 없으며 복수의 경로들이 존재한다. 알튀세르는 역사적 변화에도 마찬가지의 중층적 결정이 적용된다고 주장한다. 단일 결정론은 매우 부적절하다. 개개 사건에 대한 상세한 설명을 하기 위해서는 그 사건이 다양한 움직임과 모순이 결합하여 생긴 것으로 가정해야 한다. 개개의 사건은 단순히 결정되는 것이 아니라 중층적으로 결정된다. 알튀세르는 러시아 혁명에 대한 레닌(Lenin)의 견해에 찬성하며 이를 인용한다. 즉, 러시아 혁명은 단일한 원인에 의하여 촉발된 사건이 아니라 여러 환경의 독특한 조합에 의하여 촉진된 사건이라는 것이다. 즉, 사회의 고르지 못한 발전(봉건적 관계들 내의 자본주의 집단), 다른 자본주의 국가들과의 불평등한 관계(자본주의라는 사슬에서 가장 약한 연결고리), 전쟁의 황폐 등이 당시의 환경이다. 피아제는 이 중층적 결정이라는 개념을 물리학 내의 특정 인과관계 형태에 해당하는 사회학적 개념이라고 본다. 그리고 이 중층적 결정이라는 구조는 그 자체로 전통적인 마르크스주의적 분석을 대치할 수 있는 변형적 체계의 하나라고 생각한다. 이처럼 중층적 결정은 모순의 해소책이 아니라 '사회적 상호작용이란 서로 분리될 수 없는 것이기 때문에 필연적으로 생겨나는 결과'가 된다.

학급 수준, 학교 수준, 그리고 교육체제 수준에서 일어나는 교육적 변화를 연구하는 데에는 분명히 중층적 결정이 강력한 개념이 될 수 있다. 중층적 결정이라는 개념에 내포되어 있는 관계와 변형에 대한 구조주의적 강조는 학교교육에도 강력한 통찰력을 제공해 줄 수 있다. 모든 교육은 중층적으로 결정되는 것이어서 노동계급의 낮은 성적, 종합학교의 발달, 특정학교의 교육과정, 학교 책무성에의 요구 등 모든 사항은 복잡한 구조적 이유들을 가지고 있다.

알튀세르의 세 번째 개념인 **구조적 인과관계**(또는 환유적換喩的인 인과관계)는 중층결정보다는 덜 중요한 개념이다. 그러나 이 개념 또한 개별 사건들이 구조의 존재를 증명한다고 주장하는 점에서 구조주의적 성격이 매우 현저하다. 여기에 랑그와 파롤, 부재와 존재라는 소쉬르의 개념은 사회적인 문제를 설명하는 데에도 전이되어서 나타난다. 구조적인 인과관계라는 개념에 따르면 사회체제 바깥에는 사건들의 원인이 전혀 존재하지 않는다. 사회구성체라는 전체성이 행위를 결정하며 그 안에서 발생하는 행위들과 사건들은 이 전체성을 증명하는 예들이다. 이와 같은 설명은 (알튀세르는 이러한 비교를 거부하기는 하지만) '표현적' 인과관계라는 헤겔의 개념과 비슷한 점이 있는데, 이 표현적 인과관계란 독특한 개인이나 행위는 더 거대한 전체의 표현이며 그 개별성 내에 그 전체의 '본질'을 표상한다는 것이다. ('본질'은 구조주의자에게나 마르크스주의자에게 모두 금기시되는 개념인데 구조주의자는 '관계'를 선호하므로, 마르크스주의자는 구체적이고 물질적인 '현실'세계를 선호하므로 이 개념을 거부한다.) 알튀세르 이론에서 전체/부분관계는 소쉬르의 전체/부분관계, 즉 부재(不在)하는 전체(구조/랑그)는 사건(파롤)에 존재한다는 관계와 같은 것이다. 알튀세르는 '사건'이라는 단어 대신 '결과'라는 단어를 사용하여 다음과 같이 쓰고 있다.

> ……결과란 구조의 밖에 존재하는 것이 아니며 미리 존재하고 있다가 구조가 그 흔적을 거기에 각인(刻印)하게 되는, 그런 대상이나 요소가 아니다. 반대로 결과라는 개념이 함의하는 바는, **구조의 전체 존재는 그 결과들로 이루어진다**는 스피노자(Spinoza)식 의미로, 구조는 그 결과에 내재하며 원인은 결과에 내재한다는 것, 간단히 말하여 구조란 그 개개 요소들의 특유한 조합일 뿐

이며 그 결과 이외의 아무것도 아니라는 것이다.[7]

　비록 추상적이고 난해한 형태의 주장이기는 하지만, 이 인용문에는 학생들의 행동은 그 학생들이 자리하고 있는 학교와 사회의 구조들을 **구체화한다**는 가장 분명한 구조주의적 주장이 들어 있다. 학교 안에 있는 철수와 영희는 곧 학교이며 사회이고, 그들의 모든 행위는 이러한 '부재하는' 구조들을 표상한다. 이 구조적 인과관계라는 개념은 교육에 대하여 강력한 시사점을 갖는다. 이처럼 우리는 교실에서 일어나는 일상의 사건들에서 사회적 구조를 '읽어 낼' 수 있다는 것이 나의 주장(제8장을 보라)이다.

　그렇다면 이러한 마르크스주의 이론에 대한 비판에서 알튀세르가 추구하는 것은, 경제적 인과율(因果律)이라는 족쇄를 풀어서 마르크스주의 역사해석을 해방시키려는 것이다. 그가 보기에 '혁명을 일으키는 계급관계'라는 공식은 단지 하나의 원인만 강조하므로 충분하지도, 적절하지도 않은 설명이다. 사건은 중층적으로 결정되며 경제적 압력이 언제나 가장 중요한 원인이 되는 것이 아니다. 이처럼 우리는 알튀세르 이론을 빌려 학교교육을 사회적 계급관계로만 보는 단순한 설명을 거부할 수 있다. 전체성에 대한 그의 견해는 프로이트 견해와 비슷해서 전체성이란 조화롭거나 역동적인 것이 아니라 긴장관계의 체계라는 것이다. 이와 같은 개념을 교육에 적용하는 것은 강력하면서도 적절한 분석수단을 얻는 셈이다. 학교를 통일적이고 합의된 전체가 아닌 긴장관계의 체계나 전체로 보는 것이 학교현실을 보다 명확히 지각하는 일이다.

　그러나 알튀세르의 경제주의 비판에 문제가 없는 것은 아니다.

그의 이론이 조악한 유물론에 반대하는 것은 찬양할 만한 일이어서 사회체제와 교육체제에 대한 값진 통찰력을 제공해 주기는 한다. 그럼에도 불구하고 경제주의에 대한 알튀세르의 시각 또한 몇 가지 강한 비판을 받아 왔다. 프로이트의 중층적 결정이라는 개념을 잘못 해석하였다거나, 구조적인 인과관계가 구조와 사건 사이의 인과적 관계를 어떻게 실제로 나타내 주는가를 설명하지 못한다는 점, 그 '마지막 순간'의 경제적 결정론 개념의 애매성, 그리고 특정한 맥락에서 이데올로기의 지배력을 상대적으로 무시한다는 점 등이 그 예이다.[8] 그가 교육의 중요성과 교육의 상대적 자율성을 강조한 사실은 환영할 만하지만 상당수의 교사들은 그가 마르크스주의자라는 이유로 알튀세르의 분석을 받아들이지 못한다.

인간주의 비판

인간주의에 대한 알튀세르의 비판에서는, 인간주체를 단순히 구조의 '운반인' 혹은 '보조자'로 축소시켜 버림으로써 인간을 탈중심화해 버린 소쉬르 사고와의 유사점이 놀랄 정도로 명백히 드러난다. 개인과 사회 사이의 관계에서 그토록 생생한 인간적 용어인 '나'는 사회 전체에 비추어서만 이해되어야 한다. 단어는 랑그라는 전체성의 맥락에서만 의미를 지닌다는 것을 소쉬르가 보여 주었듯이 개인은 사회 전체, 사회구성체 내에 존재하며 그것에 의하여 의미와 중요성을 부여받는다. 알튀세르에게 있어 설명의 초점은 주체, '나'에 맞추어지는 것이 아니라 사회적 전체성에 주어져야 한다. 이처럼 주체성이란 '기호가 언어에 두는' 토대성과 비슷한 방식으로 생각되어야 한다. 언어란 ~인 관계를 지니지 않으며 단어는 그 자체로는 아무런 의미도 지니지 않고 랑그만이 파롤에 의미를 부여할 뿐이라는 소쉬르 주장과 마찬가지로, 알튀세르 또한 '나', 의식, 개인 등은 주어진 것이 아니라 사회라는 전체성에 의하여 그리고 사회를 통하여 구성된다고 주장한다. 철수와 영희는 학교, 계급, 사회에 의하여 조작되는 허수아비에 지나지 않게 되며 그것들의 이미지에 불과하게 되어 버린다. 그들은 체제에 의하여 설명되는 것이다.

알튀세르는 '인간주체의 수위성(首位性)'을 주장하는 인간주의적 마르크스주의자들(사르트르, 메를로-퐁티 및 프랑크푸르트학파의 멤버들)과 논쟁한다. 그러한 학자들은 사회분석에 있어서 인간주체가 탈중심화되어야 할 필요성을 깨닫지 못한다. 그보다 그들은 인간을 사건들의 중심에 위치시키려 한다. 의식적이고, 스스로를 알고 있으며, 무엇보다도 결정하는 주체로 보는 것이다. 대부분의 교사도 마찬가지이다. 철수와 영희는 어떤 설명에서든 중요한 요인이다. 그러한 인간주의는 알튀세르에게는 통하지 않는데, 앞서 들었던 소쉬르의 비유가 보여 주듯 그것은 엉성한 마르크스주의적 경제결정론 때문이 아니라 구조주의 때문이다. 알튀세르는 이와 같은 인간주의적 주장을 여러 정치이론 및 부르주아 정치, 즉 개인과 인간의 권리를 강조하는 이론 및 실천과 동일시한다. 알튀세르는 그러한 견해들은 프랑스 부르주아계급이 마르크스주의를 탈취해 간 것에 불과한 것이라고 주장하며 프랑스 공산당이 그러한 인간주의를 공격하는 데 사용할 수 있는 보다 정교한 비판을 제공하는 것이 자신의 임무라고 생각하였다.

보다 많은 비판을 받는 알튀세르의 생각은, 개인은 자신이 속한 사회구성체를 특징짓는 생산양식의 "trägers('운반인' 혹은 '보조자'에 해당하는 독일어)"에 불과하다는 것이다. 인간은 구조를 '지니고 다니는 사람'이며 이 구조가 인간의 개인성을 결정한다. 이와 같이, 그는 생산양식과 결합하는 입장에서 인간을 다룬다. 경제주의에 대한 비판에도 불구하고 알튀세르는 유물론적 설명의 사슬을 끊지 못하는 것이다. 기든스(Giddens)가 지적하듯 그 같은 견해는 인간 존재를 '극히 평범한…… 구조적 허수아비'로 전락시켜 버리는 견해이다. 인간의 진정한 주체는 그가 구조 내에서 차지하는 '위치와 기능'에 불과하다. 학급 내의 철수와 영희는 무엇보다 우선 '학생'으로 보아야 하며 더 나아가서 자본주의 국가 내의 학생, 학교가 그 착취를 유지하는 기능을 수행하는 자본주의 국가 내의 학생으로 보아야 한다.

영국의 한 종합학교의 일상에 대한 레이철 샤프(Rachel Sharp)의 다음과 같은 해석에는 그와 같은 구조주의적 견해가 초래한 결과가 잘 드러난다.

> 비치사이드 종합학교에서 실제로 벌어지고 있던 일은 착취에 기초한 자본주의 체제의 경제적, 정치적, 이데올로기적 요구에 부응하기 위하여 노동력이 고분고분한 형태로 재생산되고 있다는 것이었다.[9]

여기에서 '학생'은 (구조를) '지니고 다니는 사람'이 되어 버린다.

알튀세르는 '인간을 형성하고…… 변형시키기 위해서는' 이데올로기가 필수적이라고 주장하므로 그의 이데올로기 이론은 여기에서 아주 중요하다. 그는 허위의식(虛僞意識) 또는 왜곡된 의사소통이 이데올로기라고 보는 마르크스주의 이데올로기 개념을 비판하는 데 관심을 가진다. 그의 주장에 따르면, 앞처럼 주장하는 마르크스주의자들은 마르크스주의를 잘못 해석하고 있는 것이다. 그는 이데올로기를 조직되고 체계화된 일련의 신념이라거나 지배집단의 정치적 견해로 보아서는 안 되며 훨씬 광범위한 방식으로 살펴보아야 한다고 주장한다. 엄밀히 말하여 이데올로기는 의식이 형성되는 양식, 특히 일상생활에서 의식이 형성되는 모든 양식을 포함한다. 이 같은 알튀세르의 해석에 따르면, 이데올로기란 (구조를) '지니고 다니는 사람'을 인간주체로 변형시키기 위하여 그 사람에게 작동되는 어떤 것을 말한다. 이와 같은 바탕에서 그는 마르크스주의 연구의 중심 주제는 주체성 형성에 관한 것이어야 한다고 주장한다. 그렇다면 이데올로기 연구는 특정 사회에서 일상생활의 양식과 실천적 행위 양식에 대한 연구가 될 것이다. 그 연구는 인류학과 마찬가지로 일상의 습관, 일과, 당연한 것들, 삶의 평범한 요소들에 중점을 맞추어야 한다. 그의 주장에 따르면, 그와 같은 연구는 자본주의 사회와 다른 사회들 사이의 근본적인 이데올로기적 차이들을 보여 주게 될 것이다. 이상의 주장들로 보아 그가 인간의 탈중심화에 대한 입장을 약간 수정하는 것처럼 보일지도 모르지만 그렇지는 않다. 그는 이데올로기란 인간이 의식적으로 창조한 것이 아니라 인간의 의식을 존재하게 해 주는 양식이라고 확신하기 때문이다. 일상생활로서의 이데올로기에 대한 알튀세르의 강조에도 불구하고, 기든스는 다음과 같이 그를 비판한다.

> ⋯⋯모든 사회적 행위자들이 자기 행위의 조건들을 실천적
> 으로든 담론적으로든 잘 이해하고 있다는 일상적인 사실을 보
> 지 못하고 있다. ⋯⋯ 행위자에 대한 그의 결정론적인 설명의
> 결과로⋯⋯ 행위에 대해 합리화하면서 스스로의 의도적 행위에
> 참여한다는 사실이 무시되고 있는 것이다. ⋯⋯ 행위자에 대하
> 여 결정론적으로 설명한 결과로 체제의 목적론이 행위자 자신
> 들의 목적론을 대치해 버리고 있다.[10]

이 인용문은 인간존재가 자신을 잘 이해하고 있으며 의도성을 지니고 있다는 사실을 구조주의적 마르크스주의가 어떻게 과소평가하고 폄하하고 있는지를 정확히 지적한다. 이러한 기든스의 지적은 인간행위자의 무시(또는 그것을 설명할 수 없음)라는 모든 구조주의에 공통적인 가장 큰 약점을 보여 준다. 역량을 지닌 인간행위자에 관한 이론의 결여가 눈에 띄는 것이다. 개인의 식견과 잠재적 역량에 대한 인정은 찾아볼 수 없다. 철수와 영희를 구조를 '지니고 다니는 사람'으로 보는 구조적 결정을 강조하면, 개인과 체제 사이의 상호작용을 인정할 수 없게 된다. 인간존재는 결코 문화적 허수아비도 구조적 허수아비도 아니다. 그러나 레비-스트로스와 마찬가지로 알튀세르 또한 구조주의에 탐닉한 나머지 스스로 인간을 축소시켜 비인간화시켜 버린다. 그러나 이데올로기를 친숙하고 평범하며 당연한 신념과 관행으로 보아야 한다는 그의 주장은 제5장에서 '감정의 구조'를 논의할 실마리를 제공해 준다.

주

1. 루이 알튀세르의 비극적 개인사는 다음 문헌에 기술되어 있다.

   K. S. Karol (1980). 'The tragedy of the Althussers'. *New Left Review*, 124, pp. 93-95.

   알튀세르는 1962년부터 심각한 우울증의 주기적인 발작에 시달렸으며 결국 정신병원에 자주 입원하게 되었다. 1980년 여름과 가을에 걸쳐 전례 없는 우울증에 시달리다가 11월 16일에 부인을 살해하고 정신병원에 수용되었다.

2. 알튀세르의 저술은 난해하며 그의 아이디어들은 많은 교사에게 받아들이기 힘든 것들이다. 교육에 대한 그의 견해 또한 이 책에서 제시된 것보다 훨씬 더 전문적인 용어들로 기술되어 있다. 그는 국가기구를 억압적 국가기구(RSA: 정부, 행정, 군대, 경찰, 법원, 감옥 등)와 이데올로기적 국가기구(ISA: 종교, 교육, 가족, 법률, 정치, 노동조합, 매체, 문화 등)로 구별한다. 다음은 알튀세르의 기술이다.

   > 성숙된 자본주의 사회구성체에서 지배적인 지위를 점하도록 설립된 이데올로기적 국가기구가⋯⋯ 교육적 이데올로기 기구이며⋯⋯ 이 기구가 첫째가는 기구이다. Louis Althusser (1972). 'Ideology and Ideological State Apparatuses', in B. R. Cosin, *Education: Structure and Society*. Harmondsworth: Penguin Books, pp. 258-259.

3. David Held (1982). *Introduction to Critical Theory: Horkheimer to Habermas*. London: Hutchinson.

   프랑크푸르트 학파라는 명칭은 아도르노(Adorno), 호르크하이머(Horkheimer), 마르쿠제(Marcuse), 프롬(Fromm), 로벤탈(Lowenthal) 등 1923년 독일 프랑크푸르트에 설립되었던 Institute for Social Research라는 연구소에 관계된 사상가들에게 붙여진 이름이다. 1930년대에 히틀러가 정권

을 잡자 이 학파의 구성원들은 미국으로 떠나게 된다. 이 가운데 일부는
종전 이후 독일로 귀국하였다. 이 학파의 주 이론인 비판이론은 마르크스
의 재해석 및 실증주의 및 도구적 이성에 대한 비판을 포함하고 있다(제
5장 참고).

4. 이러한 경제적 결정론은 마르크스의 *Critique of Political Economy* 서문
에 제시된다. 다음의 주5도 참고하라.

> 물질적 생활의 생산양식은 사회적, 정치적, 지적 생활의 과정을 전반
> 적으로 좌우한다. 인간의 존재를 결정하는 것은 자신의 의식이 아니
> 며 오히려 인간의 사회적 존재가 의식을 결정한다.

5. 엥겔스는 1890년 9월 블로흐(Bloch)에게 보낸 편지에서 철저한 경제적
결정론에 대한 정통 마르크스주의 신념을 더욱 제한한다.

> 유물론적 역사관에 따르자면, 역사에 있어 궁극적 결정요인은 실제
> 생활의 생산과 재생산이라는 요소이다. 마르크스도 나도 이 이상은
> 주장해 본 적이 없다. B. Krylov (Ed.). (1976). *Marx and Engels: On
> Literature and Art*. Moscow: Progress Publishers, p. 57.

6. Althusser (1972), pp. 259-260.

7. Louis Althusser & E. Balibar (1970). *Reading Capital*. London: New
Left Books, pp. 188-189.

8. Giddens (1979), pp. 157-160.

9. Rachel Sharp et al. (1981). 'A case study of the secondary schooling',
British journal of Sociology of Education, 2: 3, pp. 275-291.

10. Giddens (1979), p. 112.

제5장
감정의 **구조**
Structuralism and Education

　최고의 교사가 월요일 아침 두 시간 동안 우리에게 수학을 가르쳤다. 그는 늘 '모두들 주말 잘 보냈어요?'라는 말로 시작하여 학생들에게 무엇을 했느냐고 묻기도 했고 가끔 우리 모두는 교실 바닥에 쓰러져 배를 움켜쥐고 웃어 대기도 했다. 그는 자기 자신에 대한 농담을 하기도 했다. 그러고는 '이제 공부 좀 하지. 책들 꺼내세요'라고 이야기하였다. 그러고는 끝이었다. …… 그는 허물없는 사람이었다. 그는 그냥 공부거리를 내주고 학생들이 스스로 공부하도록 하였으며, '문제가 있으면 일어나서 나한테 와서 물어봐'라고 하였다. …… 교사가 수업을 어떻게 시작하느냐가 중요하다. 만일 수업을 시작하자마자 교사들이 학생들에게 소리를 지르면 학생들은 '오 하나님, 이제 시작이군' 하고

생각할 것이며, 누구에게 말을 걸다가 '야! 입 닥쳐' 소리를 교사
로부터 들으면 마찬가지 소리가 튀어나오려고 할 때가 그때일
것이다. 그 소리가 속에서 부글부글 끓고 있을 것이므로. 학생은
'젠장, 이 선생이 나를 잡지는 못할 걸' 하고 생각할 것이다.

　내가 복도를 따라 걸어가고 있는데 어떤 교사가 '야, 메이스
필드!'라고 말한다. 나를 그렇게 불러서는 안 되지 않을까? 내가
이 학교에 충분히 오래 다녔으니까 그들이 내 이름을 모를 것
같지는 않은데.[1]

　감정의 구조라는 개념은 정확히 정의 내리기 어려운 개념이다.
이 개념을 만들어 낸 레이먼드 윌리엄스(Raymond Williams)[2] 또한
이 개념이 모호해서 쉽게 정의하기 어렵다고 자주 언급한 바 있다.
그러나 감정의 구조라는 것은 분명히 존재하며 대단히 중요하다.
앞의 예에서 자신이 겪은 '최고의 교사'에 대하여 이야기하고 있는
첫 번째 십 대와 '야, 메이스필드!'라는 말에 화를 내고 있는 두 번째
의 십 대 학생 모두 교실이나 학교생활에서 감정의 구조를 은연중
에 확인하고 있다. 이 장에서는 감정의 구조라는 개념을 다루어 그
것을 정의하고 실례들을 찾아보도록 한다. 그러한 과정에서, 레이
먼드 윌리엄스가 그랬던 것처럼, 이 개념이 얼마나 복잡하고 다양
한 개념인지 그리고 개개 인간에게 얼마나 큰 영향을 미치는지를
밝혀 보려고 한다. 제5장의 분량과 구조를 보면 감정의 구조라는
개념의 범위가 얼마나 넓고 다양한지, 그리고 얼마나 중요한 개념
인지를 잘 알 수 있을 것이다.

감정의 구조는 모든 사회적 상호작용 내에 존재하지만 여러 가지의 형태를 띠고 있어서 여러 다른 수준에서 분석될 수 있다. 유치원 교실에 들어선다거나 축구 경기를 관전하는 것, 교회 예배에 참여하는 것, 외국여행을 하는 것, 또는 취직을 위한 면접시험을 본다는 것은 곧 서로 다른 복잡한 정서적·문화적 분위기를 즉각적으로 지각한다는 것을 의미한다. 우리는 각각의 만남들 사이에 정서적 분위기, 도덕적으로 전제되어 있는 사항들, 신념 등이 서로 크게, 그러나 미묘하게 차이가 있음을 알아챈다. 각 행위에서 감정은 중심적이고 강력한 역할을 하고 많은 정보를 포함하고 있으며 어디에나 존재한다. 매 순간 우리는 일상경험에서 감정을 피할 수 없으며 감정이 우리를 사로잡고 있음을 확인한다. 그러나 감정의 구조란 분노, 두려움, 열중, 사랑 등과 같이 직접적으로 경험되는 정서를 지칭하지는 않는다. 학급, 학교, 사회 등 각 사회집단들은 나름대로 관계하고 지각하며 가치를 부여하는 고유한 양식과 경향이 있으며, 감정의 구조는 이러한 고유한 양식과 경향을 알아볼 수 있게 해 준다. 감정의 구조는 기풍(氣風)과 분위기이며 각 개인은 그 기풍과 분위기 안에 존재한다. 또한 감정의 구조는 각 개인의 반응에 색깔과 형태를 부여하고 영향을 끼치거나 반응을 지배하는 가치와 전제들이다. 우리가 이데올로기, 신념, 태도 등(또는 보다 낯선 용어로, *zeitgeist*나 정신)의 단어들로 이름 짓거나 혹은 그러한 단어들로 그 복잡성을 해결해 보려 하거나 간에, 명백한 것은 모든 개인이 그러한 정서적 상태 내에서 움직이며 그러한 정서적 상태를 실현시키며 표현한다는 것이다. 우리는 이것들을 감정의 구조들이라고 인정할 수 있으며 이 감정의 구조들은 특수하면서도 일반적이고, 개인적으로 경험되면서도 특질상 사회적이다. 이것들은 체계적이고 일관성 있으며 잘 알려진 일련의 신념들(예를 들어, 기독교 정신, 마르크스주의, 유대주의 등), 개인주의나 민주주의와 같은 가치들(또는 더 정확하게는 가치의 복합체들), ‘상식적’, ‘명백한’, ‘익숙한’ 등으로 수식되며 우리가 일상적이고 당연하게 받아들이는 세계에 관한 가정들을 모두 포함한다. 이것들은 세상을 보고 해석하며 가치를 매기는 방식들이다. 곧, 정서적 상태, 감정의 성향, 태도 등을 말하는데, 이것들로 인하여 개인은 실재를 ‘보고’ 그것을 평가할 수 있게 된다. 그것들은 무엇이 가치 있으며 무엇이 가치가 없는가, 무엇을 해야 하고 하지 않아야 할 것은 무엇인가에 대한, 명시적이거나 암시적인 판단들이다.

이와 같이 이 책에서는 감정의 구조라는 용어를 이데올로기나 종교적인 신조와 같이 보다 형식적인 개념보다는 훨씬 더 느슨하게 사용하기로 한다. 그것은 이 용어가 모든 인간 활동을 구조화하면서 동시에 그 활동들에 스며들어 있는 감정과 신념의 경향들을, 세밀한 경향이든 일반적인 경향이든 모두 포괄하기 때문이다. 감정의 구조라는 개념이 이처럼 명백히 일반적인 특성을 지닌다는 것은 이 개념의 약점이 아니라 인간행위가 그만큼 풍요롭고 다양하다는 것을 인정하는 것으로 받아들여야 한다. 또한 감정의 구조라는 용어를 이처럼 보편적 의미로 사용한다는 것은, 모든 사회적 상호작용들을 해석하려면 그러한 다양성의 본질과 원천이 복잡다단하다는 것을 깨달아야 한다는 것을 인정하는 것이기도 하다.

감정의 구조라는 개념은 레이먼드 윌리엄스의 연구에 그 기원을 둔다. 『기나긴 혁명(The Long Revolution)』(1961, 제6장 참고)이라는 저서의 교육에 대한 분석 때문에 교사들은 여러 해 동안 그의 연구를 참고해 왔다. 문화와 교육과의 관계를 연구한 이 초기 저서 이후 그는 직접적인 학교교육 연구는 거의 하지 않았다. 그러나 그의 문학비평과 문화비평 그리고 마르크스주의의 수정연구 등에는 학교교육에 신선한 통찰력을 제공할 수 있는 중요한 개념들이 존재한다. 그중에서 가장 귀중한 것이 감정의 구조라는 개념이다. 그는 이 용어를 연극에 적용한 것을 필두로 문학 일반, 나아가서 문화 및 사회로까지 확대하여 적용해 왔다. 그의 일관된 관심은, 특정 문학작품으로부터 출발하여 그 작품의 고유한 형식, 그리고 일반 문학형식으로 계속되는 연속성, 궁극적으로는 문학형식과 해당 시대 사이의 관계에까지 이르는 연속성을 분석하는 것이었다.[3]

그의 주장에 따르면 어느 제도이든지(그에게는 연극, 우리에게는 학교교육) 그 제도의 색채·특성·초점·주제는 그 제도가 속한 사회에 의해, 다시 말하여 그 사회의 전체 생활경험, 물질적 생활, 사회조직, 이념, 신념 등에 의하여 결정된다. 전체성에 대한 윌리엄스의 강조, 즉 특정 시점에 특정 사회 내에서 실천되고 만들어진 모든 것은 서로 본질적인 관련을 맺고 있다는 그의 주장은 그가 구조주의적인 노력을 하고 있음을 잘 드러내 준다. 예술가는 그러한 전체성에 따르며 예술가의 작품 하나하나는 자신이 속한 사회의 모든 체험의 결과를 구현하고 표현한다. 윌리엄스가 이해하고 있는 '감정의 구조'는 사실상 정당이나 종교의 이데올로기처럼 뚜렷한 형식을 갖추고 명쾌하게 제시된 제도화된 신념과는 다르다. 그가 관심을 가진 것은 특정 세계에 대한 일상적이고 당연한 반응 방식이었다. 따라서 그는 개인이 감정의 구조에 접근하고 그 구조들을 갖게 되는 것은 형식적 논증이나 분석에 의해서가 아니라 직접적인 경험에 의해서라고 강조한다. 이 감정의 구조라는 개념은 우리의 생활영역 가운데 가장 막연하고 정의 내리기 어려운 영역이며 동시에 가장 친숙한 것으로, '깊은 개인적인 감정이라고 가장 널리 알려진' 것이다. 그러한 감정의 구조들이 바로 하나의 구조이며, 아무렇게나 나오는 개인의 반응들이 아니라 우리 자신과 우리의 세계를 보는 공통적인 방식이 형성된 결과이다.

> 우리가 이야기하고 있는 것은 충동, 자제(自制) 및 기분 등의 특징적인 요소들에 대해서이다. 의식하고 관계를 맺는 데 필요한 요소들 중 특히 정의적인 요소들을 말한다. 사고에 반하는 감정이 아니라, 느끼는 그대로의 사고와 사고된 대로의 감정이다. 생생하고 상호연관적인 계속성 내에서의, 있는 그대로의 현실적 의식을 말한다.[4]

윌리엄스는 감정의 구조들을 문화적 가설들이라고 생각했는데, 이 가설들은 그것들이 설정되는 맥락인 예술과 사회에 드러나는 증거들과 항상 관련되어 있다. 예술과 문학의 형식과 전통은 그러한 구조들의 존재를 나타내는 징표이다. 연극, 시 또는 어떤 예술행위든지를 연구해 보면, 지역적이고 특수한 표현물(이 연극, 이 시)에서 시작하여 이 독특한 표현의 기반이 되며 이 표현들로 구체화되고 발현되는 구조들로 관심이 진전함에 따라 이 감정의 구조들을 찾아낼 수 있다. 윌리엄스 연구의 강점은 역사와 연결된 특정 감정의 구조를 개별 희곡작가들의 작품에서 명확하게 찾아내며, 또한 구조, 형식, 관습 등과 개별 연극, 소설, 시 등과의 복잡한 관계를 면밀하게 검토할 필요가 있다고 주장하는 데 있다.

윌리엄스의 연구는 독창적이며 권위 있는 연구이기는 하지만 우리가 감정의 구조라는 용어를 사용하고 해석하는 방식과 그의 방식 사이에는 중요한 차이점들이 있다. 첫째, 그 적용에서의 차이이다. 윌리엄스는 문학에 관심이 있지만 이 책에서는 학교교육 내에서 감정의 구조, 그리고 그것과 학교 밖 구조들과의 관계에 관심을 가진다. 둘째, 윌리엄스와는 달리 이 책의 관심은 현재 새롭게 생성되고 있는 감정에 국한되지 않는다. 그는 지금 존재하고 있는 (지배적이거나 남아 있는 것이거나 간에) 구조들에 대한 연구를 명확히 배제한다.[5] 그러나 이 책의 접근법에서는 이것들까지 포함하며 특히 개인주의·사회·전문성 등처럼 습관적인 명칭을 지니는 구조들, 덜 형식적으로 조직되어 있으면서도 친숙하고 지배적이며 보편적인 구조들도 포함한다. 또한 이 책에서는 감정의 구조가 이질적이라는 사실을 더 많이 받아들일 것인데, 다시 말하자면 어떤 사건에서든지 적어도 몇 가지 중요한 구조의 존재가 발견될 수 있다는 것이다. 마지막으로 윌리엄스는 현실적 의식, 즉 사물을 보는 방식들과 일상생활의 근저에 깔려 있는 전제들을 강조하면서, 그러한 의식을 상당히 특이하고 개인적인 것으로 만들어 버린다. 몇몇 뛰어난 사람, 심지어는 가공인물들의 의식으로 취급해 버리는 것이다. 이 책에서는 이와 같은 일상적인 지각은 모든 사람이 공유하는 것이라고 강조하고자 한다. 그가 논의하는 천재들(입센Ibsen, 스트린드베리Strindberg, 체호프Chekhov 등과 같은)이 작품을 통해서 자신이 살았던 시대의 감정들에 대한 날카로운 통찰력을 보여 주고 그

러한 감정들을 인식할 수 있는 분위기를 창조한다는 것은 인정할
만하다. 그러나 일상의 행위, 특히 학교생활에서는 교사와 학생들
이 감정의 중요한 구조들을 표현하고, 그 구조들에 의존하며 그것
들을 재생해 낸다. 이 점에서 개별 작가 혹은 영향력 있는 집단이나
계급에 초점을 맞춘 윌리엄스보다는, 그러한 경험의 평범함을 강
조한 슈츠(Schutz)[6]와 누구에게나 있는 역량과 식견에 대한 기든스
(Giddens)의 강조가[7] 더 적절해 보인다. 모든 계급, 모든 개인이 경험
하는 감정의 구조보다는 사회의 예술적이고 부르주아적인 수준이
윌리엄스의 우선적인 관심사이다. 그는 '위대한 작품들'로부터 구
조들을 읽어 낸다. 그러나 이 책에서 주장하는 바는 이 구조들이 일
상생활에서도, 교실들에서도 명백히 드러난다는 것이다.

　누구에게나 공통적인 감정의 구조, 형식적인 가치체계와 일상의
당연한 가정들을 모두 포함하는 감정의 구조라는 개념의 범위를
파악하기 위하여 청교도 윤리와 자연적 태도라는 두 가지 예를 들어
보자. 막스 베버(Max Weber)의 『청교도 윤리와 자본주의 정신(The
Protestant Ethic and the Spirit of Capitalism)』[8]이라는 책은 신앙과 경
제생활 사이의 관계를 연구한다. 경제가 신앙을 결정한다고 주장
한 마르크스와는 달리 베버는 청교도적 신앙, 특히 칼뱅(Calvin)파
의 신앙이 근대 자본주의를 만들어 냈다고 주장한다. 이와 같이 감
정의 구조는 물질적 조건과 사회적 상호작용에 직접적인 영향을
미쳤다. 칼뱅주의자들이 비록 운명예정설(사후운명이 신에 의하여
이미 결정되어 있다는)을 믿기는 하였으나 그들은 또한 자신들이 선
민(選民)에 속하는지 아닌지를 가리는 지표가 일에서의 성공이라
고 믿었다. 근검과 재정적인 성취는 축복받은 상태를 의미하였으

며 성공은 영적인 구원을 뜻하였다. 그러나 칼뱅주의는 금욕과 절약 또한 요구하였다. 소비와 낭비가 아닌 저축과 재투자를 요구한 것이다. 사업에서의 재투자가 더 많은 부를 산출하듯, 그러한 극기(克己)는 자본의 축적을 보장하였다. 한 신념체계(감정의 구조의 한 예)가 막강한 사회적 물질적 결과를 가져온 것이다. 베버의 청교도 윤리는 (얼마나 많은 논쟁을 불러일으키는지와 관계없이) 근대의식의 일부가 되었으며, 그것이 표현하는 감정의 구조는 일련의 유명한 지표들로 정형화되어서 청교도 윤리라고 하면 야망의 가치, 성취, 개인의 노력, 만족유예 등의 개념을 떠올리게 되었다. 학교에서 청교도 윤리가 구현된 예는 나중에 분석해 보기로 한다.

이것에 대조적인 예로는 베버의 연구를 발전시킨 알프레드 슈츠(Alfred Schutz)의 현상학을[9] 들 수 있다. 슈츠의 연구에서 감정의 구조는 상당히 명확하게 공식화된 신념들('청교도 윤리', '마르크스주의', '가톨릭정신' 등) 대신에 '자연적 태도', '상식', '레시피 지식' 등으로 다양하게 언급되며, 형식적인 신앙과 종교 그리고 행위 자체의 기초가 되는 암묵적인 가정들이라고 표현된다. 감정의 구조는 (현상학자들에게 친숙한 표현들을 사용하자면) '일상적인', '당연하게 생각되는', '문제없는', '주관적 의미', '요리책 지식' 등으로 생각된다. 이러한 믿음들은 그 믿음이 명백하며 의심 없이 받아들여진다는 뜻에서, 그리고 진리란 무엇이고 가치란 무엇인가에 대한 상식적인 전제들을 구성한다는 뜻에서, '이미 주어진' 것으로 여겨지는 세계관을 보여 준다. 따라서 이 신념들은 행위의 지침이 되며 매 순간의 사회적 상호작용을 결정한다. 상식적으로 쌓여 온 이러한 지식은 흔히 이론화의 대상이 아니라고 생각되므로 사회적 상호작용에 참여하는 사람들은 이러한 지식을 굳이 검토하지 않는다. 그런 이론화는 철학자나 사회과학자의 과제가 될 수 있을 뿐이며 보통의 참여자에게 그런 이론화는 잘해야 당혹스러운 행위로, 최악의 경우에는 쓸데없는 행위로 보일 것이다. 실용적 또는 암묵적 지식(또는 기든스의 표현으로는 '현실적 의식')은 모든 사회적 행위자들에게 하나의 자원으로 끊임없이 이용된다. 이것은 전형적으로 비담론적(非談論的)이기는 하지만 무의식적인 것은 아니며 명백한 것으로 당연시될 뿐이다. 비담론적이라는 말은 행위자가 그러한 상식적인 지식을 정형화(定型化)하는 경우, 즉 규칙을 정한다거나 이것이 구현하는 가치나 지각을 정확하고 구체적으로 명시하는 경우는 거의 없다는 뜻이다. 여기에는 현실적 의식이 모든 개인이 지닌 역량을 증명한다는 확고한 뜻이 들어 있다. 현실적 의식이라는 개념은 개인들이 자신이 속한 사회에 대하여 많은 것을 알고 있음을 드러내 보여 주기 때문이다. 기든스는 이 현실적 의식을 다음과 같이 설명한다.

> 행동의 절차들을 수행하는 데 능숙하게 적용되는 지식이지만, 그 행위를 하고 있는 사람은 그것을 담론적으로 정형화할 수 없는 암묵적 지식이다.[10]

여기에서 중요하게 기억해야 할 것은, 우리가 지금 '지식'에 대하여 이야기하고 있지만 이 지식은 가장 근본적으로는 신념의 형태를 띤다는 점이다. 그것이 바로 감정의 구조로, 세계란 어떤 것이며 어떤 것이어야 하는가에 대한 상식적인 견해들이 합쳐진 것이다.

이 신념들은 아마 유머에서 가장 분명히 드러날 것인데, 유머에서는 정상성(正常性)을 성립시키는 인습적인 전제들이 무너지고 기대는 충족되지 않으며 '기묘하고', '색다르며', '이상하고', '낯선' 일이 생겨난다. 어떤 학생이 친구들을 웃기려고 교사를 흉내 낼 때 웃음이 나오는 까닭은 그 학생이 지금 교란시키고 있는 규칙이나 정상성에 대한 지식을 우리가 지니고 있기 때문이다.

우리는 감정의 구조라는 개념으로 인하여 구조주의가 함의하는 구조와 사건 사이의 구분을 부분적으로 해소할 수 있게 된다. 이와 같이 현실적 의식이라는 개념은 우리로 하여금 구조가 사건 내에 예시되어 있음을 알 수 있게 해 준다. 구조는 개별 행위자의 행위를 지시하는 것이기도 하며 개별 행위자가 나타내는 것이기도 하다. 교사가 '어이, 친구'라고 부르거나 '야, 철수야!'라고 부를 때, 교사는 자신의 내부와 외부에 존재하는 감정의 구조를 드러내는 것이다. 이 감정의 구조는 이미 존재하면서도 동시에 새롭게 창조되는 것이기도 하고, 신념과 기분의 맥락이면서 동시에 신념과 기분의 맥락을 표현한 독특한 예이기도 하다. 사회적 상호작용에 대한 이러한 견해는 구조/사건, 사회적/개인적, 의식적/무의식적, 일반적/특수적, 이론/행위라는 전통적인 양극구조를 재개념화하는 것이다. 이 재개념화는 인간의 역량을 인정해야만 달성될 수 있다.

슈츠의 연구가 제시하는 일상생활의 실재를 살펴보면 실재들이 여럿 존재함을 인정할 수 있게 된다. 모든 사건의 배후에나 내부에서 사고의 구조들과 감정의 구조들을 여럿 확인할 수 있는데, 각 개인이 경험 영역들 사이를—문학 영역에서 형이상학적 영역으로, 종교 영역에서 세속적인 영역으로, 과학 영역으로부터 시적(詩的)

인 영역으로—얼마나 빨리 능숙하게 옮겨 다니는지를 시사해 준
다. 개인이 지닌 현실적 의식은 이러한 실재들을 인식하고 창조해
내기도 하며, 이 실재들은 또 개인의 적절한 반응들을 만들어 낸다.
어떤 개인은 특정 경험을 의미 있고 타당한 것으로 만들려고 적당
한 구조를 재치 있게 이용하여 앞뒤가 맞지 않고 연결되지 않는 것
처럼 보이는 경험이라도 아주 쉽게 포괄하여 흡수해 버리기도 한
다. 로널드 킹(Ronald King, 1978)은 유치원 교실에 존재하는 여러
실재에 대해 이야기하면서 교사들이 학급의 일상 실재를 정의하고
창조한다는 점을 인정하며, 읽기 · 이야기 · 수 등 다른 실재의 체
계 또한 교사가 만들고 학생들은 교사가 만든 이 실재의 체계들을
공유하고 재현하는 것을 배우게 된다는 것도 인정한다.

학교에서의 감정의 구조

  학교와 학급의 일상세계에서는 어떤 감정의 구조가 드러날까?
모든 학급이 그 나름대로의 독특한 분위기를 지니고 있다는 것은 분
명하다. 그러나 그 분위기를 기술하기보다는 느끼기가 훨씬 쉽다.
이제 이와 같은 감정을 언어로 표현하도록 시도해 보자. 이런 시도
에는 늘 불안한 긴장감이 동반되며 그 결과 또한 잠정적인 것일 수
밖에 없다. 발견되는 기풍이나 분위기의 범위가 방대하며 그 종류
가 다양하다는 증거를 제시하는 많은 연구는 제5장의 뒷부분에서
검토하기로 한다. 우선 여기에서는 확인된 요소들이 대부분 세 가
지 주요 구조에 속한다는 것을 밝혀 볼 것이다. 각 구조들은 기분,

분위기, 성향, 방향감 등이 복잡하게 얽혀 있는 그물망이며 독특하고 일관된 감정의 구조를 표현한다. 이 세 구조를 각각 **성취**, **사회복지**, **즉흥성**이라고 이름 붙일 수 있다. 이 구조들은 교사와 학생들의 행동에 영향을 주며 이들에 의하여, 그리고 이들의 내면에 재현되므로, 학교와 학급에 이 구조들이 존재한다는 것은 또한 학교 밖 사회에도 이것들이 존재한다는 증거이기도 하다. 이 세 가지 구조 내에는, 그리고 구조들 사이에는 모순과 갈등이 있기 마련이며 이에 관계하는 사람들은 이 모순과 갈등을 서로 다르게 받아들인다. '공식적' 견해(말하자면, 교사의 견해나 자유주의 이데올로기라고 부를 만한 견해)에 따르면 세 구조들은 **조정될 수 있다**고, 이 세 구조를 조절하고 조화시키는 것이 학교의 임무라고 주장한다. 반면에 '비공식적' 견해(마르크스주의자들의 견해일 수도 있고 탈학교주의자들의 견해일 수도 있으며 또는 학생들의 견해일 수도 있을 것이다)는, 학교란 반대되는 감정의 구조들을 통하여 갈등하고 투쟁하는 장이라고 보기 때문에 이 구조들은 서로 양립불가능하며 조화시키는 것도 불가능하다고 강조한다. 이 세 구조를 개괄하여 보면 이 구조들 내의, 그리고 구조 간의 긴장이 드러날 것이고 각각의 구조를 연구하기 위한 논의 틀이 제공될 수도 있을 것이다.

성취

성취라는 이름의 구조는 분명하며, 광범위하게 퍼져 있고 지배적이다. 그것은 뚜렷하게 혹은 비밀스럽게, 직접적으로 혹은 미묘하게 간접적으로, 그리고 강제적으로 혹은 은근하게 드러나며 영향을 미친다. 그 요소들도 대단히 이질적이며 각 요소의 여러 형태들과 그것이 실천되는 방식들도 서로 대단히 다르다. 가장 뚜렷한 형태로, 이 성취라는 구조가 표현하는 감정과 가치와 신념은 공부, '부지런함', 직업, '성공', '출세', 노력 등의 중요성과 관련된다. 교사의 '빨리 공부해'라는 말은 이 구조가 실천된 가장 분명한 예이다. 교사가 읽기·쓰기·셈하기 등에서 과제를 정해 놓고 학생의 성취도를 끊임없이 그리고 엄하게 평가하는 것은 이 구조가 가장 뚜렷하게 그리고 가장 지속적으로 실현되는 예일 것이다. 학교에서 성취란 근본적으로 개인적인 성취이다. 성취가 주요한 감정의 구조라면 각 학생은 학업에 있어서 개인적인 성패를 감수해야 하므로, 개인주의가 그 핵심이 된다. 학교생활을 시작하여 읽기수업에서 독서 목록의 책들을 하나씩 읽어 가는 것부터 대학수학능력시험에서의 등급에 이르기까지 각 학생들은 학교생활에서 반드시 중요한 것과 가치 있는 것, 성공으로 간주되는 것들은 학교에서 배우는 교과들에서의 개인적인 성취 수준임을 알게 된다. 한결같이 그리고 예외 없이 시행되지만 소모적인(그러나 어떤 사람에게는 확신에 찬) 개별 평가의 과정은 성취라는 감정의 구조를 분명히 밝혀 준다. 한 고등학교에 관한 유명한 텔레비전 시리즈에서 사려 깊고 인간중심적인 주임교사가 어떤 학생의 수학능력시험 결과를 보고는 사뭇 기쁨에 겨워 '얘가 1등급을 세 개나 받았네!'라고 감탄할 때, 이 감정의 구조가 드러나며 그 학교(모든 학교)의 중심적인 가치체계가 뚜렷하게 나타난다. 개인적인 성취에는 또 독립이라는 감정의 구조가 함께 따라다닌다. 그것은 자족, 개인적인 책임 및 자원 활용 능력에 대한 관심이며, 가장 급진적인 형태로는 새뮤얼 스마일스

(Samuel Smiles)의 자립의 철학 또는 '자신의 힘으로 서는' 철학이 있다. 학교에서의 시험이나 검사 과정은 이와 같은 감정의 구조가 작동되는 놀라운 예를 보여 준다. 시험을 치러 본 사람이라면 누구라도 성취 윤리라는 엄연한 현실을, 시험이라는 구체적인 예로 표현된 신념을 경험하지 않을 수 없다. 각 수험생들은 서로 고립된 채 홀로 앉아서, 다른 사람과의 협동과 대화가 금지된 채 스스로의 힘에 의존하여 답을 제시해야 한다. 이 답에 따라서 개인 성적은 백분율이나 학점 형태로 측정되며, 이 성적은 이후로 영속적이고 객관적인 성취 수준 기록이 된다. 이 시험의 과정 중에 이 같은 감정의 구조가 어떻게 영향력을 발휘하고 표출되어 힘을 얻고 재현되는지를 발견할 수 있다. 의식적으로든 무의식적으로든 또는 긍정적으로든 부정적으로든 감정의 구조는 참여자들의 태도를 형성한다. 학교교육에서 감정의 구조는 불가피한 것이며 영구히 존재하는 것이다. 감정의 구조는 시험에서 잘 드러나기는 하지만, 일상의 상황 속에서나 모든 학급 업무를 평가하는 데 있어서도 강력한 힘을 발휘한다.

몇몇 이론가는 이 성취라는 감정의 구조를 자본주의의 중요한 결함 가운데 하나로 간주한다. 마르크스주의자들은 이 감정의 구조가 사회적 발전과 개인적 발전을 왜곡한다고 지적하기도 한다. 그러나 학교의 이데올로기적인 환경이 무엇인가에 관계없이 성취는 모든 학교교육의 핵심이 되는 특징이므로 그러한 비난은 잘못된 것이다. 성취의 윤리는 모든 학교에서 뚜렷하게 드러나는데, 그것은 읽고 쓰기는 반드시 배워야 한다는 주장이나 학교를 다녀야 한다는 주장에 따르는 필연적인 결과이다. 또한 교육과정의 인지적 측면에 높은 가치를 부여하고 능력에 따라 학급편성을 하며 시험에서의 성공을 강조하는 학교에서 성취라는 감정의 구조는 첫째가는 특징이다.

감정의 구조 가운데 하나인 성취는 합리성이라는 개념에 의하여 뒷받침되고 합법화된다. 인지적 과제들에서 성공적인 성취는 정밀한 측정의 대상이 되며 이러한 과제들은 합리화된 이유를 근거로 부과된다. 학교교육 및 학교교육과정을 반드시 이수해야 한다는 여러 주장은 전통적이거나 자의적인 근거에 기반을 두는 경우도 있지만 교육·사회·개인에 대한 합리적인 평가를 통해서도 생겨난다. 수많은 교육이론이 존재한다는 것 자체가 그러한 사실을 증명한다. 그러나 교육이론들이 합리성에 기반을 두고 있다는 것을 인정한다는 것은, 곧 합리성 자체가 감정의 구조 가운데 하나라는 것을 인정하는 것이다. '합리적'이라는 것은 훌륭한 지침이 될 뿐만 아니라 무엇을 해야 하는가에 대하여 완전하지는 않지만 높은 정도의 합의를 가능하게 해 줄 것이라는 믿음, 즉 일종의 감정의 구조라는 것이다. 그러나 윌리엄 틴데일(William Tyndale, 16세기 성서번역가)에 대하여 어떤 평가를 해야 하는가에 대한 논의에서 알 수 있듯이, 그러한 합의가 존재하지 않는 것을 보면 무엇을 해야 하는가를 결정하는 데 합리성의 가치중립성보다는 감정의 구조가 더 뚜렷이 존재하며 더 강한 영향력을 발휘한다는 것이 드러난다. 합리성이 강조하는 것들은, 그리고 학교교육에서 그 증거가 되는 것들은 질서, 훈육, 규제, 신중, 문서화, 분류, 논리성과 명료성에 대한 관심, 애매성에 대한 불신 등이다. 이 특징들은 특정 감정의 상태를 증명하는 표시이며, 또한 다양한 정도로 학급의 정조(情調)와 분위기를 구성하는 요소들이다.

개인적인 수준에서 성취는 개인적 야망, 성공, 낮은 지위의 사회 집단에서의 탈출 등을 포함한다. 성취는 자신의 삶을 스스로 통제하는 것에 대한 관심뿐만 아니라 타인에게 권력과 영향력을 행사하는 것에 대한 관심을 포함한다. 교사들의 그러한 야망은 교직의 사회적 구조 내부에 붙박여 있다. 승진의 사다리를 오르고 싶은 욕망이 이 성취라는 감정의 구조의 증거이다. 교사가 보수 척도의 가장 아래 구간에 머물러 있다면 어쩐지 적절치 못하거나 실패한 경우로 보일 것이므로 성공이란 승진과 동의어가 된다. 몇몇 우수한 교사들이 주임교사나 더 높은 지위로 승진하기보다는 현재의 지위에 머무르는 것이 나은 까닭을 변명조로 늘어놓는 것을 보면 이 감정의 구조가 얼마나 그 교사들의 태도와 견해에 깊이 스며들어 있는지를 보여 준다. 대부분의 교사에게 이 감정의 구조는 당연하게 생각된다. 성취라는 감정의 구조는 문제시될 여지가 없고, 바람직하며, 명백하다. 가르치는 일이 성공이나 승진과 어떤 식으로든 관계가 없다는 식의 사고는 상상할 수도 없다. 상(賞), 가치, 진보, 심지어는 선(善)까지도 교묘하게 숫자와 연결하는 강력한 등식(等式)은 학생들에게도 적용되지만(D학점은 A보다 낮은 점수이고 10문제 가운데 5개를 맞히는 것은 9개를 맞히는 것보다 못하다거나 등) 교사들의 일상경험에도 (척도 1은 척도 4보다 못하다든가 하는) 뚜렷하게 존재한다. 감정의 구조가 발휘하는 영향력의 지표는, 달성도 측정이 어떻게 미묘하고 악의적으로 변형되어 개인적·사회적 가치 척도가 되어 버리는가 하는 것이다.

이 성취 윤리는 학생들의 인지적 활동의 위계를 도덕적·사회적인 가치의 위계로 변형시켜 버린다. 특정의 지적 능력에 대한 합리적 평가가 '좋은 학생'이라는 보편적인 꼬리표로 변형되어 버리는 것이다. 학교학습에서의 성취는 필연적으로 학생들의 등수를 구분하게 되며 이 등수는 요즘은 별로 사용되지 않는 학급 간 등위표로 사용되기도 하고 혹은 조금 덜 노골적인 교원 평가나 시험 등급으로 사용되기도 한다. 학교 교과목에서 학생들은 성적 차이를 보이며 학급 내의 서열화, 능력별 분반 편성, 능력별 분단 편성체계들은 이 성적 위계를 드러내 주고 객관화한다. 이 위계는 성취라는 감정의 구조 내에서 또 다른 줄기를 보여 주는데, 그것은 경쟁이다.

다른 사회 구성원들과 마찬가지로 교사와 학생들은 경쟁에 대한 태도가 서로 다르다. 경쟁은 건전한 것인가 아니면 불건전한 것인가, 또는 효율적인가 비효율적인가, 또는 가치 있는 것인가 교활한 것인가? 분명한 것은, 자본주의의 특징은 이 경쟁이라는 감정의 구조, 다른 말로 하면 '시장의 힘이 모든 것의 척도라는 믿음'이 경제 구조와 사회구조의 토대가 된다는 것이다. 대처(Thatcher) 수상의 영국이나 레이건(Reagan) 대통령의 미국에서 시장경쟁 가치에 대한 신념의 지배력은 논쟁하거나 증명할 필요가 없이 자명하다. 권력은 완벽하게 가치와 동일시된다. 자본주의의 교육의 특징, 확연히 드러나지는 않지만 두드러지는 교육의 속성은 성취가 경쟁심, 즉 타인보다 더 잘하려는 관심을 포함하며 이 경쟁심을 이용하고 경쟁심에 의지하며 경쟁심을 발전시킨다는 사실이다. 개인의 성공은 다른 개인의 희생의 대가이며 약한 자들은 패배하게 된다. 그러나 경쟁을 정당화하는 수사학은 경제와 마찬가지로 교육도 제로섬 게임이 아니라고 주장한다. 지식이나 부(富)의 재고량이 한정되어

있는 것이 아니므로 어떤 사람의 이득이 다른 사람의 손해가 되지
는 않는다는 것이다. 사용 가능한 총량이 늘어날 수도 있다는 주장
이다. 그러나 개발해서 사용할 수 있는 세계의 물질자원이 한정적
이라는 것이 점차 밝혀지고 있다. 따라서 학문적인 성공은 자신에
게만 관련이 되는 것이어서 비경쟁적일 수도 있다거나 혹은 학문
적인 성공이 단지 '주체 자체'의 본질적 요구와 경쟁할 뿐이라는 견
해 등과 같이 경쟁에 대한 지나치게 발전적이고 낙관적인 견해는
언제나 다음과 같은 비판의 대상이 된다.

첫 번째 비판은 세계란, 따라서 학교교육이란 근본적으로 경쟁
적이라고 생각하는 사람들과 그러한 자신의 견해를 확고히 하려고
애쓰는 사람들로부터 나온다. 앞의 낙관적인 견해에 대한 두 번째
비판은 경제적인 속박이 교육에서 그리고 교육을 통하여 얻을 수
있는 기회와 보상을 방해하는 일이 증가하고 있다는 점 때문에 제
기된다. 자원이 **부족하므로** 노력과 성취도에 따라 불평등하게 분배
될 것이라는 것이다. 세 번째 비판은 우리가 이미 논의한 것으로 인
지적인 성취를 도덕 가치와 동일시하는 경향이다. 성취 수준이 낮
은 사람들은 덜 가치롭거나 저평가되는 사람이라는 것이다. 이러
한 논점들 또한 구조적인 영향력을 강조하고 있다. 이처럼 성취라
는 감정의 구조는 경쟁을 크게 강조하므로, 경쟁에 반대하여 투쟁
하는 사람들의 좋은 뜻을 방해하는 견제추(牽制錘)로 작용한다. 어
떤 학교생활에서든지 이런 징표들은 매일매일 관찰되므로 앞의 이
야기가 추상적 주장은 아닐 것이다. 형식적인 교육과정에서, 즉 교
육과정을 지배하는 주지 교과나 과제에서는 성취라는 감정의 구조
가 발견되기 마련이다. 수업시간표 자체가 노력에 대한 요구를 나

타내는 것이며 성취의 가치를 의미하고 학생들이 달성해야 할 체계적인 목표들을 상징한다. 성취란 모든 사람이 달성해야 할 명확한 목적이며 실패할 경우의 구조적인 결과는 별로 언급되지 않는다. 오히려 성취는 상대적 성취의 문제, 즉 '되도록 최선'을 다하는지 아닌지의 문제가 되어서 '최선'을 다하지 않으면 낮게 평가된다. 교육과정은 어떤 지식이 타당하고 가치 있는가를 명백히 밝히고 있으며 평가는 가치 있는 지식이 어떤 것인가에 대한 판단력을 확인해 준다. 영국에서 전통적인 대학입학 준비학교인 문법학교의 폐해를 극복하기 위하여 근대학교와 종합학교를 만들었는데, 근대학교와 문법학교의 명망이 같을 것이라는 생각은 순진한 이상으로 판명되어 버렸다. 마찬가지로, 합리성이나 경쟁 등등 성취라는 감정의 구조를 구성하는 요소들 때문에 종합학교의 운영과정, 교육과정, 교육결과 등에 대한 평가는 서로 매우 다를 수밖에 없다.

사회복지

성취가 차이, 위계, 불평등의 중요성을 의미한다면, 모든 학교에서 뚜렷하게 드러나는 또 하나의 감정의 구조는 유사성, 공유(共有), 평등, 공통성 등을 중요하게 생각한다는 것이다. 이 책에서는 이것을 **사회복지**라고 부르기로 한다. 그 표면구조는 성취의 구조와 비슷하여 개인에 초점을 맞춘다. 그러나 사회복지의 심층구조는 서로 공유하는 특징들에 대한 감정과 집단의 복지에 관한 감정들에 관계된다. 학교에서의 예로는 '개별 돌봄'과 '공동체'를 들 수 있다. 어떤 형식을 갖추고 있든지 학교에서의 개별 돌봄 제도는 이 사회복지라는 감정의 구조를 예증해 준다. 이 제도는 '기숙사'별로 조직될 수도 있을 것이고 '학년' 혹은 '개별지도 집단'별로 조직될 수도 있을 것이지만, '기숙사', '학년', '개별지도 집단' 등의 단어에 나타나 있는 전체성은 구조주의자들의 적극적 이상을 상징한다. 어떤 학교의 개별 돌봄 제도를 성취에 대한 강조 때문에 학생이 받은 피해를 보상해 주는 일종의 '교육과정 피해자 구제 센터'쯤으로 간주한다면 냉소적이면서도 뚜렷한 대비가 이루어진다. 사회복지라는 감정의 구조는 성취의 중요 요소들과 대립되는 것으로 볼 수 있는데 왜냐하면 사회복지는 경쟁보다는 협동을, 독립보다는 상호의존을, 개인의 사회적 상승이동 가능성보다는 집단 내의 연대감을 강조하기 때문이다.

사회복지라는 감정의 구조에서는 '돌봄'과 '관심'이라는 단어가 중심이 되며 이 감정을 미화하는 수사(修辭)는 지적 성취에만 관심을 갖는 것이 아니라 '전인으로서의 아동'에 관심을 갖는다고 이야기한다. 이 감정의 구조는 성공한 사람뿐만 아니라 실패자와 약자에도 관심을 두기 때문에 복지국가를 만든(그리고 복지국가의 상징이 되는) 구조 및 영향력과 비슷하다. 개인과 집단의 건강에 관심을 둔다는 점에서 이것은 자의식적이며 인도주의적이다. 여기에서 건강이란 신체적, 정서적, 영적(靈的), 사회적 건강 등 모든 형태의 건강을 말한다. 이 책은 20세기 후반 영국이라는 환경 내에서 감정의 구조를 다루고 있으므로, 사회복지라는 감정은 개인주의와 서로 통하며 개인주의가 녹아들어 있기도 하다. 이 구조는 '독특한 개인으로서의 아동'과 '각 개인의 모든 잠재적 가능성 개발'을 강조하는데, 자유, 자율성, 개인의 프라이버시라는 자유주의 개념들로부터 시작하여 피아제(Piaget)와 프로이트(Freud) 이론 같은 다양한 심리학 이론에 이르기까지 매우 이질적인 개념과 이론이 이러한 개인에 대한 강조를 정당화하여 뒷받침한다. 개인이 집단에 종속되는 관계인 공산주의 국가들의 사회복지 윤리에서 비슷한 예들과 이 감정의 구조를 구별해 주는 것이 바로 개인을 강조한다는 점이다. 사회복지라는 감정의 구조가 서구적으로, 특히 영국식으로 실현될 때, 이 구조는 개인주의를 집단복지에 대한 강조와 조화시키고 통합하려고 노력한다. 그러한 조화는 어려울 수밖에 없지만 이 감정의 구조를 옹호하는 이론들은 그와 같은 괴리를 해소할 방안을 찾는다. 전인으로서 아동의 복지와 학교의 복지를 같은 것으로 간주하며, 정열·인내·공감·협동 등은 개인의 건강과 집단의 건강을 함께 가져다 줄 것이라는 것이다. 그러나 이런 감정의 구조들을 확인해 보면 학생들의 일상 학교생활에서는 감정의 구조들이 서로 긴장관계에 있으며 때로는 정면으로 대립하기도 한다는 것을 인정하게 된다. 개인의 성취를 강조하다 보면 일체감, 소속감, 공유의식 등의 감정을 부정하고 방해하라는 요구들이 함께 부과되기도 하는 것이다.

'공동체'는 사회복지라는 감정의 구조의 또 다른 측면이다. '지역사회학교'를 대대적으로 다시 지정하는 일이나 '지역공동체'와의 긍정적인 관계를 강조하고 학교와 지역사회의 적극적 상호관계를 강조하는 것, 그리고 학교 내에 '공동체를 형성하려는' 계획, 학교의 모든 구성원 사이에 '우리-의식'을 만들어 내려는 관심 등 모든 것은 사회복지라는 구조가 표현된 예이다. 이 예들은 또한 사회복지를 성취와 관련시키는 데 따르는 어려움을 드러내 보여 준다. '조화를 이루기'와 '성취하기'는 잘 어울리지 않는 짝을 이룬다. 교사들의 희망은 학생들이 학교를 머물고 싶은 곳으로, 정겹고 따뜻하며 사려 깊은 공동체로 생각하는 것이다. 여러 학교는 성공적으로 일부 학생에게 그러한 감정을 길러 주기도 한다. 그러나 무단결석과 지루함과 무질서 등이 증명하듯, 성공적이지 않은 학교도 많이 있다. 그러한 실패의 근본 원인 가운데 많은 부분은 바로 성취라는 감정의 구조와 사회복지라는 감정의 구조 사이에 존재하는 불일치에 있다. 교사들이 즐겨 사용하는 미사여구는 이 두 구조가 환상적인 조화를 이루기를 원해서 성취와 사회복지 사이의 뚜렷한 구분을 너무 쉽게 지워 버린다. 학생들은 그러한 선명한 차이를 지각하고 있으며, 학교가 자신들에게 붙이는 성취 분류표를 감지하고는 공동체의 정의를 다음과 같은 나름의 정의로 대치시킨다.

우리 중의 반 정도는 현명하고 나머지 반은 그렇지 못했다. 처음에 나는 현명해지기를 바라서 교사의 이야기를 경청하였다. 그러나 시간이 감에 따라 친구들과 함께하려고 뒤쪽으로 물러나 앉았다.[11]

즉흥성

앞에서 논의된 두 감정의 구조는 모두 그 지배적인 원리와 정당화를 합리성에서 구한다. 그러나 세 번째 감정의 구조는 비합리적이며 성취 및 사회복지 두 가지와 다투는 위치에 있다고 볼 수 있다. 이 책에서는 이것을 즉흥성, 또는 보다 간단하게 '재미'라고 부르기로 한다. 이것은 우선 친구집단 내에서의 학생들에게서 잘 드러난다. '자극적인 것'을 추구하는 패거리들이나 '깔깔대고 있는' 또래집단의 우선적인 관심거리는 즐거움, 쾌락, 유머 등이다. 그러한 직감적이고 즉각적인 즐거움의 추구는 성취에 수반되는 만족유예라는 엄격한 요구와 극명하게 대립된다. '기다림'과 '유예'라는 윤리, 나중에 일이 성취될 때까지 즐거움을 유보하고 그 즐거움을 조심스럽게 맛만 보는 청교도 윤리와 즉각적이고 현재지향적이며 쾌락추구적인 즉흥적 감정은 서로 모순된다. 학교교육과정과 공동체 활동의 특징인 질서, 통제, 합리성, 조직 등은 '재미'를 추구하는 하위문화의 무정부적인 표출주의에 의하여 위협받는다.

가장 극단적으로 드러난 예로 1960년대 몇몇 히피집단은 (실제로나 또는 대중적인 상상력에 있어서나) 이와 같은 감정의 구조를 보여 준다. '모든 것을 나오는 대로', '미래에 대해서는 생각하지 말라', '지금 소유하라' 등. 이 극단적 예들은 옛일이며 더 이상 지지받지 못하지만 그러한 감정의 구조는 아직도 여러 가지 형태로 존재하고 있어서, 대중매체와 도박 등에 제도적으로 표현되기도 하고 우정, 요행, 향락 등을 당연하게 여기는 또래집단의 느긋한 쾌락주의에도 드러난다. 모든 교사의 일상 경험에서 이 세 번째 감정의 구조의 존재와 힘을 확인할 수 있다. 학생들의 즉흥적이고 쾌락추구적이며 과업회피적인 충동을 억제하고 통제하며 방향을 잡아 주어야 할 필요를 망각하는 교사는 거의 없다. 이 감정의 구조의 인간적인 기원은 아동기 아이들의 즉흥성에서 뚜렷이 드러난다. 성인세계, 특히 학교교육이 하는 일은, 그러한 즉흥성을 지도하고, 전환시키며, 억제하고, 통제하며 변형시켜 정당하고 받아들일 만한 행동을 하도록 하는 것이다. 그것은 성취 윤리의 실현과업 때문일 수도 있고 사회복지에 대한 적극적인 관심 때문일 수도 있다. 교육과정의 입장에서 본다면 운동, 체육, 공예 및 표현적이고 미학적인 과목들은 이 감정의 구조를 형식적으로 통제하는 예이다. 이 과목들은 즉흥적인 자기중심성을 유용하고 바람직한, 따라서 정당한 과정과 결과로 바꾸어 준다. 초등학교에서는, 특히 진보주의 이데올로기 내에서는 이 구조들이 서로 보완적일 뿐만 아니라 동일한 것이라고 간주해 버림으로써 이와 같은 기본적인 구조들 사이의 대립관계를 해소하거나 설득시킨다. '놀이는 아동들의 공부이다'라든가 '아동들은 자신의 흥미를 따름으로써 즐거움을 통해서 가장 잘 배운다' 등의 명제가 그 예이다. 그러나 이 해소책은 중요한 모순을 감추고 있다. 즉흥성이 추구하는 '자유'란 성취 또는 사회복지에서의 '자유'가 아닌 것이다.

자유, 자율, 자기개발 및 잠재능력의 완성 등 학교교육을 미화하는 수사법은 세 감정의 구조 모두에 공통적이지만 각각에 대한 해석과 현실은 판이하다. 개인적 성취, 사회복지, 즉흥적 향락은 안정과 조화보다는 긴장과 갈등을 더 조장한다. 그러나 이 구조들을 명확히 인식하고 이 구조들이 학교와 학급에 어떤 방식으로 존재하는가를 더 잘 파악한다면 교사는 유해한 갈등을 줄일 수 있을 것이다.

학교교육 연구

학교교육에 대한 최근의 몇몇 연구에서 우리는 이 세 가지 중요한 감정의 구조를 구성하는 요소 가운데 일부를 찾아볼 수 있다.

데이비드 하그리브스(David Hargreaves)는 중등학교를 오랫동안 연구한 결과 학생과 교사에게 강력한 영향을 미치는 몇 가지 가치 복합체를 보여 준다. 그는 첫 번째 저술에서[12] 자신이 찾아낸 반학교적(反學校的)인 비행학생집단에 존재하는 **즉흥성**이라는 감정의 구조를 생생하게 보여 준다. 즉각적 만족 추구, 학교에서 성취와 명예심 거부하기, 예절·공손 및 소유권 존중과 건전한 여가선용 등 전통적 가치기준의 전복 등이 그것이다. 15년 후 하그리브스는 『종합학교를 위한 비판(The Challenge for the Comprehensive School)』[13]이라는 책에서 자신의 축적된 경험을 바탕으로 초점을 바꾸어 같은 주제를 다시 연구하였다. 그가 영국 종합학교 실태와 개선 방향에 대하여 연구하면서 많은 관심을 쏟은 것은 감정이라는 주제였다. 일상의 경험 내에서, 다시 말하면 '만남이라는 사회적 관계' 내에서 감정과 믿음이 어떻게 생겨나는지를 연구한 것이다. 많은 학생에게 학교에서의 일상경험은 싫증 나고 두려운 일 중의 하나라는 그의 진단은 독자들을 우울하게 한다. 교육과정의 인지적-지성적 측면을 학교가 강조하는 것에 대해 학생들은 지겨워하고 자신들을 협박하는 것이라고 생각한다. 그들이 배우는 중요한 메시지는 다음과 같은 것이다.

> 학교가 진짜 중요하게 여기는 유일한 지식과 기술이란……
> 우선적으로 지성적-인지적인 내용이다.[14]

교사가 의도하는 것은 아니지만, 인지적-지성적 요구는 다른 영역의 경험(미적-예술적, 감정적-정서적, 신체적-수공적, 개인적-사회적)에 우선한다. 그 결과 학생들은 학교에 흥미를 잃게 되는데, 더 나아가 학생들이 학교에 싫증을 내고 패배를 두려워하는 현상이 발견되는 것은 학교가 노동계급의 존엄성을 계속 모욕해 왔기 때문이라고 하그리브스는 해석한다. 교실에서의 만남에 내재된 위계적 사회관계는 인간 존엄성의 파괴를 초래한다. 노동계급의 학생은 자신이 가치롭다거나, 창의적이고 상상력이 풍부한 능력을 지녔다거나, 개인적·사회적 변화를 초래할 영향력을 지녔다거나 하는 의식을 상실하게 된다. 그 결과 학교에서 일종의 대항문화가 생겨나게 되는데, 그 종류는 학생들이 사용할 수 있는 자원이 무엇인가에 따라 달라진다고 하그리브스는 주장한다. 이 부분은 자신의 초기 연구주제와 관계가 된다. 그는 윌리스의 주장을[15] 받아들여 말썽, 멋, 운명, 독립 등 노동계급 가치들의 한 부분이 대항문화의 중요한 자원이라고 본다. 바로 이 감정의 구조(즉흥성과 비슷한)는 학생들을 실패와 밑바닥 직업으로 내모는 학교·사회의 결정론에 적극적으로 대응하여, 이 결정론에 도전을 제기하고 그 토대를 무너뜨려 변형시킬 수 있도록 도와준다. 이와 같이 하그리브스는 겉보기에 부정적이며 쾌락적이고 무정부주의적인 청년문화를 공동체의식과 일체감을 회복하려는 시도의 일종으로 정의한다.

그런데 '실패'뿐인 학교나 고립되고 개인화되어 버린 가정, 또는 부품조립 라인의 일손들만 보이는 작업장에서 이 공동체의식이나 일체감은 그들을 위한 것이 아니다. 여기에서 하그리브스는 공동체라는 분명한 감정의 구조를 확인한다. 그는 교육과정 계획을 위한 한 연구에서 공동체를 집중적으로 연구하여 모두가 함께하는 축제, 공연, 활동 등에서 헌신, 책임감 및 협동정신을 회복시키려고

한다. 이 공동체라는 감정의 구조를 되찾아 이 공동체의식이 다시
학교교육의 중요 분야에 자극을 줄 수 있도록 애쓰는 것이다. 그의
연구는 일종의 개인주의 비판이라고 보는 것이 타당하다. 그는 이
개인주의라는 감정의 구조가 종합학교에 과도하게 존재한다고 본
다. 하그리브스에 따르면 지금까지 교육의 목적을 정의할 때 어떤
사회가 바람직한 사회인지보다는 교육이 어떤 개인을 만들어 내야
하는지를 너무 많이 반영하여 왔다. 피아제, 루소(Rousseau), 듀이
(Dewey) 등 사상가들의 아동중심주의와 능력주의라는 이상에 고
무되어 개인주의에 심취한 결과, 회의론이 만연하게 되었고 공동
체적 정체성과 소속감을 약화시키고 말살하는 일들이 초래되었다.
학교에서의 의식(儀式), 교복, 학급 내 또는 학년 내 하위집단들이
줄어드는 현상에서 하그리브스는 단순한 회의론뿐만 아니라 냉소
주의를 발견한다. 지금 '학교를 부흥시키자!'라는 구호는 이전하고
는 사뭇 다른 반향을 불러일으키는 것이다. 충성심과 단결심을 위
협하는 '개인주의 문화에 교사 자신들이 깊이 빠져 있다'고[16] 그는 주
장한다. 매일매일의 학교생활에서 그는 '패딩튼(Paddington)역 효과
(벨이 울리면 모든 것이 변화하는)'와 '러튼(Luton)공항 효과(가방을 둘
만한 방이 없으므로 가방을 들고 끊임없이 왔다 갔다 하는)'를 발견한다.
　하그리브스가 제시하는 해결책은 '개인주의의 오류' 대신에, 사회
집단으로부터는 존중받고 있다는 느낌을, 사회집단 내에서는 능력이
있다는 느낌을 조성해 줌으로써 존엄성을 회복할 수 있는 목표를 세
우는 것이다. 그의 과업은 '개인이라는 언어가 지니는 여러 함축적
인 의미들로부터 존엄성을 구해 내는'[17] 것이며, 학교의 중요한 기능
이 '연대감(連帶感)에 생명력을 불어넣어 주는' 것임을 확인하는 것

이다. 이처럼 그의 연구는 구조주의적 노력의 하나로 볼 수 있다.

이제 하그리브스가 내놓은 교육과정 처방에서 학교책무성에 대한 연구로 눈을 돌려 보자. 종합학교 여섯 곳을 연구한 케임브리지 대학교 책무성 연구에 의하면, 책무성의 실천이 직업의식, 개인주의, 공동체, 민주주의[18] 등 특정 감정의 구조들에 근거하고 있음이 밝혀졌다. 이러한 신념의 복합체 각각이 표현하는 복잡하고 다양한 감정은 연구대상이 된 여섯 학교의 수백 명 교사들과 학부모들의 행동과 관점에 잘 드러났다. **직업의식**은 다른 사람들과의 관계에 대한 일련의 신념을 일컫는데, 교사들이 자기 직업의 자율성과 전문성을 전제로 서비스 개념을 고객에게 맞추려고 할 때 교사들의 행위의 기준이 되고 그들의 행위에 영향을 주었다. 대부분의 교사는 교직의 자율성에 대한 신념과 공공의 책무성에 대한 신념 사이에 내재할 수밖에 없는 긴장관계를 만족스럽게 해결하는 것처럼 보였다. 학부모들은 자신이 교사를 대하는 태도에 심각한 모순을 느낀다는 사실 또한 분명히 드러났다. 한편으로는 교사들의 능력에 대한 신뢰(또는 교사의 명백한 임무는 '잘 가르치는' 것이라는 신념)를 가지지만 또 한편으로는 실질적인 책무성이 부족하게 보여서 무능력하다는 느낌을 갖는다. 이러한 모순을 설명할 수 있는 것이 직업의식이라는 감정의 구조일 것이다.

두 번째 감정의 구조인 **개인주의** 또한 마찬가지로 강력한 영향력을 발휘하고 있었다. 교사와 학부모들은 모두 **개인의 자율성**, 즉 자기 자신의 삶을 결정할 권리 그리고 자신이 스스로 결단할 권리에 대한 깊은 신념에 따라서 행동하였다. 이처럼 '독립', '자기지향성(自己志向性)', '열중' 등이 많이 사용되는 표현들이었다. 그리고 마찬가지로 인간 존엄성의 문제, 즉 각 개인의 내재적 가치라는 문제는 이 개인주의라는 감정의 구조를 이루는 중요한 구성요소였다. 개인주의는 각 학교의 목적, 개별 돌봄 체제, 그리고 학교의 성공에 대한 학부모들의 판단기준 등에서 증명되었다. 학부모들은 학교가 자기 아들, 딸들을 얼마나 잘 보살피는가라는 준거에 의하여 학교의 책무성을 판단했다. 개인주의의 또 다른 구성요소 역시 뚜렷이 드러났는데, 그것은 사생활의 권리로 양심의 자유와 사상 및 감정의 자유를 포함한다. 다시 말하면, 자유롭게 의견을 표현할 권리와 자신의 방식대로 살아갈 권리를 말한다. 학교의 실제를 연구해 보면 사생활을 침해하는 사례들이 많이 밝혀질 것이지만 교사와 학부모들이 지닌 신념과 그들이 사용하는 언어들에는 이 권리들이 많이 들어 있는데, '관용', '다원주의', '스스로 결정하라', '선택하라' 등이 그 예이다. 개인주의의 또 하나의 요소인 **자기개발**, 즉 개인적 자질의 구현 또한 교사와 학부모들이 가지고 있는 신념의 구조에 깃들어 있었다. 학교가 아동들에게 '자신의 능력을 최대로 발휘'할 수 있도록 해 주어야 한다는 기대이다.

공동체는 케임브리지 대학교의 책무성에 관한 연구에서 확인된 세 번째 감정의 구조이었다. '소속감', '보살핌', '관심', '헌신' 등의 개념은 학교 밖의 문화에서와 마찬가지로 연구대상 여섯 학교에서 분명하게 존재하고 중요한 역할을 하고 있었다. 대부분의 교사들은 자신이 '공동체로서의 학교'라는 개념에 헌신하고 있다고 생각하였으며 또한 학교가 지역공동체로서의 역할을 수행해 주기를 분명히 바라고 있었다. 학부모들은 약간 다른 방식으로 공동체라는 감정의 구조에 의지하고 있었다. 그들은 자신의 아이들이 '잘 적응하고' 행복하며 교사와 친구들과 잘 어울리기를 바라고 있었지만, 또한 통제, 질서, 훈육 등에도 관심을 표명하였다. 이 후자에 대한 관심은 '공동체'라는 단어가 자주 의미하는, 따뜻하고 유기적이며 우정 어린 관계와는 크게 대립되는 것이었다. 나아가서 학부모들이 지닌 공동체라는 개념은 대단히 미래지향적이어서, 학교의 임무를 직업 또는 고등교육이나 상급교육을 준비하는 것으로 보고 있었다. 그러한 관심의 전형적인 징표 가운데 하나는 학교가 '아이들을 떠밀어야' 한다는 것이었다. 그러나 **공동체**라는 감정의 구조가 어떻게 표현되고 무엇을 강조하든지 개인주의는 그러한 표현이나 강조점과 선명하고 강렬하게 대비되고 있었다.

책무성에 대한 연구에서 밝혀진 네 번째 감정의 구조는 민주주의로, '통치자'들의 책임에 대한 소명이며 각 개인은 자신에게 영향을 주는 의사결정에 참여할 권리를 지닌다는 믿음이다. 그러한 정서는 영국문화에서 떼어 낼 수 없는 중심적인 부분이며 책무성 요구의 원천이 된다. 케임브리지 대학교의 책무성 연구는 학교의 책무성과 민주주의가 복잡하면서도 불편하고 불확실하며 느슨한 관계에 있음을 밝혀냈다. 민주주의적 책무성이 학교에 대한 대중의 통제를 의미할 수도 있다는 암시만으로도 교사들에게는 저주가 되었다. 민주주의라는 감정의 구조는 명백히 직업의식이라는 구조의 영향력하에 있었다. 각 학교의 운영위원회는 민주주의라는 감정의 구조가 공식적으로 표현되어서 설립된 것인데, 대부분의 교사는 이를 회의적으로 평가하고 있었으며 운영위원 자신도 불확실감과 구속감(심지어는 무력감)을 느끼며 운영위원회에 관계하고 있었다. 그럼에도 불구하고 민주주의라는 감정의 구조는 교사와 학부모에게 중요한 영향을 미치며 이들 행위의 중요한 원천이 된다는 것은 의심할 여지가 없다. 그것은 교육과정, 표준, 직원채용, 훈육, 재정, 자원 등 다양한 영역에서 다양한 수준으로 영향력을 행사하고 적용된다. 가끔 교육을 미화하는 글들에서는 학교가 민주주의적이라고 표현되기는 하지만 학교란 그 자체로 민주주의적이지 못하다. 또한 학생 및 학부모들과 신뢰관계를 정립하려고 노력하는 정규직 전문 직원들이 근무하는 학교에도 '민주주의' 자체에 내재되어 있는, 신뢰와 불신이 특이하게 혼합된 감정('그들을 투표로 공직에서 쫓아낼 수도 있다')이 불편하게 적용된다. 따라서 이러한 민주주의라는 감정의 구조는 양면적인 가치의 중요한 원천이 된다. 이 책무성 연구는 감정의 구조들이 광범위하게 존재한다는 사실과 그 구조들 사이의 관계도 다양하게 해석되고 있다는 사실을 밝혀냈다. 이 감정의 구조들은 인간행위에 강력한 영향력을 행사하고 있었으며 학부모, 교사, 학생들이 자신의 사회세계 내에서 어떤 행동을 취하거나 자신의 사회세계를 만들어 갈 때 치밀하고 다양하게 그리고 실제에 적응해 가면서 이 감정의 구조들에 따라 이 구조들을 표현하고 있었다. 시간과 사람에 따라 서로 다른 정도로 영향을 주기는 하였으나 이 구조들은 누구에게나 불가피한 사회적 압력으로 각 개인 내부에 존재하면서 각 개인과 맞서고 있었다.

　중등교육에 대한 다른 연구들도 이와 비슷하게 성취, 사회복지, 즉흥성이라는 세 겹의 틀에 들어맞는 감정의 구조를 발견한다. 제럴드 그레이스(Gerald Grace)는 19세기 교사들을 사로잡고 있어서 그들이 임무를 수행하는 기반이 되었던 감정의 구조들의 복잡성을 밝혀낸 바 있다.

사람들에게 정치적 성원의 자격을 부여하려는 근본적인 관심, 사람들을 노동자로서 유능하고 효율적이도록 만들려는 자본주의적인 관심, '착한' 사람으로 만들려는 종교적인 관심, 그리고 사람들로 하여금 높은 수준의 문화를 감식할 수 있도록 '품격을 높이고' '세련시키려는' 자유주의적/문화적 관심 등등을 도우려는 인간주의적이고 기독교적인 순수한 충동과 함께 존재하는 통제라는 의무.[19]

그는 특히 빅토리아 시대 노동계급 아동들을 가르쳤던 교사들을 격려하는 데 도움이 되었던 '기독교적 또는 선교적 이데올로기'를 찾아낸다. 그러한 감정의 구조는 당시에 역사적으로 존재하였으나 오늘날에는 세속적으로 변형되어 사회복지라는 감정의 구조에 자리를 물려준 것처럼 보이기도 한다. 그 '도우려는 충동'은 여전히 존재하지만 그 충동이 표현되는 방법과 그 충동을 설명하는 수사법은 세월이 흐름에 따라 엄청난 변화를 겪어 왔다.

'노동계급의 아이들이 어떻게 노동계급의 직업을 얻게 되는가'에 관한 폴 윌리스(Paul Willis)의 유명한 연구는[20] 편가르기라는 개념을 통하여 감정의 구조에 접근한다. 그의 주장에 따르면, 노동계급의 '싸나이들'은 정신적인 것과 육체적인 것의 구분('머리 좋은 애'는 '손재주가 좋은 애'보다 우월하다는)과 성의 구분(남성이 여성보다 우월하다는), 인종 구분(백인이 유색인보다 우월하다는) 등 엄격한 평가적 차별을 하는 사회에 살고 있으므로 학교(그리고 개인주의에 대한 학교의 강조)를 거부한다. 학교가 '얼마나 자유주의적이며 형식주의적으로 평등한가'와는 관계없이, 문화와 제도 내에서 생겨나는 감정과 가치판단은 근본적으로 편가르기이며 이로 인하여 계급사회와 이에 따른 불평등이 재생산된다고 그는 주장한다. 그의 연구가 특히 타당한 까닭은 윌리스의 '싸나이들'이 자기 노동계급 문화의 특정 요소들을 자신의 정체성을 유지하기 위한 자원으로 사용한다는 주장 때문이다. 그러한 요소들은 학교의 성취윤리에 반대되는 감정의 구조로 나타나는데, 터프함, 권위에 대한 도전, 자극, 운수, 그리고 자유에의 열망 등이다. 여기에 다시 한 번 **즉흥성**이라는 감정의 구조가 인지적—지성적 교육과정 요구와 대립한다.

능력별 반 편성 대신 혼합반 편성으로 옮겨 가고 있는 종합학교를 대상으로 한 스티븐 볼(Stephen Ball)의 연구는[21] 교사들이 지니고 있는 세 가지 '집단적인 관점'을 확인하였다. 베커(Becker)를 인용하여 그는 다음과 같은 것들이 이 집단적인 관점이라고 보았다.

> 어떤 사람이 어떤 문제 상황을 다루는 데 사용하는 일련의 통합된 아이디어와 행위들, 어떤 사람이 그와 같은 상황에 대하여 생각하고 느끼는 일상적인 방식과 그 상황에서 행위의 일상적인 방식.[22]

이와 같은 '집단적인 관점'도 감정의 구조라고 볼 수 있다. 볼이 찾아낸 세 가지란 **학구적인 구조**('표준', 수월성, 영리한 아이, 학구적인 과목 등과 관련되는), **훈육적인 구조**(학생에 대한 통제, 학급 분위기, 학생과의 대립 회피 등과 관련되는), 그리고 **이상주의적 구조**(혼합반 편성이 평등주의적 기회를 제공하며, 종합학교가 정말로 종합적이 될 수 있다고 생각하는)이다. 이 감정의 구조들은 특정한 실제적 이슈(혼합반)

에 대한 관점이기는 하지만 지니고 있는 신념과 태도는 더 깊은 기원을 지닌다고 볼 수 있다. 볼의 연구는 어떤 감정의 구조가 특정 문제들을 고려하는 데 사용될 때 그 구조가 취하는 특정의 윤곽을 보여 준다. 학구적 관점은 분명히 성취/개인주의라는 감정의 구조로부터 생성되며, 이상주의적 관점은 사회복지/평등주의로부터, 훈육적 관점은 양자를 실용적으로 조절한 데서 나온 것이다.

감정의 구조라는 개념을 밝혀 주는 보다 광범위한 현장연구는 마이클 러터(Michael Rutter)의 연구이다.[23] 그는 런던 도심의 12개 종합학교에서 중등교육을 받는 2,000여 명의 학생들을 연구하였다. 이 연구 결과에 의하면, 학생들의 학문적인 성취, 학교에서의 행동, 그리고 비행(非行)에 있어서 학교 간 차이가 존재한다는 것이었다. 어떤 학교는 분명히 다른 학교에 비하여 학생들에게 보다 긍정적인 영향을 미친 것으로 보인다(더 나은 시험성적과 행동, 더 낮은 비행률 등). 러터는 학교생활의 여러 특징을 검토하였는데, 그의 연구는 이 책에서 다루는 감정의 구조를 포함하는 '에토스'나 '분위기' 등이 그러한 특징들에 중요한 영향을 미친다고 주장하는 것으로 생각된다. 그는 그러한 분위기를 '학교의 현상들'이라고 보고하고 있으며, '학문적인 강조'(주도면밀한 학업계획과 조직)를 하는 학교, 협동적이고 생산적인 학급 분위기를 지닌 학교, 처벌보다는 보상을 선호하는 상벌체제를 가진 학교, 학생들의 참여와 책임을 강조하는 학교에서 더 나은 결과(학문적이고 행동적인)가 얻어진다는 사실을 밝혀낸다. 그러한 강조들은, 거기에 따르는 '빨리 끝나지 않는 수업', '학습과 행동에 대한 대중의 찬사', '회의 참석' 등등의 관행과 함께 학생들의 태도, 성취, 행동에 영향을 주는 기초적이고 영향력 있는 감정의 구조가 있음을 시사해 준다.

러터는 전체적인 학교의 현상과 학생행동 사이에 매우 강력하고 일관된 상관관계(0.92)가 있다고 보고한다.[24] 이와 같은 학교 현상에 대한 그의 선택과 측정방법에 의문을 제기할 수도 있을 것이다. 그러나 각 학교들 그리고 학급들 사이의 차이는 각 학교나 학급 내에 존재하는 감정의 분위기에서 감지될 수 있으며 학교나 학급의 기풍이 행동과 성과를 결정하는 데 매우 중요한 역할을 수행한다는 대부분 교사들이 갖는 직감을 러터의 연구가 어느 정도로는 과학적으로 정당화해 주었다는 점은 틀림없다. 러터의 측정 척도는 실증주의 연구의 많은 결점을 그대로 지니고 있다. 감정의 구조를 통하여 학교 분위기에 접근하기 위해서는 과학적 방법을 넘어서는 방법론이 요구되며 그래야 학교의 문화적 복합성을 충분히 다룰 수 있다는 것이다. 그럼에도 불구하고 러터의 『15,000시간(Fifteen Thousand Hours)』이라는 보고서를 학교가 학생에게 영향을 주지 못한다는 사회학적 비관론으로 과소평가해 버릴 수는 없다. 학교는 변화를 만들어 낼 수 있으며, 학교의 분위기는 성공이나 실패의 원인 가운데 하나이다.

> 학교는 좋은 행동과 성과를 촉진하기 위하여 많은 일을 할 수
> 있으며⋯⋯ 유리한 조건을 갖추지 못한 영역에서도 학교는 선
> (善)을 위한 동력이 될 수 있다.[25]

크리스토퍼 오멜(Christopher Ormell)의 연구는 경험적 연구가 아닌 분석적 연구로 이 역시 감정의 구조와 관계된 연구로 볼 수 있

다.[26] 그는 교육에 있어서의 최우선적인 요구 두 가지를 찾아내는데, 그것은 보호와 안정 그리고 혁신과 변화이다. 그는 가치라는 주제에 관심을 가졌으며 종교, 인격 도야, 개인적 진취, 학습, 전통문화, 예절, 사회화 등의 가치들이 전통적으로 존재해 왔다고 주장한다. 반면에 최근에 대두된 가치들은 비전통적 문화, 자신이 하고 싶은 일 하기, 창의성, 판단의 독립성, 사고, 표현 등을 포함한다. 오멜 자신이 제시하는 교육적 가치 목록에는 완전성의 촉구, 균형, 생명, 일관성, 포괄성, 다양한 이해, 박식, 적극성, 창의성, 표현, 사고, 문제해결력 등이 포함된다. 오멜의 이 목록 또한 감정의 구조들, 즉 개인행동의 근원을 구성하는 신념들과 가치판단들의 체계라고 재개념화할 수 있다.[27] 그의 연구는 볼과 윌리스 같은 철저한 경험적 기반이 부족하기는 하지만, 감정의 구조라는 개념이 이론 및 실천적 탐구에 어떻게 공헌할 수 있는가에 관하여 많은 시사점을 제공해 준다.

독창적인 연구이지만 별로 주목을 받지 못한 로널드 킹의 유아학급에 대한 연구에서도 감정의 구조의 존재와 영향력에 대한 증거를 발견할 수 있다. 킹은 3년 이상에 걸쳐 약 600시간 동안 유아학교 세 곳의 학급을 직접 관찰하였다. 그가 기록한 패턴과 규칙성을 살펴보면 유아학교교육 또한 사회적 세계의 일종임을 명확히 파악할 수 있다. 킹은 유아학교 교사들의 행위에서 발견한 규칙성을 교사들의 이데올로기라고 부르는데, 굳이 그러한 명칭이 아니라면 이처럼 교사행위에 규칙적인 패턴이 있다는 사실은 너무 당연해서 주목할 이유가 없을 것이다. 어쨌든 통찰력을 갖춘 관찰자라면 누구나 유아학급에 5분만 있어 보아도 그 같은 사실을 깨닫게 될 것이다. 이 이데올로기는 각 교사의 행위를 형성하고 이끌며 설명해 주는, 어린아이들 및 학습에 대한 일련의 신념과 가정들을 구성하므로 감정의 구조가 지니는 모든 특징을 구비하고 있다. 이러한 당연한 신념은 어떤 행위를 할 때 행위방식에 합의할 수 있게 해 주므로 킹이 관찰해 낸 것과 같은 패턴이 생길 수밖에 없다. 이 감정의 구조는 유아학교 교사들이 행위의 자원 가운데 하나로 삼게 되며, 킹의 연구는 그 같은 구조를 확인하고 그 구조가 보다 형식적으로 표현된 예들을 부모에게 쓴 통신문, 직원들을 지도하기 위한 비망록, 유아학교에서 사용되는 책들,『아동과 초등학교(Children and their Primary Schools)』라는[28] 플라우든(Plowden) 보고서 등의 문서 자료에서 찾아내려고 노력한 연구이다. 킹은 근본적으로 아동 중심적인 감정의 구조를 구성하는 이 요소를 네 가지로 구분하였는데 발달주의, 개인주의, 학습으로서의 놀이, 아동기의 순진성이 그것들이다. 발달주의는 플라우든 보고서가 제시하는 자연적 성장모형으로 아동은 신체적, 정서적, 지적, 사회적 성장에서 자연적으로 결정된 순서를 거친다는 것이다. 이와 같이 교사의 행위는 준비성이라는 개념의 영향을 많이 받고 있었다('너는 그 덧셈을 하기에는 너무 어려', '애야, 도로 가져가거라. 그리고 선생님께 아직 교재를 바꿀 준비가 안 되었다고 말씀드려라'). 개인주의는 각 아동의 독특성을 강조하는데 킹은 교사들이 가르치는 학생들을 얼마나 잘 '알고' 있으며 각 개인의 특별한 성격이라고 생각되는 것을 고려하고자 애쓰고 있었는가를 자세히 기록한다. 학습으로서의 놀이는 플라우든 보고서가 공식적으로 추천하였고, 유아학교 운동의 주창자들(페스탈로치Pestalozzi, 프뢰벨Froebel, 몬테소리Montessori, 맥밀런McMillan 자매, 수

전 아이작스_{Susan Isaacs} 등) 내에서뿐만 아니라 모든 아동 중심 학습이론 내에서 오랜 역사를 지니고 있다. 이것과 관계된 신념들로는 흥미('아동의 흥미를 따라서'), 행복('웃어 봐, 크게!'), 그리고 열심('열심히 하는 것을 황금률로 삼아라') 등이 있다. 그러나 킹의 의견으로는 네 번째 요소인 아동기의 순진성이 유아학교 교사들의 이데올로기를 구성하는 중심적인 요소로, 어린애는 자신의 행동 때문에 비난받을 수 없다는 개념이다('틀림없이 그 애가 일부러 그런 것이 아니야'). 유아학교 교사들을 다른 교사들과 구별해 주며 유아학급을 다른 학급들과 다르게 해 주는 것은 바로 이 신념이다.

킹은 이러한 이데올로기가 교사들의 행위를 형성한다고 주장한다. 그의 결론은 '교사가 보는 교실의 실재는 자신의 이데올로기를 통하여 구성된다'는 것이었다.

이상에서 살펴본 바와 같이 킹의 연구는 감정의 구조가 교사의 세상(그들의 학생들 및 학급)을 보는 방식에 영향을 미칠 뿐만 아니라 나아가서 이 신념과 지각이 자기 확신이 된다는 것을 주장하고 있다고 볼 수 있다. 토머스(W. I. Thomas)의 '상황의 정의'(즉, '사람들이 상황들을 실제라고 정의하면, 그 결과 상황들이 실제가 되어 버린다')라는 개념을 차용하여, 킹은 교사들이 자신이 믿는 것을 현실로 만들려고 노력하며 교실에서의 행위들로 그러한 '진리'를 창조한다는 것을 보여 준다. 감정의 구조가 실재가 되어 버리는 것이다. 이와 같은 이야기는 매우 과격한 주장이지만 킹의 공헌은 아무리 높게 평가해도 지나치지 않다. 그의 주장이 지니는 약점(특히 이데올로기의 개념, 상대주의적 입장, '순진성'에 대한 혼란 등등)[29]에도 불구하고 그의 연구는 관찰된 학급실제와 '부재(不在)하는' 구조들과의 관계를 체계적이고 설득력 있게 검토한 몇 안 되는 연구 가운데 하나이다. 이 연구는 유아학급의 '정조(情調)'를 생생하게 전달하여 주며, 당연시되어 검토된 적이 별로 없는 신념이 교사행위들의 기초가 되고 행위들로 표현되며 행위들에서 재확인될 때 얼마나 막강한 실천적 영향력을 발휘하는지를 명확히 보여 준다.

지금까지 학교교육 내에 존재하는 세 가지 지배적인 감정의 구조를 설명하고 몇몇 경험적인 연구가 그러한 구조들의 여러 측면을 어떻게 밝혀 주는지 살펴보았다. 이러한 세 가지 범주에 쉽게 포함되지 않는 다른 감정의 구조들도 분명히 존재한다. 인종주의와 성차별은 좋은 예들이다.[30] 그러나 이들의 윤곽을 추적하기에는 지면이 부족하므로 여기에서는 결론 삼아 **도구적 합리성**이라는 감정의 구조를 확인해 볼 것인데, 이 감정의 구조가 교육에 지니는 영향력은 점점 강력해지고 있는데도 학교교육에 대한 연구물들에서는 비교적 주목을 받지 못했다. 도구적 합리성은 '왜 그것을 하는가?' 또는 '우리는 어디를 향하여 가고 있는가?'라는 질문이 아니라 '어떻게 그것을 할 것인가'에 대한 집착을 의미한다. 이처럼 도구적 합리성은 목적보다는 수단에, 목표에 대한 고려보다는 효율성에 더 많은 관심을 갖는다. 이러한 종류의 합리성이 학교에서 구현된 예로는 '교육이란 무엇을 위한 것인가?'에 대한 고려를 희생한 대가로 경영과 조직을 강조하는 예를 들 수 있다.

도구적 이성을 확인해 내고 비판하는 일은 프랑크푸르트학파의 연구와 오랫동안 관련을 맺어 왔다(제4장의 주3 참고). 이 학파의 연구는 위르겐 하버마스(Jürgen Habermas)의 최근 저술들과 더불어 마르크스주의를 의식적으로 재고해 보려는 시도를 비판이론으로

표현한다.[31]

비판이론의 초점이 이데올로기, 언어, 사고 및 사회적 실천의 왜곡에 대한 연구로 옮아감에 따라 경제적 결정론과 실증주의는 심각한 비판에 직면한다. 비판이론은 그것이 계몽과 해방을 가능하게 해 준다고 주장한다. 이성을 비판이론의 중심적인 연구범주로 확립함으로써 이론과 실천 사이의 연계성이 다시 확인된다. 사물을 보는 방식의 변화가 더 정의로운 사회관계로 변화하는 데 분명히 영향을 줄 수 있다는 것이다. 프랑크푸르트학파는 **도구적 합리성**이란 실증주의, 파시즘 및 자본주의를 지지하는, 따라서 그 자체로 이성의 소멸을 가져오는 사고와 감정의 한 성향이라고 본다. 그들은 이성의 두 가지 개념을 구분한다. 하나는 **도구적**(또는 기술적·주관적) 이성으로 미리 결정된 목적을 달성하는 특수한 수단의 적합성을 말하며, 또 하나는 **본질적**(또는 객관적) 이성으로 목적 자체의 가치로움에 관심이 있는 이성이다. 예를 들어, 하버마스는 그리스어의 *theoria*와 *techne*의 개념을 구분한다. 전자는 정의와 선한 생활, 이론과 실천의 완전한 통합에 관심을 두며 후자는 정치와 삶에 대한 기술적인 접근으로, 삶의 목적이 아니라 수단에 관심을 두고 목적의 가치를 중요시하는 대신 인간사를 **예언**하고 **통제**하는 데 관심을 가진다. 프랑크푸르트학파가 보기에 근대세계는 신념과 사고와 실천에 있어서 도구적 이성의 특징을 나타낸다. 과학과 공학의 아주 놀라운 성장은 기술공학적인 능력이 목표에 대한 존중을 얼마나 멀리 앞질러 버렸는가를 증명해 보인다. 기술공학적 이성의 승리는 핵무기에서 텔레비전 광고에 이르기까지 매일매일 여러 방식으로 증명되고 있다. 학교교육에서는, 목적과 목표에 관심을 두며 학생들의 사회적·정서적 성장에 점차 주의를 기울이는 진보주의 교육운동에 의하여 도구적 이성이 도전받고 극복되어 왔다고 생각할 수도 있다. 그러나 1980년대의 엄혹한 분위기 내에서 도구적 이성이 보다 선명한 또 다른 형태로 출현함에 따라 이와 같은 발전이 그 자체로 거대한 저항에 부딪히고 있다. 내면적으로 기술공학적 합리성의 지배를 받는 마르쿠제(Marcuse)의 『일차원적 인간(One Dimensional Man)』은, 효율성과 양적 측정에 대한 요구 및 신보수주의의 '비용 대비 가치' 운동과 함께 삶의 모든 영역에서 다시 출현하고 있고 교육에도 매서운 충격을 주고 있다.

재원은 급격하게 줄고 교사들이 맹렬하게 비난받으면서 책무성을 요구받게 되자 교사들의 사기는 엄청나게 떨어져서 학교에서 감정의 구조는 더욱 복잡성을 띠게 된다. 교사들은 학교 안팎으로부터 결과를 생산해 내야 한다는 압력에 점점 더 시달리면서 괴로움이 커지고 있다. 이 '결과'란 교육적인 원리에 의해서가 아니라 경제적인 입장에서 양적으로 측정된 효율성을 의미한다. 영국에서 시험 횟수는 엄청나게 증가하고 있고 대학의 문호개방을 명시한 로빈스(Robbins) 보고서 원칙이 폐기되었으며, 교육과학성 산하에 성적평가 관리단이 설치되고 20여 년 동안 자유주의 이데올로기에 대한 좌파의 비판을 견뎌 온 우파세력들 사이에 교육의 가치에 대한 냉소주의가 점차 증가하는 현상 등은 모두 그 지표가 되는 증거들이다. 래그(Wragg) 교수는 다음과 같이 지적한다.

대처 수상이 연말쯤에 교육과학성을 방문해서 모든 이에게 표현할 수 없을 정도로 혹독하게 굴었고, 교육에 쏟은 돈으로

교육이 무엇을 성취했는지 알고 싶다고 해 놓고는 누군가 대답
하려고 하면 들으려고 하지 않아서, 친구이건 적이건 모두 남아
서 믿기지 않는다는 듯 고개를 흔들었다.[32]

　업적급여 제도를 뒷받침하고 있는 감정의 구조도 결국 원점으로
되돌아오게 되었다. 그 영향력은 영국의 한 군 지역의 예를 통하여
볼 수 있다. 베드포드셔(Bedfordshire) 대학교에서 1982년에 발행한
한 보고서에 따르면, 교사의 낮은 사기 때문에 학생들 성적이 떨어
질 것이라고 예상한 수석교사들의 수가 그 군 수석교사의 반에 달
하였다. 교사의 자신감을 위한 예산이 삭감되었을 때 그 효과는 극
적이었다. 그 지역 교육국장은 다음과 같이 보고한다.

　　교사들이 자기 직업의 안정성과 학교의 보안, 재원, 교직에서
　　쌓이는 스트레스 등을 대하면 가장 먼저 자신감을 잃게 된다.
　　일정 수준의 사기를 유지하기가 점차 어려워지고 있다.[33]

　이러한 지적은 그 자체로 보거나 이 책의 구조주의적 관점에서
볼 때나 모두 매우 의미심장하다. 왜냐하면 이 지적은 학교 내의 사
정을 매우 정확하게 지적하고 있을 뿐만 아니라 사람들은 자신이
일부를 이루고 있는 사회적 구조들과 감정의 구조들의 우울한 압력
을 어떻게 경험하고 표현하는가를 명확히 보여 주기 때문이다. 그
러한 분위기 또는 감정의 구조를 정확히 측정할 수는 없지만, 그것
들은 직접적인 개인의 경험에서부터 제도의 분위기를 거쳐 전체 문
화 또는 전체 사회의 일반적인 신념과 가치에 이르기까지 모든 수

준에 걸쳐서 쉽게 증명된다. 우리는 우리 내부에서 그것을 지각할 수 있으며 학급이나 학교에서 그것을 인지할 수도 있다. 또한 그것을 어떤 사회나 문화에서 인식할 수도 있다. 감정의 구조들은 동질적이거나 단순하지 않고 표현방식이 늘 변화하지만, 그것들이 존재한다는 사실과 영향력이 크다는 사실만은 의심할 여지가 없다.

주

1. Roger White & David Brockington (1983). *Tales out of School*. London: Routledge and Kegan Paul.
2. 레이먼드 윌리엄스는 오랫동안 감정의 구조라는 개념을 연구해 왔다. 다음의 논문 모음은 그가 이 개념을 어떻게 발전시켜 왔는지 보여 준다.
   Raymond Williams (1980). *Problems in Materialism and Culture*. London: New Left Books.
3. Raymond Williams (1973). *Drama from Ibsen to Brecht*. Harmondsworth: Penguin Books, pp. 8-10.
4. Raymond Williams (1977). *Marxism and Literature*. Oxford: Oxford University Press, p. 132.
5. 윌리엄스가 말하는 '현존하는' 감정의 구조란 보고 경험하는 새로운 방식을 말한다. 그는 유럽 희곡에 대한 입센의 혁명적 영향력을 현존하는 구조의 예로 든다. 1850~1980년 사이 영국문화 내의 '현존'하는 감정의 구조, 지배적인 구조, 잔존하는 감정의 구조 등은 다음 책에서 분석하고 있다.
   Martin J. Weiner (1981). *English Culture and the Decline of the Industrial Spirit 1850-1980*. Cambridge: Cambridge University Press. 이 책은 산업화에 대한 중류계급의 양면적 가치평가가 영국의 경제침체

를 가져왔다고 강력히 주장한다. 이 책은 영국문화의 감정의 구조에 대한 책이며, 교육에 대해서는 수 페이지만 다루고 있으나 교사들이 깊이 읽어 볼 만하다.

6. Alfred Schutz (1967). *Phenomenology of Social World*. Evanston, Ill: Northwestern University Press.

7. Giddens (1982).

8. Max Weber (1904). *The Protestant Ethic and the Spirit of Capitalism*, reprinted (1952). London: Allen and Unwin.

   다음 책도 참고.

   R. H. Tawney (1926). *Religion and the Rise of Capitalism*. London: John Murray.

9. Schutz (1967). 알프레드 슈츠의 연구는 후설의 '자연적 태도' 개념에 영향을 받은 다음의 책에서 영감을 얻었다.

   Peter Berger & Thomas Luckman (1967). *The Social Construction of Reality*, Harmondsworth: Penguin Books.

10. Giddens (1979), p. 57.

11. White & Brockington (1983), p. 41.

12. David Hargreaves (1967). *Social Relations in a Secondary School*. London: Routledge and Kegan Paul.

13. David Hargreaves (1982). *The Challenge for the Comprehensive School*. London: Routledge and Kegan Paul.

14. Hargreaves (1982), p. 52.

15. Willis (1977).

16. Hargreaves (1982), p. 87.

17. Hargreaves (1982), p. 100.

18. Rex Gibson (1981b). 'Structures of Accountability', in John Elliot *et al.*, *School Accountability*. London: Grant McIntyre.

19. Gerald Grace (1978). *Teachers, Ideology and Social Control.* London: Routledge and Kegan Paul, p. 10

20. Willis (1977).

21. Stephen J. Ball (1981). *Beachside Comprehensive: A Case Study of Secondary Schooling.* Cambridge: Cambridge University Press.

22. Howard S. Becker *et al.* (1961). *Boys in White: Student Culture in a Medical School.* Chicago: University of Chicago Press, pp. 33-34.

23. Michael Rutter *et al.* (1979). *Fifteen Thousand Hours: Secondary Schools and their Effects on Children.* Shepton Maller: Open Books.

24. Rutter *et al.* (1979), p. 142.

25. Rutter *et al.* (1979), p. 205.

26. Christopher Ormell (1980). 'Values in Education', in Roger Straughan & Jack Wrigley (Eds.), *Values and Evaluation in Education.* New York: Harper and Row, pp. 71-95.

27. Ronald King (1978). *All Things Bright and Beautiful? A Sociological Study of Infants' Classrooms.* New York: John Wiley.

28. Department of Education and Science (1967). *Children and their Primary Schools* (The Plowden Report). London: Her Majesty's Stationary Office.

29. Rex Gibson (1979). 'Review'. *Journal of Further and Higher Education,* 3: 2, pp. 78-85.

30. 교육에서 성차별과 인종차별에 대한 방대한 양의 문헌은 이 감정의 복잡성을 보여 준다. 다음 문헌들 참고.

Center for Contemporary Cultural studies (1982). *The Empire Strikes Back: Race and Racism in 70s Britain.* London: Hutchinson.

Len Barton & Stephen Walker (Eds.). (1983). *Race, Class and Education.* London: Croom Helm.

Stephen Walker & Len Barton (Eds.). (1983). *Gender, Class and Education*. London: Falmer Press.

Michelle Stanworth (1983). *Gender and Schooling*. London: Hutchinson.

31. 다음 세 책은 프랑크푸르트 학파의 아이디어들에 대한 좋은 소개서이다.

Held (1982).

Martin Jay (1973). *The Dialectical Imagination*. London: Heinemann.

Raymond Geuss (1981). *The Idea of a Critical Theory*. Cambridge: Cambridge University Press.

32. *The Times Educational Supplement*, 31 December 1982, p. 32.

33. *The Guardian*, 31 December 1982, p. 2.

제6장

구조주의와 문학
Structuralism and Education

제1장에서 소개한 바 있는 케임브리지 대학교의 구조주의 논쟁들은 여러 교사에게 남의 일처럼 관련이 없어 보일 것이다. 별로 유명하지도 않은 프랑스 이론가들과 이론들이 도대체 일상의 학교생활과 무슨 관계가 있단 말인가? 심지어 영어교사들까지도 그 맥케이브(McCabe) 사건은 여러 기록을 작성하고 학교 외부의 여러 시험들에 학생들을 준비시켜야 하는 자신들의 실제 관심과는 관계가 없다고 생각하였다. 그런 교사 중의 한 사람은 이 모든 일이 다른 세계에서 일어나서 국외자들이 관찰하고 있는 것처럼 보인다고 이야기하였다.

……왕족들이나 불러일으킬 만한 매력과 호기심을 가지고

국외자들이 보는 것 같다. 분명히 중요한 문제들이 걸려 있지
만, 보통의 영국 교사들에게 그러한 문제들은 자신의 매일매일
의 실천과는 거리가 먼 것들이었다.[1]

　만약 구조주의라는 것이 교사들에게 이해불가능하고 애매한 것이
라면, 학생들과 학부모들에게는 더욱 그럴 것이다. 많은 사람이 보기
에 학교 영문학에서 요구되는 것들은 이미 자신의 경험 및 흥미와는
거리가 먼 것들이었다. 〈코로네이션 스트리트(Coronation Street)〉
같은 드라마나 〈원시인 코난(Conan the Barbarian)〉 같은 영화, 제
임스 본드(James Bond) 같은 영화 주인공, 『더 선(The Sun)』 같은
연예신문 등은 학교교육과정에 거의 등장하지 않는다. 설령 등장
한다 하더라도 그것들에 접근하는 방식은 자주 적대적이어서 그
같이 광범위하게 향유되는 대중문화의 표현들이 천박스럽고 가
치 없다는 것을 보여 주기 위하여 마련된다. 그 같은 배경에 비추
어 보면, 어떤 오래된 대학에서 벌어진 열띤 문학이론 논쟁은 별 의
미도 의의도 지니지 않는다. 셰익스피어(Shakespeare)는 스컨소프
(Scunthorpe)라는 작은 도시에 자신의 이름을 딴 소박한 거리라도
가지고 있지만, 구조주의에게는 그런 기회마저도 주어지지 않는다.
　그러나 분명한 것은 케임브리지 대학교 영문과 교수들의 논쟁
이 학문적인 찻잔 속의 태풍이거나 흥분 잘하는 샌님들의 편협하
고 지엽적인 말싸움이 아니라는 사실이다. 앞 장에서 살펴본 바와
같이 구조주의는 가장 평범한 것부터 가장 자의식적인 것까지 인
간생활의 모든 영역에 걸쳐 있다. 겉으로는 문학을 가르치는 방법
에 관련된 것처럼 보이는 케임브리지 사건은 훨씬 깊은 뜻을 지닌

다. 문학은 교육에 있어서 중심적이며, 학교교육에서 독서가 아주 중요하지만 구조주의는 보다 근본적인 문제들을 제기한다. 구조주의는 의식의 형성 자체에 관심을 가진다. 즉, 어떻게 우리가 세계를 보게 되는가, 모든 측면에서 어떻게 지금처럼 보게 되는가 하는 문제를 다루는 것이다. 대부분의 교사와 학생들에게는 자신들이 하는 모든 일에 대하여, 자신들이 살고 있는 세계에 대하여 '당연한 것들', '그저 정해진 것들'이 있다. 구조주의의 중요성은 그저 정해진 것들에 의문을 제기하는 데, 우리 활동과 지각의 당연성에 항상 내재하는 상식적인 전제들을 파헤치는 데 있다. 이 장에서는 구조주의와 문학이라는 특수한 사례를 검토해 보려고 한다. 그것은 이 분야에서의 논쟁이 가장 치열해서일 뿐만 아니라(제1장 주1 참고) 학교교육에서 문학의 중요성 때문에, 그리고 문학에서의 구조주의적 방법이 사회생활 자체를 이해하는 데 유용한 비유를 제공해 주기 때문이다.

구조주의와 문학과의 관계는 문학연구의 서로 다른 접근 방법들 맥락 내에서 이해되어야 한다. 이 접근법들은 크게 네 가지로 나누어 볼 수 있는데 이 모두는 대학 수준에서 실천되고 있는 것들로 학교에서의 문학교육에서는 전혀 다르게 나타난다. 첫째는 대학에 영문학과가 설립되기 이전까지 거슬러 올라가는 오랜 역사를 가지고 있는 원전연구로, 저자가 원래 썼던 내용을 규명하려고 시도하는 꼼꼼한 연구 방법이다. 셰익스피어(Shakespeare)는 그 고전적인 예이며, 셰익스피어 희곡 편집자의 서문을 누가 쓴 것이든 잠깐만 살펴보면 이러한 원전연구 작업의 규모와 어려움과 간학문성(間學問性)이 드러난다. 다음과 같은 유명한 예는 이러한 접근법에 포함

된 문제들을 예시해 준다. 햄릿이 말하는 것이 '튼튼한(solid)' 육체
일까, '더럽혀진(sullied)' 육체일까, 아니면 '튀어나온(sallied)' 육체
일까? 이러한 원전의 원래 의미를 규명하려는 관심은 전문적인 학
자와 연구자들의 활동 중의 하나이다. 그것은 대학의 학부생들 일
은 아니며 학교에서 학생들의 활동과도 관계가 없다. 그 학생들에
게 원전은 그저 주어진 것일 뿐이다.

　1920년대의 산물인 두 번째 접근법은 리처즈(I. A. Richards)가 시
작했다고 알려져 있고 리비스(F. R. Leavis)의 연구와 많은 연관을
맺고 있는데, 교육의 모든 수준에 영향을 미쳐 온 연구 방법이다.
그것은 문학과 인간의 만남, 텍스트에 대한 반응이라고 부를 수 있
다. 이 접근법은 리처즈의 실천비평이 이끌었던 접근법이며 개인
이 (가장 전형적으로) 시, 또는 소설이나 희곡에 접했을 때 어떻게 반
응하는가에 관심을 갖는다. 실천비평에서는 텍스트에 정밀한 초
점을 맞추어 검토하면서 감성과 지성이 독특하게 결합하여 판단과
평가를 만들어 낸다. 이러한 접근에서 중요한 개념들은 '정통성',
'성실', '비판적 인식' 등이다. 이 비평의 전제는 개인의 감정과 작
품의 질 사이에 상관관계가 있다는 것이다. 따라서 작품에 대한 반
응도 원전 자체도 모두 그것의 깊이, 진실성, 인간성 등에 입각하
여 평가될 수 있다. '교육받은 독자'의 반응은 어느 정도 더 진실되
고, 보다 예리하며 더욱 정통성이 있어서 작품을 식별할 수 있는 능
력이 더욱 증대되며 위대한 작품에 감응하는 능력이 커진다. '위대
한 작품들'이야말로 이 접근법의 중심적이고 논쟁 여지가 없는 초
점이 되며, 이 접근법 자체로 그러한 위대한 작품들을 찾아낼 수 있
다. 원전(그리고 그에 대한 반응)의 도덕적 가치가 꼼꼼하게, 자세하

게 드러나므로 '문학'과 '위대한 작품들'은 호환적으로 사용할 수 있는 용어가 된다. 조지 엘리엇(George Eliot)과 헨리 제임스(Henry James)는 대표적인 인물들이며, '재평가(리비스의 책 제목 가운데 하나가 '재평가'인 것은 의미심장하다)'에 의하여 다른 사람들(특히 로렌스D. H. Lawrence, 엘리엇T. S. Eliot)의 작품들도 이러한 고전으로, 영문학의 '위대한 전통'에 속하는 것으로 인정된다. 독자와 텍스트의 만남은 도덕적인 만남이며 공간적·시간적 환경을 초월하는 만남이다. 이 접근법의 가장 '순수한' 형태(예를 들어, 리처즈의 『실천비평Practical Criticism』이라는 책에서처럼)에서는 학생들에게 텍스트 한 권만 (저자나 날짜 또는 다른 정보에 대한 언급 없이) 주어지고 거기에만 반응하도록 요구되므로 역사와 맥락과 저자는 모두 사라져 버린다. 이러한 만남은 시와 독자의 감수성 사이의 독특한 만남이어서 감수성이 예민할수록 시에 대한 판단은 더욱 세련되고 예리해지며 평가는 더욱 진실해진다. 문학에 해당하는 영어의 'Literature'에서 대문자 'L'은 다른 천박하고 세속적인, 또는 사소한 작품들을 이 범주의 작품들과 구별한다.

이 두 번째 접근법에서 사용하는 언어들은 일상적이고 대화적이며 비전문적이어서 이론은 회피된다. 더 나아가서 이론이 거부되고 멸시된다. 이론은 불필요하며 독자와 텍스트의 가운데에서 독자의 반응을 오염시키고 상식을 방해한다. '이건 이래, 그렇지?' 하는 것이 리비스의 실천적이고, 실제적이며, 반이론적(反理論的)인 방법이었다. 그러나 이 접근법이 점점 발전함에 따라 그러한 반응들로부터는 다른 시들, 그 작품을 썼다고 가정할 만한 다른 작가들, 그리고 다른 역사적 배경들과의 비교를 계속 끌어내기가 불가능하다는 것이 밝혀졌다. 따라서 어떤 시나 희곡이 위치하는 맥락이 더 많은 주목을 받게 되었다. 그럼에도 불구하고 텍스트 자체에 대한 강조는 달라지지 않아서 문학작품이 '전경(前景)을 이루고' 역사와 사회는 '배경에' 머무르고 있었다. 사회에 대한 지식이 중요하더라도 그 까닭은 그것이 텍스트에 조명을 던져 주기 때문이었다. 엘리자베스 여왕 시대의 영국을 이해한다면 셰익스피어 작품에 대한 우리 반응이 풍요로워지기는 할 것이지만, 그럼에도 불구하고 텍스트 자체는 초월적이므로 안목을 갖춘 지성과 감성으로만 접근할 수 있는 것이었다. 이 접근법에서는 문학 자체를 문학연구의 고유한 대상으로 삼는다. 문학이란 어떤 목표를 위한 수단이 아니고 사회를 이해하기 위한 도구도 아니며, 그 자체로 목적이기 때문이다. 이러한 접근법이 교육에 주는 여러 시사점이 지적되었는데, 이 접근법에 따르면 문학작품 읽기는 도덕적 발달과 서로 밀접히 관련되며 상호의존적이기 때문이다. '참된' 읽기에 의하여 나타나는, 즉 작품에 적절히 반응함으로써 드러나는 예술작품(소설, 희곡, 시)의 도덕성은 교육과 같은 뜻이 되며, 그 도덕성이 바로 교육의 목표인 것이다. 고등교육과 일반 학교교육의 두 수준 모두에서 이러한 접근법은 영문학 연구에 가장 강력한 영향력을 발휘해 왔다.[2]

세 번째 접근법은 문학과 역사, 문학과 사회의 균형을 깨뜨린다. 전통적인 문학연구와 인간반응 접근법에서는 역사적·사회적 증거들을 텍스트 자체를 위하여 사용하였지만 그러한 관계는 이제 바뀌게 된다. 문학을 연구하는 까닭은 사회 내에서 문학의 역할과 기능을 밝히고, **문학 자체의 형식**과 다른 사회적 형식 간의 상관관계를 발견하며, 문학이 **사회에 대하여** 무엇을 말해 줄 수 있는가를 찾아내기 위한 것이다. 이 접근법에서 사용되는 언어는 주로 여러 사회과학에서 사용하는 언어에서 빌려온 것들이다. 인간반응 접근법과는 크게 대조적으로 이 접근법은 이론(특히 마르크스주의 이론)을 선호한다. 이 접근법 가운데 가장 강경한 이론에서는 문학연구를 사회분석 도구의 하나로 사용한다. 문학은 '신비'와 '예술'의 껍질을 벗어 내 버림으로써 그 명예로운 지위를 잃게 되는 것이다. 문학은 사회를 이해하는 수단이 될 뿐만 아니라 사회를 개선하고 사회에 봉사하는 수단이 된다. 몇몇 마르크스주의적 접근(그러나 모든 마르크스주의 문학이론이 다 그런 것은 아니며 분명히 마르크스 자신의 입장도 아닐 것이다)은 이 후자의 입장을 취하는데, '예술 자체를 위한 예술'은 더 이상 수용되지 않으며 '사회를 위한 예술'만이 허용된다. 예를 들어, 디킨스(Dickens) 작품은 우선적으로 빅토리아 시대 자본주의를 비판하기 위한 도구로서나 쓸모가 있게 된다. '인간반응' 학파라면 그런 활동에는 별로 관심이 없을 것이다.

그러나 문학과 사회와의 관계는 오랫동안 영국 문학비평의 전통에서 중요한 특징 가운데 하나였다. 예를 들어, 리비스의 저술들은 도덕적·사회적 비평이라고 유형화되는데, 이러한 유형의 비평은 '유기적' 사회란 어떤 것인가에 대한 특정 견해에 기초하고 있다. 리비스는 사회적 건강이라든가 정의로운 관계라는 개념들의 영향을 받아서 문학을 곧 사회비평과 같은 것으로 보았다. 제인 오스틴(Jane Austen)과 조지 엘리엇(George Eliot)은 그 당시 사회적 관행의 위선을 드러내 주었다. 그러나 리비스가 보기에, 아직까지 문학연구를 지배하고 있는 전통에서는 사회와 역사보다는 문학이 확고한 전경(前景)에 위치하여 강조된다. 이와는 대조적으로, 문학과 사회의 균형관계를 바꾸어 급진적으로 표현한 예들을 테리 이글턴(Terry Eagleton)과 아놀드 케틀(Arnold Kettle), 그리고 버밍햄(Birmingham) 대학교 현대문화연구소의 최근 연구들에서 찾아볼 수 있다. 그러나 문학의 순수성과 독립성을 존중하면서도 문학과 사회의 균형관계를 변경시키는 데 많은 업적을 쌓은 사람은 레이먼드 윌리엄스(Raymond Williams)이다. 문학과 사회의 관계에 대한 그의 탐구는 정밀하면서도 세련되고 급진적이며 독창적이다. 문학과 사회의 관계 연구라는 신선한 분야를 개막하는 데 있어서 그만큼 영향력을 끼쳐 온 사람은 없다. 문화형식들에 대한 관심, 그리고 그 문화형식과 물질적·이데올로기적인 사회형식 사이의 관계에 대한 그의 오랜 관심은 영국에서 문학연구의 본질에 대한 연구의 방향이 변화하고 있음을 확실히 보여 준다.[3] 일반 학교에는 사회비평이라는 전통과, 문학적 가치를 특정의 사회가치('벌고 나서 써 버리고, 이처럼 우리는 우리의 능력을 황폐화시킨다'는)에 대립시키는 전통(주로 리비스의 영향에 기인하는 전통)이 확립되어 있다. 소비주의와 대중매체에 대한 적개심과 심지어는 자연과학에 대한 반감까지도 영국 일반학교의 문학교육을 특징짓는다. 그럼에도 불구하고 마르크스주의적 분석이나 사회형식과 문학형식 사이의 관련성에 대한 연구 등 더욱 급진적으로 비판적인 접근법들은 일반 학교교육의 영역 내에는 별로 다루어지지 않는다. 그러한 접근법들은 고등교육 단계에 와서야 다루어지며 강한 반대 입장들과 자주 충돌하게 된다.

영문학 연구의 네 번째 접근법은 문학의 내적인 체제와 내적인 작동기제에 관심이 있는 접근법으로 '이 텍스트는 어떻게 작동하는가?', '이것은 어떤 종류의 텍스트인가' 등의 질문을 던진다. 이 접근법은 문학만의 독특한 관례, 장르, 개념, 방법론 등을 확인하여 문학의 세계를 분석한다. 이 접근법은 매우 오랜 전통을 지니고 있다. 고전 시대와 르네상스 시대에 대단히 중시되었고 오랫동안 학교 교육과정의 중요한 흐름 가운데 하나였던 수사학 연구가 이 접근법의 원조이다. 그 한 형태는 학교 내에서 살아남아 아직도 번창하고 있다. 실천비평을 접한 수 세대의 수험생들이 리듬, 운(韻), 암송(暗誦), 형상화(形象化), 연상(聯想), 운문형식(韻文形式) 등등이 시의 효과에 어떻게 공헌하는가, 또는 줄거리 구성, 인물, 관점 등등이 어떻게 소설에 영향을 주는가를 설명하려고 애써 온 것이 그것이다. 이러한 형태에 있어서는, 이 네 번째 접근법이 두 번째 인간반응 접근법을 보완하면서도 인간반응 접근법보다는 덜 중요하다고 주장된다. 확인된 문학적 장치들은 해당 작품의 풍요로움에 공헌할 것이기는 하지만 그 작품의 도덕적 심각성, 작품의 상상력, 그리고 작품을 읽는 우리의 즐거움은 그 같은 기제를 초월한다. 실제로 그런 문학적 기교들을 강조하는 대부분의 교재는 직관적이며 '진정한' 독자 반응의 중요성을 인정하여 약간은 변명하듯 문학적 기교들을 내세우는데, 마치 "우리는 분석한답시고 생명을 죽인다네"라는 워즈워스(Wordsworth)의 시 구절에 고개를 끄덕이는 듯하다. 이와 같이 대부분의 학생이 경험하듯, 이 접근법은 인간반응 학파가 선호하는 입장, 즉 위대한 작품들을 칭송하고 공경하는 입장을 보완한다. 이 네 번째 접근법은 이론과는 별로 관계가 없으며 전통적 접근 형태에서는 '문학'의 본질을 위협하지 않는다. 문학이란 일반적으로 인정되는 몇몇 한정된 영국 작가의 작품 목록을 의미

한다고 무비판적으로 받아들일 뿐이다.[4]

그러나 네 번째 접근법의 또 다른 형태는 위협적이며 급진적이고 심지어는 파괴적이기까지 하다. 그것은 문학적 구조주의로, 문학을 찬양하거나 도덕적 가치에 대한 판단을 내리지도 않으며 무엇을 문학으로 간주할 것인가에 관한 전통적인 개념들에 의문을 제기한다. 또한 인간반응과 직관, 그리고 평가 등에는 관심이 없으며 문학을 가능하게 하는 **체제**에 관심을 가진다. 그러나 영국의 문학 교사 대부분은 리비스 전통, 즉 기존의 '위대한 작품들'에 대한 상식적이고 정중한 접근, 텍스트에 자세한 초점을 맞추는 비이론적 접근의 전통에 길들어 있다. 따라서 대부분의 영문학 교사들은 그러한 동향들뿐만 아니라 구조주의 특징인 매우 의식적인 이론화를 대단히 회의적으로 평가한다.

문학적 구조주의

문학적 구조주의에는 많은 종류가 있다. 구조주의라는 것은 구시대에 속한다는 듯이 '후기 구조주의'를 이야기하는 것은 멋진 유행이기는 하나 부적절한 유행이다. 제1장에서 보았던 것처럼, 구조주의는 유럽 본토, 특히 프랑스에서 번성한 지적 운동인데, 프랑스에서는 이론에 대한 태도가 영국에서보다 훨씬 더 긍정적이다. 1975년에 출판된 조나선 컬러(Jonathan Culler)의 『구조주의 시학(Structuralist Poetics)』이라는 책은 영국과 미국에서 가장 영향력 있는 구조주의 소개서이다. 1980~1981년의 유명한 케임브리지 대

학교 맥케이브 사건에 의하여 구조주의가 보다 광범위한 대중의
관심을 끌기 전까지, 구조주의에 대해서는 대학의 몇 안 되는 비평
가들과 학자들만 적극적으로 관심을 가졌을 뿐이었다. 아마 그중
에서 가장 잘 알려진 사람들은 프랭크 커모우드(Frank Kermode),
데이비드 롯지(David Lodge)와 제프리 스트릭랜드(Geoffrey
Strickland)일 것인데, 이들은 구조주의 연구에 특히 영국적인 감수
성을 가미하여 구조주의의 한계와 가능성을 보여 주었다.[5] 맥케이
브 사건에 세간의 이목이 쏠린 것은 뜻밖이었으며, 1982년까지 케
임브리지 대학교 영문학 교수이었던 커모우드의 당시 지적처럼 ‘문
학이론이 약간 당황스러울 정도로 뉴스거리가 되고 있었다’. 부드
러운(다시 말하면, 영국식의) 형태의 문학적 구조주의란 어떤 것일까
에 대하여 재미있는 통찰력을 얻고자 하는 독자들은 「오이디푸스:
또는 내러티브의 이론과 실제(Oedipuss: Or the Practice and Theory
of Narrative)」[6]라는 롯지의 에세이를 읽어 봐야 할 것이다. 여기서
롯지는 자신의 한 단편소설을 검토하여 그 구조가 오이디푸스 이
야기의 구조임을 발견한다. 휴가를 계획하는 어떤 가족이 고양이
를 남겨 두고 이웃에게 고양이 밥을 주도록 부탁하려 한다. 남편이
고양이 먹이를 사서 돌아오는 길에 사고로 고양이를 치어 죽인다.
롯지는 아버지를 살해하지 않으려고, 그리고 어머니와 결혼하지
않으려고 코린트를 떠나지만 바로 그 행위 때문에 숙명적으로 두
가지 범죄를 모두 저지르는 오이디푸스의 전설이 자신이 쓴 소설
줄거리와 비슷하다는 사실에 충격을 받는다. 롯지 소설의 남편-
아버지는 고양이를 살려 두려는 자신의 행동(음식물을 사는 것)으로
인하여 고양이를 죽게 한다. 롯지는 이와 같은 대응관계(자신이 그

이야기를 쓴 이후에 발견된)와 다른 구조주의적인 요소들에 영감을 얻어 다음과 같이 결론을 내린다.

> ……인간이 언어를 말하는 것이라기보다는 언어가 인간을 말하는 것이며, 작가가 내러티브를 쓴다기보다는 내러티브가 작가를 쓴다.

그와 같은 구조주의적 주장('언어가 인간을 말한다'거나 '이야기가 작가를 쓴다' 등)은 리비스 추종자들에게는 저주이다. 구조주의에서 말하는 주체의 탈중심화가 여기에서 완전하게 실현되고 있음을 볼 수 있다. '인간반응' 학파가 강조하는 개인, 천재, 창조성은 정면으로 부정된다. 학교교육 영역으로 번역되었을 때 이 주장은 '사회가 학생을 결정한다', '학교교육이 교사를 만든다' 등이 된다. 그러나 롯지의 연구가 흥미로운 점은, 그가 특정 작품들을 고찰함으로써 구조주의적 방법이 어떻게 통찰력을 제공해 주는가를 보여 주는 등 실제로 문학의 구조주의 분석에 참여하기 때문이다. 이것은 실제로 구조주의를 실천하기보다는 구조주의에 대한 이론화에 더 관심을 가지는 많은 구조주의적인 문헌과 대조된다. 무엇보다도 구조주의란 작품의 의미, 가치 또는 해석보다는 그 작품이 쓰이도록 해 준 장치들에, 다시 말하여 구조적 특징들에 관심을 가지는 하나의 방법론임을 롯지는 보여 준다. 보다 열성적이며 독단적이라고까지 할 만한 유럽 구조주의자들과 롯지의 차이는, 그의 저술이 지나치게 전문적인 용어를 사용하지 않고 있어서 쉽게 읽을 수 있을 뿐만 아니라 그가 자신의 비평에서 의미, 해석, 가치의 문제를 피할 수 없음을 인정하고 있기 때문이기도 하다. 그의 저술을 로만 야콥슨(Roman Jakobson)이나 자크 데리다(Jacques Derrida)의 저술과[7] 비교해 보면 문학에 대한 구조주의 접근법의 광대한 범위가 드러난다. 문학적 구조주의는 매우 다양하지만 제1장에서 확인된 구조주의의 특징들을 참고함으로써 가장 쉽게 이해할 수 있는데, 강조의 차이는 있지만 이 특징들은 어느 형태의 구조주의에서든지 존재하는 것이다. 지금부터 문학적 구조주의가 전체성, 자기조절, 변형, 관계, 공시적 분석, 그리고 주체의 탈중심화 등의 개념을 어떻게 수용하고 있는가를 살펴보자. 주체의 탈중심화라는 마지막 요소는 후기 구조주의 또는 해체주의에 대한 논의로 이어질 것이다.

전체성

구조주의는 문학을 체제나 구조로 간주하며, 스스로의 관습과 전통을 지니고 있어서 문학 자체에 입각하여 설명될 수 있는 전체성으로 간주한다. 이 전체성은 개개의 작가, 독자, 텍스트보다 우선한다. '이야기가…… 작가를 쓴다'라는 롯지의 주장이나, 또는 가브리엘 조시포보치(Gabriel Josipovoci)의 '존 밀턴(John Milton)과 똑같이 장르도 리시더스(Lycidas; 밀턴이 죽은 친구에 바친 시)[8]에 책임을 진다'라는 이야기는 모두 개개의(말하자면, 작가의) 행위를 지배하는 전체, 전체성에 관심을 기울이고 있는 것이다. 문학적 구조주의의 임무는 이와 같이 문학이라는 폐쇄된 세계 내에서 문학을 문학으로 작용하게 해 주고 작가가 작품을 쓸 수 있도록, 독자로 하여금 읽을 수 있도록 해 주는 관습, 장치, 방법 등을 확인하는 것이다.

전체를 이루는 구조화된 요소들은 구성, 인물, 상징 등 친숙한 것일
수도 있고 코드나 이항대립 등과 같이 덜 친숙한 것일 수도 있으며
은유와 환유의 원리일 수도 있다. 그와 같은 구조들은 문학 장르 내
의 분류나 장르들 사이의 분류, 기본적인 극적 상황의 확인, 동화와
신화의 구조 드러내기, 내러티브의 법칙과 기능 찾아내기, 기호나
언어가 실재의 환상을 창조하여 의미를 전달하는(구조주의자들은
이를 그럴듯함vraisemblance이라고 부른다) 여러 방법을 보여 주기 등 모
든 구조주의 활동의 기초를 이룬다. 이 모든 것은 소쉬르(Saussure)
의 랑그, 즉 언어를 가능하게 해 주는 전체에 비유된다.

자기조절

구조주의자들이 의미가 아니라 방법을 찾으려고 하는 것은 기호
의 자의적 특징이라는 소쉬르의 개념 때문이다. 구조주의자가 문학
적 표현들을 지배하는 법칙을 추적할 때, 문학 바깥의 세계와 관련
짓지 않고 문학이라는 전체성 내에서만 추적하는 것이 가능하다.
조나선 컬러는 다음과 같이 말한다.

> 구조주의는 의미를 발견하거나 의미를 부여하는 비평이라기보
> 다는 의미의 조건들을 한정시키려고 하는 시학(詩學)일 것이다.[9]

이 의미의 '조건들'은 당연히 다른 텍스트들에서, 문학 자체의 장
르들과 관습들에서 찾아져야 할 것이다.

……분석가의 임무는 자료를 단순히 기술하는 것이 아니라, 그 자료의 항목들이 체제의 규칙과 규범들을 받아들인 사람들에게 어떤 구조를 지니며 어떤 의미를 지니는가를 설명하는 것이다. …… 그 기본적인 임무는 확인된 결과를 만들어 낸 원인이 되는 관례들을 가능한 한 명백하게 드러내 주는 것이다.[10]

앞의 인용문에는 **자기조절**이라는 개념이 명백히 들어 있는데 문학의 관례들이 그 결과의 '원인이 되기' 때문이다. 구조주의는 문학의 '문학다움'에 관심을 가지고 있다. 개별 텍스트들과 문학이라는 전체 체제를 작동시키는 문학적 법칙들, 문학적 양식들, 문학적 장치들을 중요하게 여긴다. 로만 야콥슨의 형식주의 분석은 그러한 관심으로부터 나온 것이다. 다음은 셰익스피어의 소네트 129 「영혼의 대가(代價; Th' expense of Spirit)」에 대한 분석이다.

네 개의 절(節) 단위는 세 종류의 이항대립 관계를 보여 준다. 첫째는 변경(abab)으로, 홀수의 두 절(I, III)을 묶고 그다음 서로 묶여 있는 짝수의 절들(II, IV)과 대립시킨다. 둘째는 테 두르기(abba)로, 둘러싸는 바깥쪽 절(I, IV)을 묶어서 둘러싸여 서로 관련되어 있는 안쪽의 절(II, III)에 대립시킨다. 셋째는 이웃하기(aabb)로, 서로 대립된 앞쪽의 절 한 쌍(I, II)과 뒤쪽의 절 한 쌍(III, IV)을 만든다.[11]

또한 이항대립 관계로 정리되어 있는 장(章)의 제목들도, 그것들이 '짝수와 홀수', '안쪽과 바깥쪽', '앞쪽과 뒤쪽', '2행대귀(二行對句)

와 4행시' 등 밑에 깔려 있는 구조들을 보여 준다고 주장하고 있어서 야콥슨이 이론을 구성하는 데 전념하고 있음을 드러내 준다. 어떤 텍스트이든지 구조에 종속된다. 어떤 텍스트이든지 그 구조의 결과이며 이와 같은 야콥슨의 분석 작업은 문학적 담화를 지배하는 코드들을 드러내려는 작업 가운데 하나이다. 이런 작업을 통해서 어떤 작가의 작품을 지배하는 특정한 자기조절 구조 또한 찾아낼 수 있다. 예를 들어, 헨리 제임스(Henry James)의 단편소설 『카펫의 무늬(The Figure in the Carpet)』에 나오는 복잡한 페르시아풍 카펫 무늬를 찾으려고 하는 츠베탕 토도로프(Tzvetan Todorov)의 노력이 그 예이다. 토도로프는 '이 단편소설의 무늬(figure; 도안, 디자인, 도식, 구성)가 제임스의 모든 작품에 등장하므로, 작품의 모든 것을 지배하는 기초적인 구성인 헨리 제임스의 카펫 무늬를' 찾아내려 한다. 토도로프는 제임스의 모든 이야기를 조사하여 이 '불변의 요소'를 발견하고는 다음과 같은 구조주의적 공식을 자신 있게 내놓는다. 그것은 '절대적이며 부재하는 원인에 대한 추구가 제임스의 이야기들의 근거가 된다'[12]는 것이다.

변형

구조주의자들은 **변형**이 어떻게 일어나는가를 설명하기 위하여 개개의 작가들이 사용하는 이 같은 '기초적인 구성들'을 찾아내며 또한 문학 자체를 위한 그 내적인 법칙과 기제들에 의존한다. 개개의 작가는 자신의 작품이 전개되어 나감에 따라서 특정의 개별구조와 일반적인 구조의 지배를 동시에 받는다. 그와 같은 구조들이 변화를 보장한다. 문학이라는 전체성 내에서 실천과 관례들은 모두 변화하는데, 그것은 문학도 스스로 문학에 관한 논평을 할 수 있듯이 스스로 변화해 가는 내적인 역동성이 존재하기 때문이다. 문학 체계에 의하여 변형이 생기는 것이 작품과 다른 작품들 사이의 변증법적 관계이다. 문학은 변화의 기제를 갖추고 있으며 그 스스로의 생명력을 지니고 있다. 구조주의자들에게 문학이란 스스로 변형을 이루어 가는 능동적인 기호체계이다. 셰익스피어의 저술활동을 가능하게 해 주었던 당시의 문학적 관례들, 그의 저술활동으로 인하여 변형된 관례들을 통하여서만 셰익스피어는 설명될 수 있다. 마찬가지로 모더니즘은 19세기 소설로부터 생겨난 것이다. 모든 것은 문학적 실천을 지배하면서 계속성과 변화를 동시에 보장하는 심층구조의 지배를 받는다. 변형이라는 개념은 텍스트를 쓰는 일에만 국한되지 않으며 읽기 행위 자체에도 핵심이 된다. 구조주의에 따르면 각각의 독자는 텍스트를 새롭게 재구성한다. 다음과 같은 러더포드(Rutherford)의 독서에 관한 언급에는 피아제(Piaget) 이론의 색채가 넘친다.

독서란…… 텍스트의 여러 가능성이 독자의 기대 및 요구들과 만나는 것이다. …… 독서는 수동성, 수용, 관조가 아니라 행동이며 구성이고 놀이이다.[13]

그러나 구조주의자들에게 있어서 그 같은 행위들은 구조적 법칙 내에서 발생하는 것이며, 그 법칙들의 결과물이다. 체제와 개인 수준 모두에서 변형이 발생하며 이 두 수준 모두 이 법칙들의 지배를 받는다.

관계

모든 구조주의자의 저술들에서는 문학이라는 전체성 내에 존재하는 관계에 대한 강조가 발견된다. 다른 분야의 구조주의적인 분석과 마찬가지로 문학에 대한 구조주의적인 분석은 개인이나 사물들이 아니라 단어와 언어의 관계, 그리고 텍스트가 장르, 관습, 장치와 지니는 관계, 즉 문학이라는 전체성과의 관계에 관심을 가진다. 「리어왕(Lear)」과 「성난 얼굴로 뒤돌아보라(Look Back in Anger)」와 같은 작품은 모두 그것들의 구조적인 기원에 의하여 설명되어야 하는 것이다. 토도로프의 이야기처럼 '구조주의는 하나의 과학적 방법으로, 비인격적인 법칙과 형식에 대한 관심을 포함하는데 현존하는 대상물은 단지 그러한 법칙과 형식이 실현된 예일 뿐이다'.[14] 요소들은 그들 사이의 관계를 통해서만 의의를 지닌다는 원리에 따라서, 문학적 구조주의는 특정 텍스트와 문학을 구성하는 형식들과의 관계를 찾는다.

데리다의 아이디어를 차용하여 말한다면, 문학적 구조주의는 존재에 의미를 부여해 주는 그러한 부재를 추구하는 것이다. 이러한 '부재의' 네트워크 안에는 작가로 하여금 작품을 쓸 수 있도록 해 주고 독자가 읽는 것을 가능하게 해 주는 심층구조가 존재한다. 다시 한 번, 관계에 대한 이러한 강조에서 우리는 의미와 해석에 대한 무시를, 심지어는 폐기까지도 발견할 수 있다. 다음 인용문에서 컬러가 직접 기술하고 있는 구조주의자의 우선 과제들에 대하여 리비스의 전통 내에서 성장한 영국 비평가들과 학자들이 그토록 강하게 반발하는 까닭을 어렵지 않게 짐작할 수 있다.

……물리적 대상이나 사건이 의미를 갖도록 해 주는 관례들을 재구성하는 일…… 요소들 사이의 적절한 구분과 관계들을 공식화하고 요소들 간의 결합 가능성을 지배하는 규칙들을 공식화하는 일…… 어떤 결과의 의미를 찾거나 그 결과를 새롭게 해석하는 것이 아니라 그 사건 밑에 깔려 있는 체제의 본질을 가려내려 하는 것.[15]

공시적 분석

이와 같은 '체제'는 순간촬영으로(또는 공시적으로) 연구되어야 한다. 과거보다는 현재가 중시되며, 페이지 위의 단어들이 서로 어떻게 관계되고 문학적 장치들을 통하여 텍스트가 어떻게 현실화되는가에 대한 연구는 결과적으로 역사를 추방해 버린다. 구조주의는 변형을 강조하기는 하지만 문학도 소쉬르의 랑그처럼 특정 '순간'에 그리고 특정 순간으로 존재하는 전체성으로 개념화되어야 한다고 강조한다. 이러한 순간들은 관계들의 전체 네트워크를 포함한다. 텍스트를 쓰고 읽을 수 있도록 해 주는 작동기제는 공시적 분석을 통하여 '존재하게' 되는데, 이 공시적 분석 내에서 과거는 현재에 통합되어 문학이라는 네트워크 내에 구현된다. 그러나 어쨌든 그것은 이론일 뿐이다. 실제로 그러한 이상적 분석을 완수한 구조주의자는 거의 없으며, 영국의 구조주의 실천가들 중에는 분명히 아무도 없다.

주체의 탈중심화

가장 급진적인 형태의 구조주의는 역사뿐만 아니라 작가와 독자 또한 추방해 버린다(텍스트를 읽을 때마다 독자가 텍스트를 재창조한다고 강조하기는 하지만). 쥘리아 크리스테바(Julia Kristeva)는 다음과 같이 주장한다.

> 읽는 것은 더 이상 '나'가 아니다. 규칙, 눈금, 조화라는 비인격적인 시간이, 독서 후에 파편화되어 있는 '나'를 대신한다. 그것이 읽는 것이다.[16]

앵글로 색슨 사고방식으로는 이와 같은 이야기를 이해하는 데 어려움을 느낄 것이다. 이 주장은 영국인들의 경험 및 당연한 가정들과는 동떨어져 있다. 크리스테바의 주장과 이에 대한 컬러의 다음과 같은 지적은 상식이라는 것에 대한 우리 생각과 정체성에 대한 우리의 느낌을 크게 위협한다.

> 읽는 주체는 일련의 관습, 규칙성과 상호주관성의 망으로 구성되어 있다. 경험적인 '나'는 읽기 행위에서 역할을 대신 떠맡는 이러한 관습들 사이로 분산되어 버린다.[17]

여기에서 우리가 발견할 수 있는 사실은 다른 구조주의와 마찬가지로 문학적 구조주의는 정확하게 그리고 필연적으로 **주체를 탈중심화**시켜 버린다는 것이다. 체제의 우선성을 부여하는 데 치러야

할 대가는 개인의 종속화, 심지어는 개인의 실종이다. 작가와 독자
는 문학이라는 구조의 단순한 행위자, 즉 문학적 코드들의 수동적
인 도구가 되어 버린다. 캐서린 벨시(Catherine Belsey)는 다음과 같
이 지적한다.

> 롤랑 바르트(Roland Barthes)는 특히 작가의 사망을 선언
> 한 바 있으며, 자크 라캉(Jacques Lacan), 루이 알튀세르(Louis
> Althusser), 자크 데리다는 모두 주체성에 대하여, 즉 개인의 정
> 신 또는 내적 존재가 의미와 행위의 원천이 된다는 인간주의적
> 가정에 대하여 서로 다른 면에서 의문을 제기하였다.[18]

작가의 의도나 환경은 관심을 끌지도 못하고 적절하지도 않으므
로 인간이 아니라 기호가 지배적이다. 작품이 체제에 속한다면 작
가가 아무리 천재라도 그 체제의 코드와 관습을 따라야 한다는 사
실이 뒤따르기 때문이다. 작가의 작품은 문학 자체라는 전체성이
허가하고 창조하는 한에서만 존재한다.

후기 구조주의

방금 살펴본 탈중심화에서 우리는 해체주의자들의[19] 구조주의,
독자 대부분의 상식적인 가정에 명백히 어긋나는 후기 구조주의를
감지한다. 이 책을 읽는 대부분의 독자들은 시나 희곡이나 소설을
통해 작가가 어떤 이야기를 하고 자신을 표현하려 한다고, 어떤 식

으로든 인간의 본성과 세계에 대하여 진리를 이야기함으로써 독자가 작가의 통찰력과 지각력을 파악하고 나누어 가질 수 있다고 가정한다. 그와 같은 단순한 상식은 자신들의 이론화를 이전에 정해진 어떤 한계 너머로 확장시키는 후기 구조주의자들로서는 받아들일 수 없는 것이다. (흥미로운 사실은 데이비드 롯지 교수와 같은 구조주의의 옹호자들까지도 자신이 최근의 수많은 구조주의적 텍스트로 인하여 혼란스럽다고 선언한다는 것이다─보통의 독자에게는 약간 위안이 될 수 있을까!) 이와 같은 구조주의적 사고의 가장 급진적인 요소는 텍스트의 내적인 장치에 대립되는 텍스트의 의미에 관심도 없을 뿐만 아니라 어떤 객관적 의미의 가능성 자체를 부정한다. 다른 모든 구조주의처럼 후기 구조주의 또한 여러 이질적인 학문동향을 이르는 말이기는 하지만 우리는 네 가지 요소를 가려낼 수 있는데, 폐쇄적인 체제의 강조, 의미의 다원성 강조, 진리 주장의 불가능성 강조, 그리고 의미 자체의 불가능성에 대한 강조 등이다.

체제의 자기 폐쇄적인 특성은 이제 우리에게 익숙한 아이디어이다. 이 특성은 패션과 문학에 대한 바르트의 다음 글에서 살펴볼 수 있다.

> ……(패션과 문학은) 체제들이며, 이 체제의 기능은 그 체제보다 먼저 존재하는 의미, 밖으로부터 주어진 어떤 객관적인 의미를 전달하는 것이 아니라 기능하는 평형성, 의미를 만드는 활동을 창조하는 것이다. …… 이 체제는 아무것도 '의미하지 않는다'. 그 체제의 본질은 그 체제가 무엇을 의미하는가에 있는 것이 아니라 의미화의 과정에 있다.[20]

여기에서 문학은 기호학에 의하여 대치되는데, 글쓰기란—셰익스피어이든 광고문구이든 혹은 어떤 글쓰기이든—기호체계의 다른 부분일 뿐이며 그 기호들이 어떻게 작동하는가는 연구를 통해서 발견될 수 있다.

위대한 문학은 풍요로움, 즉 많은 해석을 제공해 준다는 생각과 함께 성장해 온 영국 독자들에게 의미의 다원성이라는 개념은 익숙해서 받아들일 만한 생각으로 보이기도 할 것이다. 우리는 결코 셰익스피어를 완벽하게 읽을 수는 없다. 그러나 후기 구조주의자들은 그보다 훨씬 더 나아가 이러한 생각을 진리 주장의 불가능성이라는 개념과 결합하므로 어떤 작품의 질을 판단할 수 있는 모든 기회가 사라져 버린다.

> 텍스트는 여러 가지 방식으로 읽힐 수 있다. 각 텍스트는 그 내부에 수없이 많은 세트의 구조의 가능성을 내포하고 있으며, 그러한 구조를 생성하는 규칙의 체계를 세워서 몇 가지 구조에 우위를 부여하는 행위는 명백히 규범적이고 이데올로기적인 움직임이다.[21]

여기에서 문학 정전 목록(正典目錄) 혹은 위대한 작품 목록이라는 개념이 폐기될 가능성이 열리는데 후기 구조주의는 진리에 관한 모든 주장을 환상으로 취급해 버리기 때문이다. 그러한 견해에서 문학은 암시적인 대문자 'L'을 잃게 될 것이며, 교사는 더 이상 이언 플레밍(Ian Fleming) 같은 대중소설 작가나 『비노(The Beano)』와 같은 아동만화보다는 셰익스피어 연구가 더 중요하다고 옹호할 이유를 찾을 수 없게 될 것이다. 문학에 대한 인간반응 접근법은 상대주의 규칙에 의하여 근본적으로 훼손된다.

'체현된 의미라는 개념으로 무장된 문학의 영향력 찾기를 거부'하면서 해체주의는 의미 자체의 불가능성을 선언하는 마지막 수를 두는데, 해체주의의 이 최종 수는 데리다의 저술들에서도 발견된다. 데리다는 '언어 이론은…… 의미의 결핍을 가르치는 것'[22]이라고 선언한다. 그와 같은 견해는 전통적인 학자와 독자들을 당황시킨다. 이 같은 주장은 당혹스러운 것이기는 하지만 이 당혹감은 금방 해결될 수 있다. 만약 어떠한 의미도 확실히 세울 수 없고 진리가 무의미한 것이라면 이 해체주의자 자신에게도 주의를 기울여야 할 이유가 없기 때문이다. 그들 자신이 인정하는 대로, 어떤 식의 읽기나 모두 가능하다면 어느 읽기도 다른 것보다 타당할 수 없다. 따라서 굳이 그들의 연구조차도 읽을 필요가 있겠는가? 후기 구조주의는 이처럼 아주 쉽게 무시해 버릴 수도 있으며, 이러한 무시 행위에서 특정 사고방식의 지배, 즉 앵글로 색슨의 경험주의 전통과 리비스 박사의 영향을 알아챘다면 여러 구조주의 이론을 너무 잘 알고 있는 셈이 된다.

만일 구조주의를 거대이론에 대한 선호로 특징지을 수 있다면 후기 구조주의에서는 그 대상을 가리지 않는 맹렬한 주장들, 자극성, 모순성 등의 특징을 주목해야 한다. 1960년대 후반 파리에서 일어났던 사건들과 후기 구조주의와의 관계는 의미심장하다. 자극과 도전, 동요시키고 충격을 가하려는 욕구, 그리고 당연한 것으로 간주되는 대부분의 전제에 대한 근본적인 의문 제기 등이 파리 지성계에서 생긴 일이다. 마르크스주의 비평과 마찬가지로 후기 구조주의자들이 취하는 입장은 부적절하다. 예술작품은 경외의 대상이 아니라 탈신비화되고, 폭로되고, 설명되어야 할 대상이라는 것이다. 우리가 이미 살펴본 것처럼, 문학에 전제되어 있는 코드들은 모든 언어 사용법, 모든 기호체계에도 적용된다는 이유로 후기 구조주의는 문학과 비문학적 쓰기 형식 사이의 구별을 거부한다. 1982년 BBC의 〈리스 강연Reith Lectures〉 시리즈에서 데니스 도노휴(Denis Donoghue)가 비난했던 것이 바로 후기 구조주의에는 이처럼 창조성의 신비에 대한 존경심이 없다는 것이었다. 해체주의는 모더니즘을 선호하며, 텍스트란 저항적이고 파편화되어 있으며 비협력적이고 해석불가능해서 '읽기가 불가능'한 것이라고 간주하는데, 이러한 태도에 해체주의 자체의 가치들이 반영되어 있으며 해체주의가 문화를 어떻게 진단하는지가 드러난다. 해체주의는 근대 작가들이 사용하는 '저항의 원칙들'을 수용한다.

> 문학은 근본적으로 확신의 담론이 아니라 회의(懷疑)의 담론이므로.[23]

구조주의가 문학작품에 패턴과 의미를 부여해 주는 문학적 코드를 찾으려 하는 반면, 해체주의는 어떠한 통일성도 가능하지 않다고 선언한다. 해체주의는 순수한 상대주의 입장을 취하며, 안정적이거나 객관적이거나 혹은 진정한 해석 따위는 문학연구에서 적절하거나 가능하지 않다고 부정하는 '언어의 혼돈'을 강조한다. 후기 구조주의의 자기탐닉적인 과장은 자기모순을 즐기는 위험한 이론화 상태에 머물고 있으므로 우리의 발목을 붙잡지는 못한다. 해체주의 자체 사제(司祭)들과 신도(信徒)들 패거리들끼리만 통하는 언어를 사용함으로써 의도적으로 배타주의를 만들어 내는데, 해체주의는 해럴드 블룸(Harold Bloom)의 용어로 '고귀한 언어적 허무주의'에 지나지 않은 것처럼 보인다.

그렇다고 해서 문학적 구조주의라는 복잡한 전체 작업이 폐기되거나 무시될 수는 없다. 문학적 구조주의에는 명백한 결점도 있지만 강력한 통찰력도 들어 있다. 문학에 직관적으로 접근하기보다 분석적으로 접근해야 한다는 구조주의의 주장은, 결과적 실제에 있어서는 두 접근법을 조화시키려는 시도처럼 생각되지만, 조심스럽게 받아들여야 한다. 문학적 구조주의에 대하여 이루어진 주장들은 너무 거대한 것들이어서, 특정 텍스트를 구조주의적으로 분석하는 일은 커모우드와 롯지와 같이 주목할 만한 성공을 거두는 경우도 있으나 대부분 설득력이 떨어진다. 그 아킬레스건은 기표와 기의 사이의 자의적 관계를 지나치게 철저하게 신봉하는 데 있다. 기표와 기의의 자의적 관계에 대한 신념으로 말미암아 많은 구조주의자들은 문학 밖의 어떤 세계와의 지시관계도 거부해 버리게 된 것이다. 분명히 그러한 견해는 지지하기 어려운 것이며, 그러한 원칙을 완고하게 고집하는 구조주의적 분석은 방어가 불가능한 유아론(唯我論)에 빠져 버린다. 방브니스트(Benveniste)가 지적한 것처럼 언어와 세계와의 관계는 결코 단순히 우연한 관계는 아니다.[24] 구조주의가 진리와 의미를 희생시키는 대가로 패턴과 대칭에 관심을 두는 것은 복잡한 현상을 축소시켜 단순하고 사소하게 만들어 버리는 것이다. 모든 인간사를 이해할 수 있는 가능성이 그 인간사들 자체에 내재되어 있다는 구조주의적 아이디어는, 여러 구조주의적 문

학연구에서 뚜렷이 발견되는 비인간화의 경향과 늘 기묘하게 대비
된다. 구조를 강조하며 인간주의를 비판하는 구조주의 태도는 '전
체성'이라는 넓고 통합적인 개념과 어색한 조화를 이룬다.

　개인보다 우월하며 개인을 지배하고 통제하는 체계와 구조를 추
구함으로써 문학적 구조주의는 작가와 독자의 자명한 역량을 완전
히 부정한다. 다른 모든 구조주의 이론과 마찬가지로 문학적 구조
주의에는 역량을 지닌 인간행위자에 관한 이론이 빠져 있다. 어떤
형태로 발전하든지 구조주의적 분석은 인간이 역량과 식견을 지니
고 있다는 사실을 수용해야 한다. 나아가서 모든 구조주의처럼 역
사의 영향력을 부정하는 문학적 구조주의의 이론적 움직임도 문
학연구에 대한 공헌을 약화시킬 뿐이다. 마지막으로, 인간행동에
관한 모든 거대이론이 그렇듯이, 자신의 이론이 과학으로서 자격
이 있다는 문학적 구조주의의 주장은 실제로는 오만, 즉 자신의 지
위를 향상시키려는 그릇된 시도에 불과하다. 따라서 거의 모든 형
태의 구조주의가 문학의 주류 전통 내에서 연구하는 학자들로부
터 반대와 조롱을 받아 왔다는 사실이 놀랄 만한 일은 아니다. 조
지 왓슨(George Watson)의 구조주의에 대한 설명(그리고 구조주의
의 부정)은 광범위하게 인정받고 있다.[25] 그러나 마르크스주의자들
(이들에게 역사의 무시와 사회적 관련성의 무시는 저주일 것이다)도 구
조주의를 반대하기는 하지만 구조주의를 마르크스주의에 적용하
려는 강력한 동향이 있다는 사실도 주목해야 한다. 뤼시엥 골드만
(Lucien Goldmann)의 **발생적 구조주의**는 텍스트와 사회 사이에서 상
응관계(동형)를 확인해 내므로 가장 영향력 있는 예가 되는데, 그는
문학을 특정 사회적 동향이 표현된 것으로 본다.[26] 이러한 이론의

발전에 의해서, 그리고 전체성이나 자기조절 등 비판을 덜 받는 구
조주의 요소들에 의해서 구조주의의 영향력과 통찰력이 드러날 수
있으며 문학 분야뿐만 아니라 학교교육과 사회생활 자체에 대한
우리의 이해도 크게 확장될 수 있을 것이다.

주

1. Michael Peters (1981). 'The English Teacher and Structuralism'. *The Times Educational Supplement*, 2 October 1981.

2. 서로 다른 시대에 다른 주제로 출간된 다음의 세 책은 이 인간반응 전통
   의 목적과 범위, 교육과의 관계를 드러내 준다.

   Richards (1929).

   F. R. Leavis (1971). *The Great Tradition*. Harmonsworth: Penguin Books.

   M. Mathieson (1975). *The Preachers of Culture*. London: Allen and Unwin.

3. 문학에 대한 이 '사회적' 접근은 다음 세 연구에 잘 나타나 있다.

   Terry Eagleton (1978). *Criticism and Ideology: A study in Marxist Literary Theory*. Oxford: New Left Press.

   A. Swingewood (1976). *The Novel and Revolution*. London: Macmillan.

   Lucien Goldmann (1964). *The Hidden God*. London: Routledge and Kegan Paul.

   레이먼드 윌리엄스 또한 오랫동안 빛나는 공헌을 하였다. 그의 사상에
   대한 최고의 입문서는 다음과 같다.

   Raymond Williams (1961). *The Long Revolution*. London: Chatto and Windus.

그리고 그의 사상은 다음 책에 실린 논문들에서 발전해 간다.

Problems in Materialism and Culture (1980).

4. 이러한 접근법을 요약한 영향력 있는 연구자는 Majorie Boulton이다.

The Anatomy of Poetry (2nd edition, 1982), Lodon: Routledge and Kegan Paul.

The Anatomy of the Novel (1975).

The Anatomy of Drama (1960).

The Anatomy of Literary Studies (1980).

> 이 책의 목표는 분석될 수 있는 것들을 분석하는 것이며 나머지 경이로우면서도 설명될 수 없는 것들은 언제나 그대로 둘 것이다 (Boulton, 1982, p. 3).

이와는 아주 대조적으로 테리 이글턴은 무엇을 '문학'이라고 간주할 것인가에 대해 근본적으로 새로운 견해를 피력한다. 그는 영국 대학의 영문학과는 이데올로기적 국가기구이며, 문학이론은 사회이론이나 정치이론에 불과하고 'Moby Dick부터 Muppet Show에 이르는'…… 담론적 실천을 연구하는 것이 나을 것이라고 주장한다. Terry Eagleton (1983). *Literary Theory: An Introduction*, Oxford: Basil Blackwell, pp. 202-207.

5. 구조주의에 대한 다양한 접근법과 실천의 예는 다음 책들에서 볼 수 있다.

Culler (1975).

Frank Kermode (1979). *The Genesis of Secrecy: On the Interpretation of Narrative.* Cambridge, Mass.: Harvard University Press.

David Lodge (1981). *Working with Structuralism: Essay and Reviews on Nineteenth and Twentieth Century Fiction.* London: Routledge and Kegan Paul.

Geoffrey Strickland (1981). *Structuralism or Criticism? Thoughts on how we read.* Cambridge: Cambridge University Press.

6. Lodge (1981). 'Oedipuss: or the practice and theory of narrative', in Lodge (1981).

7. 보다 익숙한 문학 연구법에 대한 비판, 그리고 그 대안적 접근법들의 지적 난해함은 다음에서 알 수 있다.

Roman Jakobson (1973). 'Two aspects of language: metaphor and metonomy', in Vernon W. Gras (Ed.), *European Literary Theory and Practice*. New York: Delta, pp. 119-129.

롯지는 다음 연구에서 야콥슨을 보다 쉽게 설명하고 있다.

David Lodge (1977). *The Modes of Modern Writing*. Ithaca, New York: Cornell University Press.

다음 책도 참고.

Jacques Derrida (1978). *Writing and Difference*. London: Routledge and Kegan Paul.

8. Gabriel Josipovici (1979). *The World and the Book: A Study of Modern Fiction* (2nd edition). London: Macmillan, p. 309.

9. Culler (1975), p. viii.

10. Culler (1975), p. 31.

11. Roman Jakobson & L. Jones (1970). *Shakespeare's Verbal Art in 'Th' Expense of Spirit'*. The Hague, Netherlands: Mouton, p. 10.

12. Tzvetan Todorov (1973). 'The Structural analysis of literature', in David Robey (Ed.), *Structuralism: An Introduction*. Oxford: Clarendon Press, pp. 73-103.

13. John Rutherford (1977). 'Structuralism', in J. Routh & J. Wolff (Eds.), *The Sociology of Literature: Theoretical Approaches, Sociological Review Monograph, 23*. Newcastle-under-Lyme: University of Keele, pp. 43-56.

14. Todorov (1973), p. 73.

15. Culler (1975), p. 31.

16. Julia Kristeva, reported in Culler (1975), p. 258. 크리스테바의 글은 다른 대부분의 후기 구조주의자와 마찬가지로 프랑스 문학 연구지 『Tel Quel』에 실려 있다.

17. Culler (1975), p. 258.

18. Catherine Belsey (1980). *Critical Practice*. London: Methuen, p. 3.

19. 데리다, 푸코, 블룸, 드 만, 하르트만, 힐리스 밀러를 포함하는 해체주의 운동에 대한 소개서는 다음과 같다.

    Vincent B. Leitch (1983). *Deconstructive Criticism: An Advanced Introduction*. London: Hutchinson.

    Christopher Norris (1982). *Deconstruction*. London: Methuen.

    Jonathan Culler (1983). *On Deconstruction: Theory and Criticism after Structuralism*. London: Routledge and Kegan Paul.

20. Roland Barthe (1972b). *Critical Practice*. London: Methuen.
    롤랑 바르트는 1980년 교통사고로 사망하였다. 다음의 연구는 그의 연구를 철저히, 그리고 호의적으로 분석한다.

    Annette Lavers (1982). *Roland Barthes: Structuralism and After*. London: Methuen.

21. Culler (1975), p. 142.
    타당한 해석이 한없이 가능하다("Anything goes?")는 이러한 생각으로 특히 정신분석학적 문학연구에 다음과 같은 재미있는 결과가 생기게 된다.

    니체(Nietzsche)가 원고 여백에 적어 놓은 '내 우산을 잊어 먹었다'라는 글귀의 뜻을 고민하면서 데리다는 프로이트나 하이데거에 대한 이해를 해야만 해석할 수 있는 숨은 의미가 있지 않은지 고뇌한다. 그러고는 글로 쓰인 니체의 모든 저술도 앞의 글귀와 마찬가지로 결정 불가능한 것이 아닐까 계속 숙고한다. Christopher Norris (1983). 'Moral Scripts'. *London Review of Books*, 5/7, p. 21.

또한 다음과 같은 인용문도 마찬가지이다.

그러나 카시오(Cassio)에 대한 데스데모나(Desdemona)의 사랑이 진실의 핵심을 이룰 것이라는 내 가정은 완전하지 못하다. 이 가정은 부수적으로 사물의 다른 측면을 고려해야 하는데, 그 다른 측면은 관찰자 입장에서 보면 훨씬 눈에 띄지 않을 뿐만 아니라 완전히 망각된다. 이 비극의 주요 동기는 침묵하고 있지만 효과적이다. 그것은 바로 카시오에 대한 오셀로(Othello)의 욕망이다. Andre Green (1979). *The Tragic Effect: The Oedipus Complex in Tragedy*. Cambridge: Cambridge University Press, p. 107.

22. Harold Bloom *et al.* (1979). *Deconstruction and Criticism*. London: Routledge and Kegan Paul, pp. vii & 4.

'결국 텍스트는 중심도, 핵심도, 비밀도, 환원 가능한 원칙도 포함하고 있지 않으며, 스스로를 싸는 무한한 외피만 있을 뿐인데 이 외피가 싸는 대상은 텍스트 자체의 표면들일 뿐이다'라는 롤랑 바르트의 주장도 주목할 만하다. Culler (1975), p. 259에 인용됨.

23. Rutherford (1977), p. 50.

24. Strickland (1981), pp. 15-26.

25. George Watson (1978). *Modern Literary Thought*. Heidelberg: Carl Winter, Ch. 2.

조지 왓슨은 구조주의에 대해 통렬한, 심지어는 멸시적인 비평가이다.

인간의 신념에 대한 구조주의의 관심은 결국 고작해야 환원주의적이다. 종교적 책무나 다른 일들의 참 · 거짓에 진지하게 관심을 가진 사람은 그러한 행위가 형성하는 패턴이나 대칭성 따위에 우선적으

로 관심을 가지지는 않는다. …… 구조주의는 그저 하나의 놀이터일
뿐 결국 그 이상은 아니다(pp. 33-34).

26. Goldmann (1964).

뤼시엥 골드만은 파스칼(Pascal) 및 라신(Racine)의 사상과 17세기 프랑
스의 *noblesse de robe*라는 귀족 단체 사이의 구조적 관계를 추적한다.

제7장
구조주의와 교육
Structuralism and Education

얼핏 보기에 구조주의는 교사에게 아무것도 제공해 줄 것이 없는 것처럼 보일지도 모른다. '주체의 탈중심화'에 드러나 있는 개인에 대한 명백한 평가절하와 함께, 구조주의가 체제, 전체, 관계 등을 강조하는 점 등 모든 것은 대부분 교사들이 가지고 있는 아동 중심적이고 개인주의적이며 인간주의적인 가정들과 배치된다. 나아가 구조주의는 이론과 추상을 중요시하는데 교사들은 행동과 실천을 선호하므로 그 대조는 더욱 명확해진다. 친숙하고 구체적이며 눈에 보이는 것들, 다시 말하여 '인간적'이고 '자연적'인 상식적인 경험과 실제적인 행동과 관계된 것들을 연구하는 접근법들에 비하여 구조주의적인 접근법들은 호소력이 덜한 것처럼 보인다. 이와 같이 교사들은 사회적 맥락에 대한 연구보다는 아동연구를 선호할 것이다. 철수와 영희의 존재 및 그들이 내 눈앞에 생생하게 앉아 있다는 사실이 '자본주의'라든가 '민주주의'보다 더욱 급박하게 교사들의 관심을 요구하는 것이다. '지능'이나 '부적응' 같은 범주들이 어떻게 사회적으로 구성되는가를 연구하는 것보다 교사들은 이 상식적인 개념들을 그대로 수용하는 것을 택한다(쉬운 학교 과제를 내주었을 때, 철수는 분명히 둔하고 까다로우며 영희는 영리하고 재치 있다는 등). 또한 교사들은 지역적이고 개인적이며 즉각적이고 명백하게 존재하는 설명을 선호하므로 저 먼 곳에나 존재하는 구조적이고 역사적인 요인에 초점을 맞추는 학교와 학급에 대한 설명은 무시된다. 노동계급의 가치에 대한 이야기나 고등학교 교육과정에 대한 역사적 이해는 오늘 이 순간에 철수에게 어떤 일을 시킬 것인가 하는 문제를 해결해 줄 것 같지 않은 것이다. 학교와 교실의 시급한 문제에 직면하여 교사들이 실천으로부터 상당히 거리가 있어 보이는 이해 양식들에 낮은 우선권을 부여하는 것은 놀라운 일이 아니다.

그러나 구조주의적 접근은 교사들이 교육을 이해하고 실천하는 데 엄청난 도움이 될 수 있다. 우리는 제3장에서 피아제(Piaget)의 구조주의 이론이 교사들의 사고와 교실행동에 어떻게 영향을 끼쳐 왔는가를 살펴본 바 있다. 대부분의 교사들은 별 의문 없이 피아제가 제시한 구조주의 지적 발달 모형을 받아들인다. 그들은 그 이론을 자신의 실천에 적용하는 데 별 문제를 겪지 않는다. 확실히 대부분의 초등 교사들은 개인과 구조 사이의 연결을 쉽게 이루어 내기 때문에 그들(분명히 거의 모든 유치원 교사들)에게 이 이론은 자신의 교실 실천을 뒷받침해 주고 이끌어 주는 이론이다. 이러한 연결은

'철수는 아직도 구체적 조작기에 속하므로……'와 같이 형식적으로 표현되지 않을 수도 있지만, 가정의 형식은 비슷하다. 이 나이의 어린이는 저것을 할 수 있거나/없다는 것이다. 따라서 이 책에서 사고의 구조라고 이름 붙인 분야에서는, 비록 공인된 성공은 아니지만, 구조주의는 교육에 성공적으로 적용되어 왔다.

이 장에서는 학교교육의 이론과 실천에 서로 다른 방식으로 영향력을 확대해 온 세 가지 구조주의적 접근법을 확인해 본다. 이 책에서는 각각 전통적 구조주의, 과정 구조주의, 번스타인(Berstein)의 구조주의라고 부르기로 한다. 이 책에서는 전통적 구조주의나 과정 구조주의보다 번스타인의 구조주의를 보다 상세히 비판적으로 분석하기로 하였다. 그것은 그의 연구가 다른 두 접근법보다 가치가 덜하다고 생각해서가 아니라 다음과 같은 네 가지 이유에서이다. 첫째, 그는 앞 장들에서 논의되었던 유럽 구조주의가 지니는 여러 특징의 범례들을 보여 주기 때문이다. 둘째, 번스타인은 대부분의 교사에게 잘 알려져 있을 것이지만 대부분의 독자들이 번스타인 이론화의 실제적인 본질과 약점은 잘 모르고 있을 것이기 때문이다. 셋째, 여기에서 이루어진 번스타인에 대한 상세한 비판은 일반적으로 같은 형태의 구조주의에 대한 비판을 대표할 것이기 때문이다. 넷째, 의심할 바 없이 번스타인은 어떤 교육학도이든지 접하게 될 학자들 가운데 가장 자극적이며 지적 노력을 필요로 하는 학자들 가운데 한 사람이기 때문이다. 은유를 섞어 이야기하자면, 레비-스트로스(Levi-Strauss)와 마찬가지로 번스타인도 독자들에게 덜커덩거리고 절망적이며 당혹스러운 여행, 그러나 결코 심심하지는 않은 여행을 제공할 것이다.

이 장은 구조주의의 특정 개념이 어떻게 실천을 조명해 줄 수 있으며 실천을 변화시켜 줄 수 있는지를 제안하면서 마무리된다. 이 제안들은 제8장에서 제시되는 구조적 분석 방법으로 이어진다.

전통적인 구조주의

이 접근법은 이미 제4장의 앞부분에서 시사된 바 있다. 이 접근법의 여러 특징은 친숙하고 논쟁의 여지가 없는 것들이며 교사들의 상식적인 전제들에 반영되어 있다. 이것은 우리가 앞서 살펴보았던 유럽적이고 이론적인 형태의 구조주의와는 거리가 아주 멀다. 이처럼 우리는 일상의 대화에서 '지방교육청', '교육체제', '학교', '학부모', '학생'들에 대하여 이야기할 때, 그 개념들을 그것들에 관한 일반화가 가능한 '전체'인 것처럼 언급한다. 우리는 이와 같은 '전체성'들이 그 범주들에 속한 개인들의 행동에 방향을 제시하거나 영향을 미친다는 사실을 받아들이고 그 전체성들의 존재와 힘을 당연한 것으로 생각한다. 그러한 용어들은 우리 일상 언어의 일부분인 것이다. 그 용어들이 없이는 사회생활이 불가능하게 된다. 우리는 그러한 집단성이 실제로 존재하며 실질적인 의미를 지니는 것처럼 이야기하고 행동한다. 비슷하게, 우리가 '사회'라고 부르는 어떤 것이 학교교육에 영향을 주고 방향을 제시한다는 것을 우리는 당연하게 생각한다.

이와 같은 종류의 상식적이고 일상적인 전제들이 전통적(혹은 사회학적) 구조주의로 형식화된다. 이 전통적 구조주의 내에서는 사회와 교육체제 사이의 관련성이 보다 밀접하게 규정되며 더 결정 적이게 된다. '학교는 사회를 반영한다'는 말은 그 예이다. 동시에 이 전통적 구조주의에는 집단도, 또 그 집단의 특징도 모두 실제로 존재할 뿐만 아니라 측정할 수도 있다는 상당한 신념이 존재한다. 사회계급, 성, 인종, 종교, 연령 등 각 범주들은 풍부한 경험적 자료 들을 생산해 내므로 당연한 탐구의 대상으로 여긴다. 그러한 자료 들을 수집하고 분석하는 데 있어서는 과학적 방법과 가정들이 수 용되고 권장된다. 사회현상의 객관성, 행동을 지배하며 행동을 하 게 하는 법칙이나 규칙의 존재, (거의) 가치중립적인 진리를 확증하 기 위한 경험적 방법의 사용 등이 그것이다. 이러한 종류의 구조주 의는 겉보기에는 단순하다. 사회구조는 신체의 골격과 같은 것이 어서 관찰과 측정이 가능하고, 확실히 기능적이라는 것이다. 사회 구조는 아주 명확한 의미로 '거기'에 존재한다. 그러나 다음 세 가 지 실천의 예에서 쉽게 볼 수 있듯이 전통적 구조주의의 방법론은 동질적이지도 않고 논쟁의 여지가 없는 것도 아니다.

　첫째, 교육에, 그리고 보다 직접적으로는 이 책을 읽는 모든 영국 독자에게 부정할 수 없을 만큼 커다란 영향을 끼쳐 온 전통적 구조 주의의 한 예이다. 고등교육에 관한 로빈스(Robbins) 보고서(1963) 는 방대한 양의 통계학적 증거들을 수집하였는데, 그중 많은 부분 은 학교에서 노동계급 출신 아동들의 낮은 성적과 관련되어 있었 다. 짐작했던 것보다 광범위하고 깊은 '능력이 고여 있는 웅덩이'가 존재한다는 사실이 명백히 드러났다. 한 예만 들자면, 1940년에서 1941년 사이에 태어난 육체노동자 자녀들 가운데 3%의 남자아이 와 1%의 여자아이만이 전일제(全日制) 학위과정을 이수하였다(지능지수 115~129의 아동 가운데에서는, 실제로 모두가 학위과정을 밟을 지적 능력이 있는데도, 8%만이 학위과정을 이수하였다). 이와 같이 고여 있는 능력이 보다 효과적으로 개발되고 이용되어야 한다고 권고한 로빈스 보고서의 결과로 1960년대 후반에 고등교육이 놀랄 만하게 팽창하였다. 전문대학 체제가 만들어졌고, 종합대학 체제가 방대하게 팽창되었으며, 짧은 기간 동안에 교사교육 자체도 전에는 생각할 수 없었던 차원으로까지 단숨에 성장하였다. 로빈스 보고서가 출판될 당시에는 216,000명의 학생들이 전일제 고등교육을 받고 있었는데 1980~1981년에 그 수는 467,000명이었다. 이 수 가운데 교사교육은 1962년에 55,000명에서 1971년에는 113,000명으로 팽창하였다(1981년에는 27,000명까지 줄어든다). 로빈스 보고서는 고등교육에 대하여 전통적인 구조주의 접근법을 채용하였다. 개인이 아니라 집단과 체제가 주의의 초점이었던 것이다. 엄청나게 늘어난 학생들이 고등교육을 받게 되었으므로 이 보고서의 구조주의적 결과(그리고 따라서, 개개인에 대한 영향)는 크게 놀랄 만한 것이었다. 그리고 자격이 있는 사람이라면 누구나 고등교육을 받을 권리가 있다는(최근에 와서 신보수주의에 의하여 부정된) 기본적 원리는 1960년대를 특징짓던 낙관주의와 팽창이라는 감정의 구조를 반영하는 것으로, 그 구조에 공헌하는 것으로 볼 수 있다.

두 번째 예 또한 친숙한 것이기는 하지만 보다 논쟁적인 것이다. 이것은 에밀 뒤르켕(Emile Durkheim)에 의하여 제안되었고 현재는 홀시(A. H. Halsey)의 연구에 예증되어 있는 그런 종류의 구조주의이다. 이것은 경험적 연구에 깊이 빠져 있으며, 이론에도 깊은 관심을 보이며 학교교육을 문화적 재생산의 도구로 본다. 이처럼 학교는 학교를 둘러싸고 있는 사회를 반영하고 유지하며 재생산하고 있다는 것이다. 학교교육은 현 사회체제, 특히 사회계급 분화를 유지하기 위하여 가족, 종교, 미디어 등 다른 사회제도와 상호작용하면서 사회의 대리자로 작용한다. 교육과 사회의 관계에 대해 꽤 낙관적인 견해를 가지고 있는 뒤르켕의 전통 내에서 홀시의 연구는 그러한 구조주의의 탁월한 예를 제공해 준다. 그러나 홀시가 **자유주의 이데올로기**(교육은 그 자체로 가치 있으며 사회 변화를 위한 유익한 도구라는 것)를 따르고 있기는 하지만 그의 모든 연구는—플라우든(Plowden) 보고서에 이어 그가 주도한 교육우선지역 계획에 대한 것이든 현대 영국의 사회 이동성에 관한 것이든—사회 불평등이 존재하며 그 불평등을 유지시키는 데 교육체제가 공헌하고 있음을 명백히 보여 주고 있다.[1] 예를 들어, 노동계급 아동의 대학 입학 기회는 여전히 1930년대 수준에 머물러 있거나 더 낮다. 교육은 현존하는 수입 불평등, 지위 불평등, 권력의 불평등을 재생산해 내는 기능을 하는 것이다. 이것은 교사나 교육체제 관계자가 의식적으로 의도한 것은 아닐 것이며 그들의 의도는 의식적으로는 평등주의적일 것이지만, 그들이 속해 있는 구조가 그러한 불평등한 결과를 필연적으로 초래하며 이처럼 구조를 스스로 유지해 간다.

전통적 구조주의의 세 번째 예는 교육을 통하여 사회적 불평등이 약간 개선될 수 있다고 인정한 뒤르켕과 홀시의 상대적 낙관론을 폐기한다. 전통적 구조주의의 마르크스주의적 버전은 대단히 결정론적이다. 즉, 교육은 사회의 **통제권** 안에 있다는 것이다. 보다 특수하게, 교육은 사회의 토대를 의미하는 경제적 힘의 통제권 안에 있다. **토대**는 **상부구조**(교육, 정치, 종교 등등)를 결정한다. 이처럼 교육은 불평등('생산관계')을 유지하는 도구 가운데 하나일 뿐이다. 우리는 제4장에서 최근의 마르크스주의자들, 특히 루이 알튀세르(Louis Althusser)가 교육체제에 많은 독립성을 허용함으로써 경제적 결정론의 구조적인 사슬을 느슨하게 해 보려 시도하였음을 살펴본 바 있다. 그와 같은 수정주의에도 불구하고 교육에 대한 마르크스주의자들의 분석은 교육의 기원, 목적, 기능을 사회의 경제적 구조에 속박시키고 있다. 보울스(Bowls)와 진티스(Gintis)의 『자본주의 미국의 학교교육(Schooling in Capitalist America)』[2]은 그러한 경제적 결정론으로 악명이 높다. 그러한 설명 내에서는 자본주의하에서 학교란 공장생활의 사회적 관계를 반영하는 것으로 볼 수 있다. 결과적으로 학교는 요구되는 유형의 노동력을 생산해 낸다. 즉, 종속적이고 순종적인 노동자들과 자기통제적이고 초보적인 경영자들을 생산하는 것이다. 교육에 대한 경제적인 구조화는 어디에나 존재하며, 험악하며, 억압적이다. 이러한 유형의 '대응 이론'은 그 조잡하고 지나친 단순화 때문에, 그리고 자신의 이론에 맞지 않는(특히 산업쟁의 같은) 현실은 무시한다는 점 때문에 스스로를 비판의 표적으로 만들고 있다.

마르크스주의적 구조주의의 좀 더 흥미로운 유파 가운데 케빈 해리스(Kevin Harris)는 자본주의 사회의 다음과 같은 조건들이 어떻게 사고의 구조를 생산하는가를 보여 주려 한다.

> 교육은 진리를 드러내 주는 것도 아니고…… 무지의 상태로부터 마음을 해방시켜 주는…… 성년식도…… 아니며 자유인을 창조하는 것도 아니다.

자본주의 자유민주주의에서의 교육은 오히려 '사람들이 대안들에 대하여 생각할 수 있는 능력을 위축시켜 버린다'.[3]

해리스의 주장에 따르면, 학교교육은 실제로 '사람들의 세계관을 왜곡시키는 지식을 전달하며', '허위의식을 조장하는', '실재에 대한 구조화된 거짓표상'을 제공한다. 이러한 비판들은 심각하게 중대한 것들이며, 홀시나 로빈스 보고서의 더 낙관적인 구조주의와는 거리가 멀다. 자본주의 구조는 교육과정을 통하여 학습자들 내부에 자본주의의 기초인 경제적 불평등을 수용시켜 이 불평등을 유지시키는 의식을 만들어 내도록 작용하여 학교교육에 침투하고 학교교육을 타락시킨다고 해리스는 주장한다. 학교지식은 '지각을 바꾸는 마약'처럼 작용하는데, 이 약은 학생들과 교사들의 의식을 똑같이 왜곡시킨다. 그러나 해리스가 험악하게 적용한 경제적 구조주의는 결국 그 이론의 깔끔함으로 인하여 무너져 내려 보울스와 진티스로 회귀해 버린다.

> 자본주의 사회에서 교육행위와 그 과정은 작업장의 행위와
> 과정에 깔끔하게 대응한다.[4]

구조주의적 특징들로 인하여 여기에 많은 결과들이 생겨난다. 조종자를 통하여 매개되는 지식, 계층화된 권력, 학습의 사회적·기능적 파편화, 외적 동기 등등. 학급 내의 복잡한 관계들은, 모든 것을 설명하려 하는 마르크스주의 이론에 이 복잡한 관계들을 맞추려는 관심에 가려져 사라지게 된다. 이 두 설명 모두 강경파 마르크스주의를 대표하는데, 지역적이고 덜 결정론적인 분석을 선

호하는 대부분의 교사는 그 논의 수준과 공격적인 주장을 잘 받아
들이지 않는다. 개방대학의 『학교교육과 자본주의(Schooling and
Capitlaism)』[5] 출간이 맞닥뜨렸던 격분소동은 음모이론처럼 보이거
나 자율성을 부정하는 것으로 생각되는 이론을 교사들이 믿지 않
는다는 증거이다. 경제력을 통하여 행위들을 철저히 통제하는 허
수아비 조종자의 손, 교사들 멀리 있는 구조적인 조종자 손 안에 맡
겨진 허수아비로 자신과 학생들의 역할을 규정하는 교육관을 좋아
할 교사는 없다. '현 사회관계의 물질적 조건이…… 무엇을 어떻게
전수할 것인가를 결정한다', 그리고 '교육은…… 지배계급, 즉 자본
가들에 의하여 자신의 이익을 보존하기 위하여 통제된다'는 해리스
의 주장은 실제 교실에서 수없이 많은 요구와 현실에 직면해 있는
교사들에게는 쇠귀에 경 읽기이다. 마르크스주의는 이 책 다른 부
분에서 논의된 다른 형태의 구조주의를 거부하기는 하지만, 마르
크스주의에 속하는 구조주의는 총괄적이어서 모든 현상을 설명하
려 한다. 그리고 서구 교육의 바탕인 자유주의적이고 인간주의적
인 이데올로기에 대하여 마르크스주의적 구조주의는 매우 비판적
이므로 개방대학 교재와 해리스의 책이 그런 적대적인 대접에 직
면하는 것도 놀라운 일은 아니다.

과정 구조주의

　과정 구조주의라는 용어는 구조를 증명하고 재생산하는 학교와
교실 내의 과정에 초점을 맞추는 설명을 말한다. 전통적 구조주의

와 마찬가지로 과정 구조주의도 여러 갈래가 있으나 공통적인 특징들을 지닌다. 즉, 종류는 서로 다르지만 각각의 연구는 소집단 상호작용에 대한 설명에 기초하고 있다는 점이다. 인류학적이고 문화기술적 방법을 사용하는 사례 연구가 이 접근법의 전형이다. 이 접근법에서 이루어진 다양한 분석은 참여자들의 설명이나 행위들을 상세하게 기술하므로 보통 생생하고 매우 읽기 쉽지만 분석의 근본 동기는 사회생활과 사회적 범주들이 어떻게 주어지는가가 아니라 어떻게 **구성되는가**를 보여 주려는 것이다. 이 접근법은 개인의 행동을 형성하고 행동에 영향을 주면서 동시에 그 자체로 일상적 인간행위의 산물인 물질적·정신적 구조의 영향력을 찾아내려고 한다. 몇몇 예를 들어 보면 이 방법론이 전통적인 구조주의 및 경험주의와 어떻게 다른가를 알 수 있을 것이다.

　우리는 이미 제5장에서 로널드 킹(Ronald King)이 세 유치원에 대해 연구한 『아름답고 찬란한 세상?(All Things Bright and Beautiful?)』[6]을 살펴본 바 있다. 유치원 교사들의 실제 행동을 자세히 관찰함으로써 킹은 그들의 행위를 형성하고 이끄는 신념의 구조를 찾아냈다. 유치원 교사들의 실제 교실 경험으로 인하여 그들이 아동들을 '보는' 방식이 굳어지는 데 킹이 찾아낸 네 요소(발달주의, 개인주의, 학습으로서의 놀이, 아동기의 순진성에 대한 신념)가 강력히 작용한다. 제5장에서는 이와 같은 이데올로기를 감정의 구조로 해석한 바 있다. 신념이 실제 결과를 만들어 내고 설명한다는 것이다. 중요한 저술가들이 자신이 속한 시대의 가치판단 흐름을 어떻게 변화시키는가에 대한 레이먼드 윌리엄스(Raymond Williams)의 연구와 킹의 연구는 동떨어진 것처럼 보이기는 하지만 킹의 연구는 과정 구조주의 연구 가운데 인상적인 연구이다. 이 연구는 '좋은 학생', '영리한', '쾌활한', '둔한', '훌륭한' 등의 유형화와 범주들이 **행위를 통하여** 어떻게 만들어지고 유지되는가를 분명히 보여 준다. 자본주의나 자유주의 등 전통적으로 확인된 구조들은 이처럼 세밀하게 초점을 맞춘 과정 연구와는 많이 다르다.

　'노동계급의 아동들이 왜 노동계급의 직업을 가지게 되는가'에 관한 윌리스(Willis)의 연구는 12명의 십 대 '싸나이들'이 어떻게 자신이 살고 있는 사회구조의 본질을 간파하게 되는가를 생생하게 묘사하고 있어서 아주 대조적이다. 윌리스가 합리적이고 긍정적이라고 판단하는 행위들 내에서 이 청소년들은 자신만의 실재를 적극적으로 구성하는데, 자신의 신념과 행동을 뒷받침하기 위한 수단으로 하층 노동계급의 작업장 가치들을 이용한다. 그들은 자신이 수공 노동을 할 운명이라고 보며 자신을 학교의 낙오자로 지각한다. 따라서 그들은 학교에 순응하는 것을 무의미한 것으로 쳐 거부한다. 왜 자신이 '그들'에 **복종해야** 한다는 말인가? 순응주의를 언어적으로나 행동적으로 거부하는 과정에서 대단히 창의적임이 드러나기는 하지만, 이 '싸나이들'은 자신이 반대하는 바로 그 구조의 포로가 되어 있음을 윌리스는 보여 준다. 자본주의라는 체제가 이 '싸나이들'의 반응을 만들어 낸다는 것이다. 그들의 '자유'와 자발성에도 불구하고 자신들의 신념과 행위를 형성하고 설명하는 가장 중요한 당사자는 자신들이 포함되어 있는 사회구조의 관계들이다. 윌리스의 설명은 어김없이 마르크스주의적이다.

　서구 자본주의의 완전한 본질은 역시, 비교적 높은 비율로 개인들이 계급이동을 한다고 해도 노동계급의 존재나 위치에 별 영향을 주지 못하도록 계급이 구조화되어 있고 완고하다는 것이다.[7]

여기에 순수한 형태의 전통적 구조주의가 존재한다. 멀리 떨어져 있고 올림피아 신처럼 근엄하며, 어디에서도 눈에 띄지 않는 구조를 전제로 하는 것이다. 그러나 윌리스의 결정적인 공헌은 사람들 사이의 역동성, 즉 그러한 구조들의 과정들을 보이려 한 점이다. 윌리스는 '싸나이들'이 자신의 체험 속에서 순간순간 실재를 구성해 나가는 과정들을 뚜렷이 확인하는데, 이로써 이 과정들이 다시 이 십 대 아이들의 정체성과 구조를 어떻게 창조해 내고 유지하는가를 짐작할 수 있다.

초점과 스타일이 약간 다르기는 하나 윌리스의 구조주의만큼 인상적인 마르크스주의 과정 구조주의의 예는, 한 진보주의 초등학교에서 학생과 교사의 일상경험을 통하여 사회통제가 어떻게 행사되는가에 대한 샤프(Sharp)와 그린(Green)의 연구이다.[8] 그들은 교사의 행위들을 속박하는 구조를 강요하는 물질적 조건 내에서, 자성예언(自成豫言)이 어떻게 생겨서 확증되는지 보여 준다. 킹과 마찬가지로 유치원 교사들의 이데올로기에 많은 관심을 가졌지만, 그들은 그러한 이데올로기가 자본주의의 물질적 조건에 어떻게 관계되고 물질적 조건에 어떻게 기반을 두고 있는지에 대해서는 마르크스주의자로서는 이상하리만큼 부족한 설명을 하고 있다.

킹, 윌리스 및 샤프와 그린의 과정 구조주의는 '보통'의 학교 학생들을 대상으로 수행된 연구에 의한 것이다. 최근에는 '특수교육'

의 과정에 관심이 높아지고 있다. 즉, 워녹(Warnock)의 용어로 '특
수한 요구가 있는 아동들'로 특정 학생들을 분류하고 다루는 방식
에 관심을 가지는 것이다. 다음과 같은 논문과 서적의 제목에서 이
과정 구조주의의 가정들과 주장들을 찾아낼 수 있다. '교육적 저능
(경중)[ESN(M)] 아동의 사회적 구성', 『특수교육과 사회통제: 감춰진
재앙(Special Education and Social Control: Invisible Disasters)』[9] 등이
그 예이다. 이런 연구에서 우리는 '부적응', '자폐증', '저능' 등 어떤
것이든 내적 본질이라는 명칭에 대한 명백한 거부를 발견할 수 있
으며, '특수'라고 분류되는 어린이가 속한 체제의 관계들, 즉 특수교
육 세계 자체에 대한 관심을 발견한다. 이 접근법이 강조하는 바는
특수교육 및 특수아동들의 정말 중요한 특징은 그들이 속한 사회
구조 내에서 생기는 특수교육 자체의 사회적 과정과 구조라는 것
이다. 따라서 이 접근법에서는 많은 교사에게 익숙하고 당연하게
생각되는 '주어진', '타고난', 또는 내적 조건 등 어떤 개념도 평가절
하된다. 과정 구조주의자들, 특히 샐리 톰린슨(Sally Tomlinson)과
줄리엔 포드(Julienne Ford)에 따르면 특수아동은 어떤 객관적이고
내적인 상태에 의해서가 아니라 이 같은 과정들과 구조들에 의하
여 만들어진다. 스큅(Squibb)은 다음과 같이 주장한다.

......특수라는 범주가 순전히 아동의 내적인 특질이나 본질로
부터 나온다고 가정하기보다는 그러한 범주를 만들어 내는 과
정을 찾아보아야 한다는 구조주의적인 의무가 존재한다.[10]

독서장애, 부적응, 또는 교육적으로 비정상적이라고 생각되는

것들을 접하는 교사들은 종종 이런 접근법을 못 견뎌하거나 거부하는 경우가 있다. 그러나 특수아동에 대해 연구하려면 개개 아동이나 '사물'(교육적 저능)이 아니라 체제에 초점을 맞추어야 한다는 강력한 주장과 이를 지지하는 증거를 무시할 수는 없다. 연구의 초점을 이렇게 맞추면 사회에서의 '열등한' 집단이 특수교육의 특정 범주 내에 지나치게 많이 포함된다는 사실이 드러난다. 예를 들어, 중류계급 아동들이 교육적 저능(경증)으로 분류되는 경우는 별로 없으며 보다 낮은 사회계급에 속하는 가정 출신의 아동 및 흑인이 이 범주로 분류되는 경우가 많다.

샐리 톰린슨은 다음과 같이 지적한다.

> 20세기 후반에 중류 또는 상류계급은 자신의 자녀들이 사회적으로 교육적 저능으로 구성되는 것을 허용하지 않거나 필요를 느끼지 않는다.[11]

앞의 지적은 다음과 같은 평범한 사실을 함의하고 있다. 즉, 특수교육이란 어떤 어린이들에게 자신은 실제로 열등하다고 확신시킴으로써 불평등과 특권을 유지하도록 도와주는 구조적인 요소 중의 하나라는 것이다. 이렇게 본다면 특수교육은 현존하는 구조를 정당화하기 위한 낙인찍기의 한 형태이다. 이와 같은 논리전개는 대부분의 교사들이 받아들이기에는 너무 과격한 것으로, 특수교육이 구조를 유지하는 기능을 수행한다는 주장을 포함하고 있을 뿐만 아니라 교사들의 확실한 선의(善意)를 무의미한 것으로 축소해 버리는 대규모 '주체의 탈중심화'를 포함하고 있기 때문이다. 그럼

에도 불구하고 과정 구조주의가 학생들을 범주화하는 장치와 범주
화의 실제경험을 드러내 보여 준다는 것은 분명하다. 이 수준의 분
석은 두 가지 형태로 이루어진다. 첫째, 특수아동으로 분류되는 학
생들의 숫자가 해마다 크게 증가함을 확인하고 그것을 특수교육
분야에서 일하고 있는 성인 숫자가 늘어나는 현상 및 특수아동 교
사들의 직업구조가 괄목할 만하게 발전된 현상과 연결시킨다. 이
들 전문가, 심리학자, 교사, 교장, 의사, 사회복지사, 정신치료사,
평가센터 직원, 교육복지 관리 등의 공헌은 아이러니컬하게도 특
수아동을 만들어 내는 '매끄러운 팀워크'로 기술된다. 두 번째 형태
의 분석은 실제 아동을 분류하는 과정을 면밀히 관찰함으로써 이
'팀워크'를 자세히 검토한다. 사례에 따른 회의를 연구하고 분류과
정에 참여한 사람들을 면담한 결과는 다음의 인용문으로 특징지어
진다.

　　교육적 저능(경중)의 범주는 전문가들의 결정과 신념에 의하
　여 사회적으로 구성된다.[12]

　　직접적으로 관찰해 보면, 일관된 편견이 작용하고 있지는 않
　으나 교장들과 교사들이 공정하다고 믿을 수는 없다는 사실이
　드러날 것이다.[13]

　　이와 같은 정직한 노력들의 결과는 그 부분들의 합보다 훨씬
　크다. 이 아이들을 분류하는 과정에 봉사하는 사람들의 의도를
　분명히 반영하여 이 분류과정은 성실함, 공정성, 책무감 등 방

금 기술한 모든 도덕적 특질이 반영되어 진행된다고 주장된다. 그러나 불행하게도, 이 사람들에게 이용 가능한 모형들은……이 분야에 가해지는 법률적, 제도적, 사회적 규제들과 함께, 그 노력들을 외면하고 자의적이고 차별적인(나쁜 의미에서) 결과물로 굴절시켜 버리려고 한다.[14]

이러한 언급들에서 과정 구조주의가 명백히 드러난다. **체제 자체가 특수아동을 만들어 낼 뿐만 아니라 어떤 사회적·개인적 반응이 특수아동에 대한 '적절한' 반응인지도 결정하는 것이다.** 특수아동에 대한 태도나 처치는 주로 선의에 의한 것이겠지만, 구조가 모든 것을 결정한다. 연구자들은 특수아를 확인하고 처치하는 일이 개인이 속한 **체제**에 근거해서 결정되는 것이 아니라 '의학적 모형'에 근거해서 이루어진다고 지적한다. 즉, 어떤 학생이 비정상이라고 한다면 그 학생이 확실하고 객관적이며 측정가능하고 내재적인 특질을 지니고 있는가에 의해 정상과 비정상을 판단하는 **개별 학생** 근거의 접근법을 말한다. 그러나 개인에 기초를 둔 이 접근법은 특수아동의 요구를 이해하거나 처치하는 데는 부적절하다고 주장된다. 줄리엔 포드에 따르면 그 까닭은 다음과 같다.

……사회적으로 결정된 일련의 문제들에 대한 대처는 행정적인 대처여야 하는데, 특질상 행정적인 대처에 의하여 지배되는 상황의 요구를 만족시키지 못한다.[15]

또한 포드는 15개 종합 고등학교에서 학생의 위탁교육을 결정하는 과정에 대한 연구들을 논의하면서 구조적 필연성을 강조한다.

> 우리는 겉으로는 객관적으로 보이는 모형의 사회적 결정요
> 인과 주관적 결정요인들을 살펴보고 있다. …… 다른 환경과 분
> 위기에서라면 전혀 달리 취급될 수도 있는 몇몇 학생의 부적응
> 을 불가피하게 결정하고 규정하는 것은 다름 아닌 중등학교 조
> 직과 그 '공식적', '잠재적' 교육과정이라는 결론을 내릴 수밖에
> 없다.[16]

사회적 현상이 당연히 객관성을 지닌다고 가정하는 것(실체화)과, 자연과학의 법칙과 같은 정도의 설득력을 지닌다고 생각되는 사회적 '법칙'을 강조하는 것이 전통적 구조주의의 두 가지 핵심 약점이라면, 과정 구조주의 또한 그와 비슷한 중요한 결점을 지닌다. 이 둘 모두 앞의 예에 드러나 있는데, 첫째, 객관성이란 존재하지 않는다는 상대주의로 흐르는 경향, 둘째, 실재가 **사회적으로 구성된다**는 이론에 지나치게 매달려 자연은 사회적 실재에 아무런 제한도 가하지 않는 것처럼 여긴다는 점이다.

베이실 번스타인의 구조주의

번스타인 교수는 오랫동안 가장 유명한 영국 교육사회학자였다. 그의 이론화, 특히 언어와 교육과정에 대한 이론화는 교사교육에서 핵심을 이루어 왔다. 그의 이론이 얼마나 잘못 이해되어 왔는가

와 관계없이, 그가 사용한 개념들은 학교교육에 관한 어떤 논의에서든 필수적인 요소가 되었다. 번스타인을 참고하지 않고 학생들의 성공과 실패를 연구한다는 것은 불가능할 정도이다. 그러나 그동안 거의 알려져 있지 않은 사실은 번스타인이 유럽의 구조주의적 특징을 모두 갖춘 구조주의자이며, 따라서 다른 영국 교육사회학자들과 상당히 차이가 있다는 것이다. 앳킨슨(Atkinson, 1981)에게만은 예외이다. 번스타인은 앵글로 색슨류의 경험주의보다는 레비-스트로스에 훨씬 가깝다. 그러나 추상적이고 난해한 저술 스타일에도 불구하고 그가 교사들의 의식에 강력한 영향을 미친다는 사실은 번스타인 구조주의의 풍부한 상상력을 뚜렷이 입증한다.

번스타인의 연구는 언제나 놀랍도록 한결같고 일관성을 유지해 왔다. 그는 노동계급 학생들이 학교에서 성적이 낮은 까닭을 1958년의 첫 논문 이후 꾸준히 탐구해 왔다. 그는 이를 위하여 문화와 사회가 개인의 행위와 의식에 작용하여, 또한 개인의 행위와 의식에 의하여 스스로를 드러내고 재생산하는 기제를 찾는다. 그러한 기제들에는 사회계급 관계, 언어, 가족 구조, 사회화 과정, 교육과정 등 친숙한 사회학적 관심사항들이 포함된다. 이 기제들에는 번스타인 자신의 독특한 구조주의적 공헌 또한 포함되는데, 그것은 언어, 의식, 의미와 교육과정, 사회 자체를 지배하는 코드(어법, 약호)를 확립하려는 것이었다. 앞으로 살펴볼 것이지만, 늘 번스타인의 연구를 지배하고 상징해 온 것은 후자의 코드에 대한 관심이었다. 이제 그의 전통적 구조주의를 간단히 확인해 본 다음 그의 독특한 구조주의를 논의하고 비판해 보도록 한다.

번스타인의 전통적 구조주의

번스타인은 제7장의 앞부분에서 논의되었던 다른 사회학자들 및 그 예들과 비슷한 점이 있다. 그는 단순히 언어, 교육과정 또는 아동 양육방식을 사회구조와 연결시키는 데 관심을 가졌을 뿐만 아니라 그것들을 사회구조 내에 뿌리내리는 데 관심을 가졌다. 여기에서 사회구조는 언어 및 사회화 과정의 원인이 된다. 번스타인 저술의 각 항목은 언제나 다음과 같은 주장으로 시작하고 끝을 맺는다. '행동과 경험의 기원은 사회구조와 사회적 관계(즉, 사회계급)이다'라는 것이다. 다음과 같은 몇몇 예는 이러한 전통적이고 익숙한 사회학적 설명양식에 속하는 번스타인 사고의 계속성을 분명히 보여 준다. 페이지 번호는 제7장 뒷부분에 제시된 주 17의 문헌[17]에 의거한 것이고, 이 책의 독자들을 위하여 인용문 중의 일부를 강조하였다.

> 1958 중류 계급 아동이…… 언어에 반응하고 언어를 조작하며 이해할 수 있는 능력이 있는 것은…… 자신의 계급적 환경의 결과이다. …… 노동계급 환경에 대한 차별적 구조화 때문에 노동계급의 아동은…… 표현적인 상징사용과 공용언어에 제한된다(p. 37).

> 1960 두 가지 서로 다른 언어사용 형태는 두 가지 사회적 계급의 조직 때문에 생긴다고 생각된다(p. 61).

> 1962 사회학자들 연구의 임무 가운데 하나는 특정 언어형식의

사회적 기원을 찾는 것이다. …… 사회구조는 언어 가능성을 특수한 언어코드로 변형시킨다(p. 76).

1965　……사회적 관계의 형식, 또는 보다 일반적으로 말하여 사회구조는 독특한 언어형식 또는 코드를 발생시킨다. …… 아동이 말하거나 들을 때마다 아동이 속한 사회구조가 그에게 강화되고 그의 사회적 정체성이 강요된다(pp. 122-124).

1971　이 두 코드(어법), 즉 정련어법과 제한어법은 특정 사회관계의 형식에 의하여 발생된다. 이 어법들은 서로 다른 사회적 구조들의 실현으로 생각된다(p. 146).

1973　이 연구의 주된 목적은, 처음에는 가족 내에서 나중에는 교육의 과정에서 전달되는 상징적 질서의 형식과 내용에 작용하는 기본적 사회통제를 이해하려는 것이다(p. 237).

1975　이 논문이 단언하는 바는 (그리고 항상 주장해 왔지만) 사회관계의 구조와 의사소통의 구조 사이에 인과적 관계가 존재한다는 것이다(p. 30).

1977　계급은 근본적인 지배문화 범주라고 생각된다. …… 사회적 생산관계를 만드는 것은 기초적인 범주화이다. …… 이처럼 교육과 생산의 코드 내의 다양한 종류는 지배적인 문화 범주의 서로 다른 역사적 실현들이다(p. 175).

1982   계급관계는 의사소통의 독특한 형식들을 만들어 내고 분
배하며 재생산해 내고 합법화하는데, 이 독특한 의사소
통의 형식들은 지배하는 코드와 지배받는 코드를 전달한
다. …… 코드는 **문화적으로 결정된 위치를 배당하는 장치**
이다(pp. 304-305).

앞의 예들에서 우리는 번스타인 구조주의 프로젝트의 가장 중요
한 특징, 철저히 일관적인 특징을 명백히 살펴볼 수 있다. 그것은
사회의 계급구조가 경험을 통제한다는 것이다. 그는 자신의 용어로
'계급관계의 냉혹한 결과'(1975, p. 1)를 집중적으로 분석한다. 이 점
에서 그의 구조주의는 영국과 미국에서 주류를 이루는 교육사회학
과 관련을 맺는다는 것을 알 수 있다. 그러나 그의 저술 첫 부분부
터 번스타인을 앵글로 색슨의 전통에서 벗어나 유럽 사상의 전통에
강력하게 연결시켜 주는 자신만의 고유한 구조주의가 드러난다.

번스타인의 구조주의: 코드, 분류, 구획화

사회통제의 형태가 어떻게 변화하는가, 그리고 그러한 변화가
학교교육에 어떤 영향을 주는가를 분석하여 교육을 통하여 전달되
는 내용에 대한 이론을 개발하려고 노력하면서 번스타인은 자신만
의 독특한 구조주의적 개념들을 만들어 낸다. 번스타인은 **코드·분
류·구획화** 등의 개념에 강한 매력을 느끼고 있으며 이 개념들을 계
속하여 탐구하고 확장하고 있어서, 이 개념들이 다른 전통적 구조
주의에서보다 그의 사상에서 더 중요함을 보여 준다. 이 개념들은

사회계급과 교육경험 사이의 연결관계를 분석하고 설명하는 도구가 된다. 번스타인 이론에서 코드·분류·구획화라는 개념은 구조와 개인, 사회관계와 언어 사이를 조절하고 동시에 이들 사이를 연결하는 강력한 능력을 점점 더 키워 왔다. 이처럼 사회구조가 말이나 행동을 조절하고 그 원인이 된다는 것이 그의 첫 번째 전제라면, 두 번째 전제는 이러한 조절과 인과관계를 초래하는 것이 바로 코드·분류·구획화라는 것이다. 교실에서의 언어와 행위는 코드에 의하여 지배되고 생산된다. 간단히 말하여, 번스타인은 이 세 개념이 어떻게 인간행동을 통제하는가에 대한 개념적인 모형을 제공하고 있는 것이다. 코드·분류·구획화라는 구조주의적 개념은 개인적·사회적 행위의 창조자인 동시에 집행자가 된다. 번스타인은 자신의 구조주의적인 개념들에 집중하고 있어서 이 개념들은 다른 모든 형태의 설명보다 우위를 차지하며 이 세 가지가 재생산해 내는 사회구조들보다도 더 중요하게 생각된다. 사회의 계급구조에 대한 자신의 강조와 마르크스주의를 수용해 보려는 최근의 노력에도 불구하고, 번스타인의 저술들을 보면 그가 자신의 구조주의적 개념들에 점점 더 사로잡혀 가고 있으며 그것들을 확장시키고 그것들에 의하여 지배받고 있음이 드러난다. 구조·권력·통제로서의 사회가 사회계급·가족·학교 등 특정 작용주체를 통하여 어떻게 개별 언어·개인의 정체성·개별 의식들 내에 사회 자체를 재생산해 내는가를 설명하는 이론을 추구하는 데 있어서 중요한 결정요소가 코드·분류·구획화라는 것이다.

'가끔, 어떤 개념은 매우 유용하며 끝없는 탐구를 가능하게 해 준다'고 번스타인은 말한다(1971, p. 2). 그가 문화의 전달과정에 관심을 가지게 됨에 따라서, 그가 사용하는 핵심개념들은 앞의 '끝없는 탐구'의 대상이 된다. '공공'언어 또는 '형식적' 언어가 다른 지각체계를 야기한다는 생각의 기초가 되는 '구조-내용'이라는 개념을 그의 가장 초기(1958) 논문에서 쉽게 폐기함에 따라 어떤 이론의 변화가 생기게 될 것인지를 짐작할 수 있다. 뒤이은 두 논문(1959, 1960)은 언어행위의 두 가지 양식(아직은 코드라는 개념으로 확립되지 않았음을 주목할 것)을 통하여 어떻게 '사회구조가 개인적 경험의 일부가 되는가'를 탐구한다. 예를 들어, 언어란 처음부터 개인적이고 사적인 상징보다는 사회적으로 받아들여지는 상징을 제공하여 의사소통을 가능하게 해 준다. 공공언어는 이처럼 언어를 통하여 사회적 상징을 제공하도록 하는 경향을 더욱 강화시킨다. 1962년에 양식은 코드라는 용어로 바뀌며 번스타인은 사회구조, 언어 사용법, 개인행동 사이를 연결시켜 줄 사회적 학습에 대한 이론을 구축할 것임을 분명히 밝힌다. 그의 고유한 구조주의가 처음 공식적으로 등장한 것은 다음 문장의 후반부에서이다. 이 문장의 앞부분은 전통적 구조주의의 주장과 같다.

> ……사회구조는 언어 가능성을 특수한 코드로 변형시키는데, 특수한 코드는 사회구조를 유지하기 위하여 필요한 관계들을 밝히고, 일반화하며, 강화시킨다(p. 76).

앞의 문장에서는 사회구조가 지배적('변형시킨다')이지만, 번스타인이 코드라는 개념을 발전시켜 감에 따라서 이 코드가 발휘하게 될 영향력을 암시해 주는 세 타동사(밝히고, 일반화하며, 강화시키는)

를 주목하자.

이후부터 번스타인의 관심은 '코드'에 집중되며 그의 모든 저술에서 이 개념이 확장되어 적용된다. 언어적 코드(정련어법-제한어법)에 대한 그의 관심은 **교육과정 코드**에 의하여 계승되며, 다음에는 **의미, 실현, 맥락,** 그리고 **사회계급** 자체를 포함하는 광범위한 코드의 개념에 의하여 계승된다. 우선 언어에 코드라는 개념을 적용하여 이 개념을 점점 확장시키는 몇몇 예를 살펴보자.

1962 ……제한어법(코드)과 정련어법(코드)은 서로 다른 종류의 통제체제를 **확립할 것이다.** …… 이러한 통제체제들이 지향성 양식, 연합 양식, 조직 양식들을 결정한다(p. 81).

1965 코드가 변화하면 사회적 정체성과 사회적 실재를 창조하는 수단 또한 변화한다(p. 198).

1969 ……의사소통의 심층구조는 제한어법…… (또는) 정련어법에 의하여 **통제된다**(p. 198).

1971(a) 내가 이야기하는 것은 특정 집단, 그 집단의 공동체 관계, 그 집단의 가족역할 체제 등이 작동하는 관계를 조사해 보면, 유전적 암호를 통해서가 아니라 사회계급 자체가 조장하는 **의사소통의 코드를** 통하여 사회계급의 유전자가 전달된다는 주장이 타당하다는 것이다(p. 143).

그렇다면 사회적 역할이란 특수한 의미들이 어떻게 창조되

고 조직되는가를 통제할 뿐만 아니라 이 의미들이 어떤 조
건에서 전달되고 수용되는가도 통제하는 복잡한 코드화 행
위라고 볼 수 있다(pp. 144-145).

1971(a) 어법(언어적 코드)은 문화나 하위문화를 전달하는 데 있어
기본적인 통제체제이며 사회적 정체성의 창조자이다(p. 164).

1971(b) 코드는 사회관계 형태를 상징화하며 언어적 만남의 본
질을 규정하고, 관계를 맺는 서로 다른 질서를 만들어 주며
어떤 언어가 적절한 것인지를 파악하는 다른 체제들을 만들어
준다(p. 174).

1971년에 번스타인은 자신의 코드 이론을 사회언어학으로부터
지식사회학으로까지, 즉 언어로부터 교육과정에까지 확장시켰다.
학교교육과정을 분석함에 있어서 그는 이제 '교육과정, 교수법, 그
리고 평가를 형성하는 기본 원리들'(p. 203)로서 '교육적 지식의 코
드'에 대하여 이야기하기 시작한다. 그는 또한 분류와 구획화라는
두 개념을 도입하고 이 두 개념으로부터 다음과 같은 도움을 받기
를 기대한다.

······상징체계, 사회조직의 형식, 경험형성 사이의 상호 관련
성을 코드에 입각하여 이해하도록(p. 202).

그의 구조주의는 관계라는 구조주의의 핵심개념을 사용하는 데

서 더욱 분명해지는데 이 관계라는 개념은 **경계강도**(境界强度)라는 자연과학적 용어로 표현된다. 분류와 구획화는 이 경계강도를 결정하는 기제이다. 분류는 (교육과정) 내용 사이의 경계를 유지하는 정도를 나타내기 위하여 사용되는 개념이며, 구획화는 교육적 관계에서 전달되고 수용되는 지식의 선정, 조직, 속도, 시기 등에 관하여 교사와 학생이 소유하는 통제력의 정도를 나타낸다. 번스타인은 두 가지의 교육과정 코드(통합코드와 집합코드)를 밝혀내는데, 이 코드들의 특징은 분류와 구획화의 강도에 의하여(말하자면, 경계 유지의 강도에 의하여) 결정된다. 집합코드는 분류와 구획화의 정도가 강하며, 통합코드는 교과들 사이의 경계를 유지하는 힘이 약해서 학생들에게 보다 큰 통제력을 허용한다(즉, 약한 분류와 구획화).

코드는 지각과 경험과 정체성을 결정하며 문화와 사회구조를 재생산한다는 번스타인의 구조주의는 그의 모든 저술을 통하여 예증된다. 코드의 힘은 막강하다.

> 전문화된 집합코드 유형의 심층구조는 경계를 유지하는 강력한 능력으로, 이 경계 유지력은 **특정의 정체성을 형성함으로써** 내부로부터 통제력을 창조한다(p. 96).

> 유럽식, 영국식 집합코드 형태는 신입 단계를 넘어선 사람들에게 질서, 정체성, 책임감을 제공해 줄 수 있다(p. 100).

> ……집합코드는 교사의 재량권을 증대시키며…… 통합코드는 교사의 재량권을 감소시킬 것이다(p. 101).

집합코드로는…… 엘리트들만이 그 심층구조에 접근할 수 있으며, 따라서 새로운 실재를 만들어 주는 경험적 지식에 접근할 수 있다(p. 102).

이처럼 코드가 변화하면 지식의 분류와 구획화에 있어서 근본적인 변화를 초래하고 따라서 권력의 구조와 분배도 변화하며 그리고 통제 원칙들 또한 함께 변화한다(p. 106).

애당초 번스타인은 분류와 구획화라는 개념을 교육과정에만 적용시켜 교과들 사이의 경계와 무엇이 어떻게 가르쳐지는가에 대한 교사/학생의 통제력을 설명하였다. 그러나 이 개념은 코드라는 개념과 마찬가지로 앞의 1971년 연구와 1973년에 쓴 가시적(可視的)·비가시적 교수법에 관한 논문에서 급속한 확장을 하게 된다. 후자의 논문에서는 거의 완전히 분류와 구획화에 입각해서만 분석이 이루어진다. 그러나 이 연구는 학교와 가정이 아동을 사회화하는 과정을 탐구한 것으로, 이 탐구에서 그의 일관된 관심은 교육적 지식의 코드라는 것이 존재해서 이 코드가 경험을 규제하며 사회적 재생산을 일으키는 수단이 된다는 것을 독자들에게 설득하는 것이었다.

1973년의 이 논문에서 **코드**의 막강한 특성과 영향력이 분명하게 밝혀진다.

……코드가 변화한다는 것은 관계의 원칙과 평가원칙이 변한다는 것이다. 이 원칙들은 지식에 있어서의 원칙일 수도, 혹

은 사회관계, 실천, 특성, 정체성을 규정하는 관계의 원칙과 평가원칙일 수도 있다(p. 145).

개념과 원인으로서의 **코드**의 중요성도 명확히 밝혀진다.

> 이처럼 비가시적 교수법에서 가시적 교수법으로의 변화는 한마디로 말하여 코드의 변화이다(p. 145).

> ……(새로운 중산계급 아동의) 가정은 두 가지 코드를 모두 가지고 있다―인물을 드러내는 코드와 개인적 특질을 드러내는 코드(p. 145).

번스타인은 코드의 근거를 계급구조에 두고 있어서, '전달을 통제하는 코드를 변화시키는 것은 개인화된 계급관계에 뿌리를 둔 문화의 기초를 변화시켜 문화 자체가 변화하는 것을 포함한다'(p. 145)고 주장하기는 하지만 코드의 통제력을 명확히 밝히는 것으로 자신의 논문을 결론짓고 있다.

> ……약한 분류와 약한 구획화(즉, 통합코드)로의 이동은 정신구조와 사회구조에서의 고립을 감소시키는 **잠재력**을 지니고 있다(p. 146).

따라서 코드는 사고의 구조와 사회의 구조 둘 모두에 영향을 줄 수 있다. 자신의 모든 연구에 걸쳐서 번스타인은 코드에 특별한 권능을 부여한다. 그가 사용하는 언어 또한 매우 적극적이다. 그의 코드는 '생성'하고, '허용'하며, '약화'시키고, '필요로 하며', '창조'하고, '가능하게' 하며, '능력을 주고', '규정'하며, '결정'하고, '해방시키며', '조정'하고, '형성'하는 등등의 행위를 수행한다. 코드의 인과적인 특질 또한 극단적으로 표현된다. 코드는 사회관계의 형식들로부터 생겨날 수도 있지만, 곧 코드 자체의 자율성과 인과적 동력을 획득한다. 번스타인의 연구에서는 계속하여, 코드 · 분류 · 구획화의 세 기제가 사회구조를 대신하여 행위의 원천이 된다. 1975년에 그는 관계와 사고구조에 대한 자신의 구조주의적 관심을 다시 한 번 강조한다.

> 사회화의 구조는 일련의 역할들이 아니라 분류와 구획화의 관계들이라고 나는 믿는다. 내 생각으로는, 독특한 규칙들에 입각한 코드화 절차를 확립함으로써 정신구조를 형성하는 것은 이 분류와 구획화의 관계들이다(p. 11).

1977년에 이르러 번스타인은 첫째가는 동인(動因)으로서 그리고 사고의 구조로서의 코드를 다시 정의한다. 코드는 다음과 같이 정의된다.

> ……학교의 기본적인 메시지 구조이다(p. 177).

> ……매일매일의 행위들을 창조하는 근본적인 원리들이다(p. 176).

……코드는 적절한 의미들과 그 의미들이 실현되는 형태 및 의미들이 전개되는 맥락들을 통합하는, 암묵적으로 획득된 규정적 원리이다(p. 180).

번스타인이 계속하여 '지배적인 코드와 지배받는 코드' 및 '생산의 코드'(p. 181)에 대하여 이야기함에 따라 이 코드라는 개념은 계속 확장되어 적용된다.

지금까지와 마찬가지로 논의의 구조는 명백하다. 지배적인 문화적 범주(계급)가 권력과 통제관계의 원천이며 코드를 통하여 그러한 관계들을 재생산한다는 것이다. 그러나 번스타인은 주된 관심을 코드에 두고 있어서 기업에서 법인에 이르는 자본주의의 역사를 자신의 '생산코드'에 포함시키는데, 그것은 그가 '지배적인 학교코드 집합과 지배적인 생산코드는' 대체로 비슷하다고 생각하기 때문이다(p. 185).

1982년의 「코드, 양상(樣相), 문화적 재생산의 과정: 한 모형」이라는 논문에 이르러 번스타인 고유의 구조주의는 완전한 열매를 맺게 된다. 개인을 통하여 어떻게 사회가 그 자체를 재생산하는가 하는 문제에 여전히 사로잡혀 있는 그의 주장은 다음과 같은 것이었다.

……계급관계는 독특한 의사소통 형식을 생산하고, 분배하며, 재생산하고, 정당화하는데, 이 의사소통 형식은 다시 지배하는 코드와 지배받는 코드를 전달한다. 또한 주체(말하자면, 개인)는 그 코드를 획득하는 과정에서 이러한 코드에 의하여 차별적인 지위를 부여받는다(pp. 304-305).

코드는 '계급이 규정하는 것'이기는 하지만 번스타인은 코드들이 어떤 일을 하는가에 집중적으로 관심을 쏟는다. 그 코드들은

> ……지배하는 의사소통 형식과 지배받는 의사소통 형식에 따라, 그리고 그 의사소통 형식들 사이의 관계에 따라 주체를 배치시킨다. 이데올로기는 그러한 배치를 통하여 형성되며 동시에 그 배치 내에서 형성된다(p. 305).

코드는 이제 다음과 같이 정의된다.

> 의미, 의미의 실현, 의미가 실현되는 맥락을…… 선택하고 통합하는, 암묵적으로 획득된 통제 원리이다(p. 306).

이렇게 보면 코드는 레비-스트로스가 추구하는 무의식적인 정신 구조를 연상시킨다. 코드는 분명히 구조주의적이며, 번스타인이 발화행위나 맥락이 아니라 관계를 강조하는 것 또한 구조주의적이다.

> ……코드는 맥락들 사이의 관계들을 규정하며, 그러한 관계를 통하여, 맥락들 내의 관계들을 규정하기도 한다. 무엇이 맥락으로 간주될 것인가는 맥락들 내의 관계가 아니라 맥락들 사이의 관계에 달려 있다(p. 306).

관계에 대한 이와 같은 관심은 구조주의적 사고를 대표하는 예이다. 코드에 대한 번스타인의 연구도 마찬가지로 구조주의적이

다. 이 코드라는 장치는 의미, 의미의 실현, 의미의 맥락을 선택하고 **통합**하며 맥락들 사이의 관계를 **규정**하고, 맥락들 사이를 구분하는 원리들을 **만들어 내**며, 특정 맥락 내의 특수화된 관계들을 **창조**하고 **생산**하는 원리들을 만들어 내기 때문이다(p. 306). **변형**에 대한 번스타인의 구조주의적인 강조도 뚜렷하게 드러난다. 특수한 코드에 대한 저술을 위하여 그는 다음과 같은 수단을 찾으려 한다.

> ······다음과 같은 변형들을 수행할 수 있는 수단:
>
> (1) 계급관계와 배치(권력과 통제에 의한)
>
> (2) 배치와 코드
>
> (3) 코드와 의사소통
>
> 만약 그러한 변형이 달성될 수 있으면 가시적인 것들로부터 비가시적인 것들을 찾아낼 수 있다.

번스타인의 이러한 고도로 추상적인 저술은 유럽식 구조주의의 특징이며 대부분의 미국과 영국 교육학도들에게는 익숙하지 않다. 그가 제공하는 평범한 예는 그의 의도를 보다 명백하게 이해하는 데 도움이 될 수는 있을 것이다. 아동은 세계를 어떻게 분류하는가에 대하여 연구한 '사회학적 연구단'의 한 연구를 번스타인은 다음과 같이 보고하고 있다. 60명의 아동에게 음식물의 천연색 사진(빵, 치즈, 피시스틱 등등)을 보여 주고 마음대로 분류하도록 한다. 노동계급의 아동들은 중류계급의 아동들보다 더 직접적인 경험에 밀접한 범주들을 만들어 낸다. 중류계급 아동들은 스스로 '이것들은 바다에서 나는 것들이지', '이것들은 모두 버터가 들어 있어'

라고 분류하는 데 반하여, 노동계급 아동들은 '집에서 우리가 먹는 것', '엄마가 만드는 것' 등이 분류기준이 되는 경우가 많다(pp. 308-309). 번스타인은 이 두 가지의 분류법을 '의미에 대한 정련된 코드 방식과 제한된 코드방식'이라고 부른다. 그는 이러한 사고방식이 어떻게 물질적(즉, 사회계급) 맥락과 관계되고 그 맥락으로부터 생겨나는가를 보여 주려고 노력하였다. 그는 그 기반이 보다 특수하고 지역적일수록 코드방식이 더욱 제한적이라고 주장한다. 그가 1982년도에 쓴 논문은 의미에 대한 태도가 현실화되는 방식이 '권력분배와 통제 원리'에 의해 어떻게 규정되는가를 설명하는 모형, 즉 일상의 분류방식이 어떻게 사회구조로부터 생겨나는가를 보여 주는 모형을 개발하려는 시도이다. 그러나 늘 그렇듯, 그의 구조주의에서는 **코드**가 지배력을 지닌다. 이 모형의 목적은 다음과 같다.

······물리적 자원의 계급 생산과 담론적 자원의 계급 재생산 및 생산을 규정하는 코드를 생성하기 위한 것이다(p. 312).

앞의 인용문에서 나타난 코드의 지배력을 주목해 보자. 코드는 단지 교육과 의사소통(담론적 자원)뿐만 아니라 '물리적 자원의 계급 생산' 또한 규정하는 것이다. 사회구조를 강조하기는 하지만 번스타인에게 있어 실제로 작동하는 것은 **코드들**이다. 또한 분류와 구획화를 거쳐 온 그의 오랜 연구는 결국 놀랄 정도로 정확한 방법론, 즉 교육, 의사소통, 그리고 경제관계를 지배하는 코드들을 확인하는 방법을 만들어 냈다. 이 연구결과는 그가 구조주의자라는 증거가 되므로 자세히 소개할 가치가 있다.

이제 우리는 물질적·담론적 자원의 재생산/생산을 규정하는 특수한 코드를 의미에 대한 태도와 그 태도가 현실화되는 정도에 입각하여 기술할 수 있게 되는데, 코드는 의사소통 맥락을 구성하는 특수한 상호작용들에 의하여 만들어진다. 코드는 다음과 같은 공식으로 기술할 수 있다.

$$\frac{O}{(\pm)CF(\pm)^{i/e}}$$

여기에서

O는 의미에 대한 정련된/제한된 태도(특권을 부여받은/특권을 부여하는 지시관계)

C는 분류 원리

F는 구획화 원리

($\pm$)는 강도(강/약)에 입각한 C와 F의 가치

i/e의 i는 의사소통 맥락 내에서의, 예를 들어 가족, 학교, 작업장 내에서 F의 내적 가치

　　e는 F의 외적 가치, 즉 의사소통 맥락 사이의, 예를 들어 가족/지역사회와 학교의 의사소통, 학교와 작업장의 의사소통 관계에 대한 규제(pp. 331-332).

비판으로 옮겨 가기 전에, 이쯤에서 번스타인 구조주의의 특징을 요약하는 것이 가능하다. 그의 구조주의는 유럽식 구조주의의 표면적인 특징과 심층적인 구조를 모두 지니고 있다(제1장과 제2장을 보라). 이처럼 번스타인의 구조주의는 매우 추상적이고, 코드·관계·변형 등 익숙한 구조주의적 개념을 채용하며, 자신만의 구조

주의적인 개념들(분류와 구획화)을 창조해 낸다. 또한 그의 구조주의
는 상상적이고 낭랑한 목소리의 의미심장하고 알쏭달쏭한 격언적
인 이야기들로 거리낌 없이 바뀌어서('주체는 침묵에 의해 확립되며
권력은 침묵을 통해 말한다' 등) 이 이야기들은 주제를 파악하기 어렵
고, 환상적이며, 신비하고, 시적이며, 난해하고 애매하다. 시종일
관 언어 코드, 교육과정 코드, 사회화 코드, 문화적 재생산 코드 등
코드에 몰두해서, 번스타인의 연구는 구조주의적인 **이항대립의 형
식**(정련된/제한된, 개방된/폐쇄된, 내재적/외재적, 친밀/소원, 가시적/비
가시적, 지위 관련/개인 관련, 집합적/통합적, 도구적/표현적, 기계적/유
기적, 계층화된/분화된, 순수/혼합, 분류/구획, 권력/통제)을 지니는 개
념의 이원성으로 특징지어진다. 번스타인 이론은 코드가 어디에
나 적용된다는 일종의 거대이론을 구성하고 있다는 점에서 레비-
스트로스에 비할 만한 스케일과 야망을 가지고 있으며, 앞의 인용
문에서 볼 수 있는 것처럼 '코드는 다음과 같은 공식으로 기술될 수
있다'는 등 과학적 정확성으로 인과적 요소들을 찾아낼 수 있다는
자신만만한 구조주의적 주장도 펼친다. 그러한 인과적인 요소들이
바로 **코드**로서 거의 무한대로 적용되고 확장하면서, 인간행위들을
다양하게 '생산하고', '변형시키며', '재생산하고', '창조하며', '움직
이고', '지배하며', '통합하므로' 인간행위의 자원과 원천이 된다. 또
한 그의 이론은 언어에 대해 구조주의적으로 집중하기도 한다. 번
스타인은 사회구조가 인간행위의 근원이며 결정인자라는 익숙한
사회학적 주장으로 거듭하여 되돌아가기는 하지만, 그는 일관되게
이러한 주장을 코드 · 분류 · 구획화라는 추상적 규칙과 정신구조
가 중심이 되며 동시에 행위의 설명인자가 되는 그러한 종류의 구

조주의로 변환시킨다.[18] 번스타인은 자신의 이론을 물질세계에 적용시키려고 시도하기는 하지만, 언어에 대한 그의 흥미 때문에 그의 이론은 결국 항상 코드라는 개념으로 되돌아가고 만다. 인간행위는 인간이 속한 체제('계급 코드…… 그것에 의하여, 또 그것을 통하여 주체가 선택적으로 창조되고 배치되며 반대로 배치되기도 하는……') (p. 336)의 결과가 되므로 주체는 탈중심화된다. 마지막으로, 번스타인의 저술은 유럽식 구조주의와 마찬가지로 보통 사람들이 이해하기에는 어렵게 발전해 왔다. 가장 학구적인 성향을 지닌 영국과 미국의 교사들에게도 다음과 같은 그의 최근 연구물은 낯설고 난해하기만 하다.

> 코드는 범주들의 관계와 범주들이 실현되는 방식에 대한 특수한 기호학적 원리/문법을 지닌 변형인데, 여기에서 범주의 관계는 어형변화를 나타내며 실현은 신태그마를 나타낸다(p. 336).

1982년에 쓴 논문의 결론 부분에 나오는 이 한 문장은 구조주의적인 사고의 모든 중요한 특징을 지니고 있다. 따라서 이 문장은 구조주의가 크게 유행하던 1960년대에 프랑스에서 쓰였다면 그곳에서는 아주 익숙한 문장이었을 것이다.

앞에서 서술한 특징들로 번스타인 연구가 안고 있는 약점을 짐작할 수 있다. 언어와 교육과정이 교육연구의 중심적인 관심이 되었다는 것을 확인해 주었다는 점에서 번스타인은 칭송받아 마땅하다. 그러나 그의 구조주의는 그 풍부한 상상력에도 불구하고 코드의 이론을 손상시키는 결함을 포함하고 있다. 이 비판점들은 다음과 같이 간단히 기술할 수 있다.

1. 개념의 확장과 탄력성

기본적인 개념들(코드 · 분류 · 구획화)이 모든 것을 설명하려고 확장되어 버리므로 이 개념들은 애매하고 난해하게 되어 버린다. 언어, 지식, 교육, 사회계급, 그리고 심지어는 물리적 자원들까지도 이 개념들의 지배를 받게 된다. 번스타인은 **코드**를 보편적인 설명 도식을 만들어 내는 데 사용한다. 그 과정에서 그 정의가 끊임없이 변화하게 되고 코드라는 개념은 지나치게 탄력적이 되어서 신뢰성을 잃게 된다. 모든 것을 설명하는 것은 아무것도 설명하지 못한다.

2. 이론모형의 동어반복적 성질

분류와 구획화라는 개념을 도입함으로써 번스타인이 만들어 낸 것은 설명적 모형이 아니라 일련의 정의와 재정의들이었다. 1971년과 1982년에 저술한 그의 중요한 논문들은 논리적 또는 인과적 연결들로 가장한 동의어 반복으로 가득 차 있다. 번스타인은 분류와 구획화를 경계적 관계들에 입각하여 정의한다. 분류는 범주들 사이의 관계, 또는 경계강도를 말하며 구획화는 의사소통 행태에 대한 통제의 정도, 또는 선택 · 조직 · 속도 · 지위 · 태도 · 의복 · 위치 등등에 대한 통제 정도를 의미한다는 식이다. 이처럼 격리라든가 경계라는 개념에 집착하여 그는 동의어 반복을 다수 사용한다. 여기에서는 지면관계상 몇몇 전형적인 예만 들어 보겠다. 각 예에서, 번스타인은 원래의 정의를 단지 재진술하고 있으므로 연결어(連結語) 또는 인과어(因果語)(예를 들어, '그렇다면', '따라서', '창조하다', '규정하다' 등)들은 그냥 '이다(is)'로 대치될 수 있다. 각 문장에서, 인과적 관계를 나타내는 것이 아니라 문장의 전반부를 반복하고 있을 뿐인 부분을 고딕체로 강조해 보았다.

범주들 사이의 격리가 심할수록 한 범주와 다른 범주 사이의 경계가 강해진다(p. 313).

분류의 원리에 있어서의 어떤 변화도 격리의 정도에 있어서의 **변화를 필요로 한다**(p. 313). (주: 번역하면, 경계관계에서의 변화는 경계관계에 있어서의 변화를 만들어 낸다.)

구획화에 있어서의 변화와 변이는 교수행태에서의 변화나 변이를 만들어 낸다(p. 325). (주: 당연한 소리! 무엇보다, 구획화를 그렇게 정의했으니까.)

3. 실체화되고 인과관계화된 개념들

분류와 구획화를 코드라는 개념의 기초로 규정한 후 번스타인은 곧 이 분류와 구획화라는 두 개념을 인간행위를 규정하고 창조하는 구체적·인과적 요인들로 변환시킨다. 이처럼 그가 사용하는 개념들은 자체로 생명력을 지닌 것처럼 사건들을 결정한다. 그가 사용한 능동적인 단어들은 앞에서 지적된 바 있다. 그럴싸한 인과적 진술을 만들어 내기 위하여 단순한 추측은 실제로 둔갑해 버리고 이러한 둔갑은 번스타인 이론모형의 동의어 반복적인 특징과 결합되어 있다. 거의 모든 경우에 번스타인은 '창조한다'와 같은 능동적이고 인과적인 단어를 사용하고 있는데, 그것은 동의어 반복을 인과적 관계라고 주장하겠다는 신호이다. 다음의 인용문에서 문장의 중요한 부분인 그러한 능동태 동사들을 강조해 보았다. 각 문장의 후반부는 단지 전반부의 반복일 뿐이다.

강력한 구획화는, 자신이 어떤 지식을 언제 어떻게 받아들이는가에 대한 학생의 권한을 **줄이며**, 교수적 관계에서 교사의 권한을 **늘린다**(1971, p. 90). (주: 번역해 보면, 교사들에 의한 철저한 통제는 교사들에 의한 철저한 통제이다.)

교육과 생산 사이에 강한 분류가 존재하는 곳에서 이것은 교육의 상대적 자율성을 위한 조건을 **창조한다**(1977, p. 175).

격리 정도는 범주들 사이의 관계에 대한 중요한 **규정인자이다**(1982, pp. 313-314). (주: 번역하자면, 범주들 사이의 관계는 범주들 사이의 관계를 규정한다.)

이처럼 번스타인은 어떤 개념(또는 보다 정확히 이야기하여, 어떤 이름표)을 만들어 내서, 그 개념 또는 이름표에 능력을 부여한다. 사실상 이 개념/이름표는 단순히 재정의하는, 새로운 명칭을 붙이는 장치일 뿐이다.

범주들 사이의 관계가 강하거나 약한 분류에 의하여 지배될 수 있는 것과 같은 방식으로 의사소통의 방식 또한 강하거나 약한 분류에 의하여 지배될 수 있다(1982, p. 325).

앞의 인용문에는 동의어 반복, 인과성, 그리고 실체화가 하나로
뭉쳐 있다. '범주들 간의 관계' 또는 '의사소통의 원리들'은 분류와
구획화라는 개념에 대한 번스타인의 정의이므로 '의하여 지배될 수
있다'는 문구는 '이다'로 대치되어야 한다. 분류라는 이름표가 사이
에 끼어들어 그 자체로 설명인자가 되어 버렸다.

4. 유사(類似) 정밀성

자신의 이론이 엄밀성과 과학적 지위를 지닌다는 주장은 두 가
지 방식으로 제시된다. 첫째, 번스타인의 개념들은 다양하게 '규정
하고', '필연적으로 수반하며', '만들어 내고', '변형시키며', '재생산
하고', '선택하며', '통합하고', '확립하며', '변화시키고', '창조하며',
'완전히 의존하며', '지배하는' 것들이어서 인과적 연결고리들을 찾
아낼 수 있다고 주장하는데, 이러한 주장에 사용되는 번스타인 언
어들의 매우 결정론적인 특징이 그것이다. 이와 같은 자신만만한
주장은 그의 공식(1982년 논문을 보라)에 드러나 있다. 번스타인 '정
밀성'의 두 번째 특징은 그가 애매한 공식들을 만들어 내는 데 있다
(앞의 언급과 1982년의 논문을 보라).[19]

5. 모순성

자신의 저술들이 정밀하다는 주장에도 불구하고, 번스타인의 저
술들은 그의 이론을 모호하고 난해하게 만드는 중요한 혼돈과 모
순 때문에 고생하고 있다. 그는 노골적으로 입장을 바꿔 가며 이론

을 뒤집어서 쉽게 자신의 이론들과 모순을 범하고 있다. 그의 말투에서 잘 알려진 모순은 다음과 같은 것이 있다.

코드를 바꾸는 능력은 역할을 바꾸는 능력을 통제한다(p. 129).
그리고
역할을 잘 처리할 수 없으면 적절한 언어행위를 만들어 낼 수 없다(p. 177).

이것은 어떤 이론을 발전시키는 것이 아니라 그 이론을 부정하는 것이다. 비슷하게, 1982년에도 그가 분류와 격리를 다시 정의하였으므로 독자들은 무엇이 무엇의 원인이 되는가를 선택하는 데 당황할 수밖에 없다. 사실상 번스타인은 동의어 반복을 즐겨 사용하는 경향이 있으므로 이 둘은 같은 것이다.

……격리에 의하여 창조된 분류의 원리(들)(p. 317).
그리고
……분류 원리에 의하여 창조된 격리들(p. 320).

6. 코드는 원리이다

자신의 코드 이론을 발전시킴에 있어서 번스타인의 실수는 코드가 '원리들'과 근본적으로 다르다고 가정하는 것이다. 그에게 코드는 행동의 어떤 원리나 규칙들 저 너머에 존재한다. 따라서 그는 코드의 작용을 다음과 같이 설명한다.

맥락과, 맥락 내의 특수화된 관계들을 창조하고 생산하기 위한
원리들 사이를 구분 짓는 원리들을 만들어 낸다(1982, p. 306, 원
저자의 강조).

여기에서 코드는 코드 뒤에 숨어서 코드의 근원이 되는 원리들
을 생성한다. 이 '원리들'은 단지 '인지하는 규칙들'이거나 '실현하
는 규칙들'이거나 '기본적 수행'의 규칙들이다. 그러나 번스타인
의 코드는 정신적 상태여서 코드와 원리를 구분하는 것은 잘못이
다. 코드가 곧 원리인 것이다. 번스타인은 단순히 '이다'라는 동사 대
신에 '만들어 내다'라는 동사를 쓰고 있으며 자신의 코드라는 개념
을 원리, 규칙, 개념구도, 의미에 대한 태도 등보다 상위 수준에 끼
워 넣는데 이것이 언어와 행위를 생산해 낸다. 그러나 코드는 원리
나 규칙 그 자체이며, 구문(構文)이나 문법 또는 '판단 양식' 자체여서
언어와 의사소통을 지배하고 유지시켜 주므로 앞의 주장은 잘못된
주장이다. 간단히 말하여, 여러 가지 사회현상을 설명하는 데에 코
드라는 개념이 끼어드는 과정이 허구적이고, 간섭적이며, 왜곡적
이라는 것이다. 불행하게도 번스타인의 구조주의적 연구는 우리를
오도하고 있다.

7. 개인의 축소
우리가 지금까지 목도해 온 바와 같이 다른 구조주의자들과 마찬
가지로 번스타인도 '주체를 탈중심화시킨다'. 번스타인은 코드 내
부의 법칙들이 잔혹하지 않다고 주장하지만 코드에 대한 그의 강조
로 인하여 인간은 부재하는 구조, 자신들을 창조하고 지배하는 구

조의 손아귀에 들어 있는 단순한 도구나 허수아비가 되어 버린다.

> 계급코드에…… 의하여 그리고 계급코드를 통하여 주체는 선택적으로 창조되고, 배치되기도 하고 반대로 배치되기도 한 다(1982, p. 336).

번스타인은 구조와 코드를 지나치게 강조함으로써 개인을 탈중심화시켜 버리지만, 재미있게도 자신의 저술들에서 보여 준 그의 능력과 상상력 그리고 교육사상에 미친 영향력 자체가 그가 부정하는 개인의 재주와 역량을 증명해 준다. 인간의 역량과 창의성, 그리고 저항과 끈기의 가능성을 고려하지 않는 어떤 설명 모형도 그 힘을 잃게 된다. 주체와 사회적인 것 사이의 변증법을 확립하겠다는 그의 주장에도 불구하고 번스타인의 모형은 대단히 결정론적이고, 완고하며, 비인간적이다. 그의 유럽식 구조주의는 지적으로 자극을 주며 도전적이기는 하지만 코드라는 개념을 지나치게 확장하여 적용하고 개인을 희생시키면서까지 체제를 강조하는 것은 교육에 대한 구조주의적 분석의 한계를 보여 준다.

구조주의와 교사

지금까지 이 책에서는 번스타인 교수와 구조주의 이론가들에 대하여 비판적인 입장을 취해 왔다. 그러나 구조주의가 교육에 중요한 공헌을 할 수 있을 것이므로 그러한 비판에도 불구하고 구조주의를 완전히 폐기하라고 권고하는 것은 아니다. 낯선 개념들과 높은 수준의 추상적 논리 때문에 교사들이 많은 어려움을 겪을 것이므로 이 절에서는 교사들이 자신들의 교육실천을 스스로 이해하고 평가하여 변화시키도록 돕기 위한 몇 가지 방식을 간단하게, 그리고 되도록 단순하게 제시해 보도록 한다. 그러한 과정에는 당연히, 실제로는 대단히 복잡한 개념들을 평범하고 직설적으로 표현할 때 발생하는 위험이 따를 수밖에 없다. 이 책의 주장들은 명백하고 논란의 여지가 없도록 기술되겠지만 독자들이 이 책의 전체적인 맥락 내에서 이 주장들을 해석하기를 바란다.

교육이란 이해를 증진시키고 바람직한 태도, 신념 및 행동을 길러 주는 데 주된 관심이 있다. **학교교육**은 사회적으로 조직된, 체계적인 교육적 노력의 대표적인 예이다. 따라서 학교교육은 네 가지 관점에서 분석될 수 있는데 각각 사고의 구조, 감정의 구조, 사회조직의 구조 및 인간역량의 구조가 그것이다. 이 네 관점은 또 각각 이해, 태도와 신념과 가치, 사회구조, 그리고 개인의 역량에 관심을 둔다. 이것이 이 책에서 소개되었던 구조주의 분석 방법들로 제8장에서 다시 다룰 것이다. 이 방법을 이용하여 학교교육을 이해하고 평가하려면 교사들은 구조주의 분석의 **수준**과 **방법** 그리고 몇몇 중심개념에 대하여 명확히 이해할 필요가 있다.

1. 수준

구조를 확인할 때 초점이 되는 교육수준을 명확히 하라. 다음의 수준들에 대하여 생각해 보면 분석에 도움이 될 것이다.

(1) 학급(초급 유아학급, 4학년 수학 패키지, 개인지도 그룹 등)

(2) 과/교사회(영어과, 과학 교사회 등)

(3) 학교(세종 고등학교, 청룡 유치원 등)

(4) 지역(충남 교육청, 부산 동부교육지원청 등)

(5) 국가(교육부, 교육부 연구관, 전국교직원노동조합 등)

분석이 점차 정교해지면 교사들은 모든 수준이 서로 관련되어 있다는 것을 깨닫게 되겠지만 어느 한 수준에서도 구조주의적 분석이 가능하다(Lawton, 1979, p. 19를 보라).

2. 방법

각 수준에서 행위의 원인이 되고 행위 안에 드러나 있는 구조들을 찾으라. 그러기 위하여 특정의 '사건'(예를 들어, 수업의 일부, 교사 회의, 학교 안내책자, 지방교육청 또는 교육부의 문서들)을 검토해 보라. 그 사건으로 증명된, 그리고 참여자 행위의 원천이 되고 참여자가 재생산해 내는 구조들을 확인하라. 이 분석은 능력, 사고, 사회조직, 감정이라는 네 가지 구조의 요소들을 고려함으로써 수행된다. 특정한 사건을 면밀히 살펴봄으로써, 그리고 경험 및 기존의 지식에 의존하여 교사는 자신의 실천이 속한 구조들을 보다 명확히 이해할 수 있게 될 것이며 따라서 그 실천을 더욱 잘 개선시킬 수 있게 될 것이다. 이 책에서 채용한 구조주의 분석의 특징들은 제8장에 기술하였다.

3. 중요한 개념들

구조주의에서 사용되는 어휘들은 대단히 난해하고 위압적이지만, 굳이 전문 용어에 의존하지 않고서도 모든 교사들이 구조주의적 분석을 수행할 수 있을 것이다. 그러나 몇몇 개념은 대단히 핵심 개념이므로 그중 몇몇 중요한 개념의 전제를 간단히 다시 제시해 보기로 한다.

전체성   겉보기에 간단한 이 개념은 자칫하면 전반적으로 잘못 이해될 가능성이 있다. 동질적이고 일관된 구조나 전체는 거의 없다고 보는 것이 좋다. '계급'이나 '학교' 또는 '지방교육청'은 어느 것도 통합된 전체가 아니다. '전체 교육과정'이나 '세종대왕 시대의 역사'나 '생물학'이나 '유치원' 또한 마찬가지이다. 이 각각은 그 내부에 능력, 사고, 사회조직 및 감정의 구조들을 포함하고 있는 복잡한 구조이며 각각의 특수사례마다 이 구조에 대한 분석이 필요하다. '수(數)'나 '수학'이나 '장기' 및 이와 비슷한 체제만이 일관된 전체를 대표한다. 그러나 구조라는 개념을 정의하는 것이 이렇게 어려운 것이기는 하지만 모든 '사건들'은 그 사건을 포함하는 전체, 그것을 통하여 우리가 그 사건을 이해할 수 있는 전체와 관련지어서 보아야 한다. 영희의 행위는, 결석 중이든지 개구리를 해부하고 있든지, 학교, 훈육, 생물학 등과 같이 그 행위에 의미를 부여하는 복잡한 전체를 통해서만 이해할 수 있고 나아가서 평가할 수도, 치료할 수도 있다. 교사는 자신으로 하여금 결과(예를 들어, 작문)와 과정(예를 들어, 교사의 말)을 모두 해석하고 평가할 수 있도록 해 주는 그러한 구조적 전체에 대하여 가능한 한 명확한 개념을 가져야 한다. 그러나 그러한 구조들은 자주 이질적이며, 복잡하고, 자주 변화하며, 모순적이기까지 하다는 사실을 기억해야 한다.

존재/부재   존재/부재의 개념은 우리 앞에 생생하게 존재하는 사건들(영희가 철수를 때린다거나, 영희가 교과서의 단어들을 읽고 있다거나, 학생들이 모여서 노래를 부르고 있다거나)은 부재하는 구조들에 의하여 만들어지며 그것들을 통하여 해석된다는 사실을 상기시켜 준다. 우리가 보고 경험하는 행위나 사건의 이면에는 지적으로, 그리고 풍부한 상상력을 통하여 재구성함으로써 파악하고 기술해야 하는 복잡한 문화적 전체성을 표현해 주는 구조들이 놓여 있는데, 이 구조들은 보이지도 않고 볼 수도 없다. 책 페이지 위의 단어들 이면에는 부재하는 언어(소쉬르Saussure의 랑그; 제2장을 보라)가 있으며, 영희의 행위 뒤에는 부재하는 사고, 감정, 사회적 관계의 구조들이 존재한다. 그러나 '부재하는'과 '이면에'라는 용어는 자칫 잘못 이해될 가능성이 있는 이미지라는 사실을 이해하는 것이 중요하다. 그것은 우리가 추구하는 구조들은 각각의 **독특한** 사건 내에서 예증되며 구조의 존재는 인간의 행위에 의하여 좌우되기 때문이다(제4장의 경제주의 비판 뒷부분과 제8장에서 설명할 구조적 인과관계라는 알튀세르의 개념을 보라). 피아제(Piaget)가 아동행위에 대한 연구를 통하여 인지발달의 단계를 확인한 것은 사고의 구조와 존재/부재와의 관계를 보여 준다. 서로 다른 길이의 점토 막대를 비교해 보고 '길이가 같다'라고 이야기하는 4살배기는 명백히 우리 앞에 **존재**하지만 그러한 이야기를 생산하는 것은 전개념적 사고라는 **부재**의 구조이다.

내재성(內在性)   구조주의는 개인이 구조와 문화 내에 존재한다고 강조한다. 이를 설명할 수 있는 비유로는, 잘못 이해될 가능성도 있지만, 언어의 예를 들 수 있을 것이다. 단어는 다른 단어와 관계되어서만, 언어라는 전체성과 관계되어서만 의미를 지닌다는 것이다. 의미는 맥락에 의존한다. 마찬가지로 개인 스스로에게 그리고 다른 사람에게 지니는 중요성과 의미 또한 개인과 타인의 관계 그리고 개인이 속한 구조와의 관계로부터 나온다. 교실에서 철수는 그가 속한 구조들, 그리고 철수 내에서 자신을 표현하는 구조들을 통해서만 다루어질 수도, 이해될 수도 있다. 그러한 구조란 무엇인가? 몇 가지만 들자면 소년, 학생, 16살짜리, 천주교, 중류계급, 한국인 등이 그것이다. 철수는 어떤 고등학교에서 수학시간에 기하학 문제 패키지를 공부하고 있다. 그러한 범주들의 바탕을 이루며 그 범주들에 나타나 있는 사고, 감정, 사회조직의 구조가 철수를 규정하고 형성한다. 이 범주들은, 그것들을 통하여 철수의 독특한 특징과 능력이 표현되고 범위가 주어지는 구조들이므로 철수의 역량을 부여해 주기도 한다. 철수는 그러한 구조들에 토대를 두고 있지만 그는 그 구조들에 의존하여 자신만의 방식으로 그 구조들을 실현하는 것이다. 철수를 이런 방식으로 살펴본다면 구조주의가 지니고 있는 비인간화의 가능성을 피할 수 있으며, 교사들에게는 개인과 구조가 서로 의존하고 있음을 깨닫게 해 줄 수 있다. 철수는 자신의 성역할, 학생 역할 안에 존재하지만, 앞에서 비유하였던 언어의 경우와는 달리 철수라는 인간이 지닌 역량은 철수로 하여금 '정해진 주제를 기반으로 자신만의 변주곡을 연주'할 수 있도록 해 준다.

변형   교사들은 변형의 과정에 결정적으로 연루된다. 체제로서의 학교교육은 언제나 개개 학생을 인지적, 언어적, 정서적, 심

미적, 사회적으로 변형시키는 데 의식적으로 관계한다. 구조주의
자들은 그러한 변형이 사회적이고 생물학적인 체제의 당연한 결과
라고 주장한다. 그러나 학교교육은 특정의 바람직한 변형을 유도
하며 수정해 가면서 촉진시키기도 하지만 바람직하지 않은 변형은
막으려고 노력한다. 따라서 교사는 언제나 변형에 신경을 써야 한
다. 자신이 속한 사고의 구조, 감정의 구조, 사회조직의 구조 안에
서, 그리고 그 구조들을 통하여 교사 자신과 학생들이 어떤 변화를
겪게 될 것인가에 유념하여야 하는 것이다. 이처럼 구조주의적 분
석 작업의 과제는 변화의 역학을 확인하는 것이다. 이 변화는 개개
학생이 수학적 개념이나 역사적 개념을 더 잘 이해하게 되거나 학
생의 행동이 더 나아졌다는 등 학생 수준일 수도 있고, 또는 각 학
교의 전체 교육과정 변화의 수준일 수도, 혹은 지방교육청이나 국
가의 학교교육 구조의 변화 수준일 수도 있다. 교사들이 변화의 구
조적 원인을 보다 명확히 이해한다면 그 변화의 방향을 예측할 수
도 있을 것이고 바람직한 결과와 과정을 확보하기 위하여 자신의
행동을 조정할 수도 있게 될 것이다.

관계   이 용어는 교사들이 사용하는 어휘 가운데 가장 널리 사
용되는 단어 중 하나일 뿐만 아니라('좋은 관계의 중요성') 동시에 파
악하기가 가장 어려운 개념 가운데 하나이기도 하다. 사물이나 사
람 등 구체적인 대상을 보는 것은 쉬운 일이지만 그것들을 연결해
주는 눈에 보이지 않는 요인들을 확인하는 것은 훨씬 어려운 일이
다. 그러나 구조주의는 사물보다는 관계에 집착하는데, 그것은 구
조주의가 찾는 것이 눈에는 보이지 않는 사고의 구조, 감정의 구조,

사회조직의 구조이기 때문이다. 이러한 구조에는 개별행위를 발생시키고 가능하게 해 주는 연결조직, 자원, 에너지가 포함된다. 수학이나 읽기와 씨름하고 있는 영희와 철수는 교사 눈앞에 아주 명백히 존재하지만 그들과 그들의 활동은 관계의 그물망을 통하여 이해되며, 이 관계의 그물망이 개인이나 숫자나 단어에 의미를 부여한다. 교실과 학교를 관계의 구조로 보도록 시각을 바꾸는 일이 쉬운 것은 아니지만 그렇게 한다면 교육실천을 유익하게 변형시킬 수 있는 신선한 견해를 지닐 수 있게 될 것이다.

기호   구조주의는 기호에 대한 연구인 기호학을 발생시켰다. 학교는 기호의 체계로 간주될 수 있다. 의복, 언어, 몸짓, 시험, 말하는 방식, 상, 벌, 시간표, 학과목, 규칙, 관습, 수업계획서, 공간의 이용, 교구, 벽의 장식물 등 모든 것은 무엇인가를 의미한다. 그리고 구조주의는 이 같은 의미작용을 해석하려는 노력 가운데 한 종류이다.[20] 이 점에서 기호학은 학생들의 일상적 지각과 밀접하게 관계되어 있다. 제5장의 첫머리에서 학생이 '내가 이 학교에 충분히 오래 다녔으니까 그들이 내 이름을 모를 것 같지 않은데'라고 불평하는 것처럼, 학생들은 당연한 관례적인 언행들의 의미에 대하여도 예민하게 주의를 기울이고 있기 때문이다. 그러나 더 나아가, 기호학은 교육과정의 실천을 연구하는 데에도 대단히 적절하다. 영화, 텔레비전, 광고, 학교 교재에 나오는 단어와 그림 등 모든 형태의 의사소통 연구에서는 이 매체들이 사용하고 있는 기호, 그 매체들에 구체화되어 있는 기호에 대한 분석이 대단히 중요한 것이다.

주

1. 교육 우선지역에 대한 흘시의 연구는 다음 보고서에 포함되어 있다.

   Department of Education and Science (1972-1975). *Educational Priority*, Volumes 1-5. London: Her Majesty's Stationary Office.

   사회 이동성에 대한 흘시의 연구는 다음을 참고하라.

   A. Halsey, A. Heath & S. Ridge (1980). *Origins and Destinations: Family, Class and Education in Modern Britain*. Oxford: Clarendon Press.

2. S. Bowles & H. Gintis (1976). *Schooling in Capitalist America*. New York: Basic Books.

3. Kevin Harris (1979). *Education and Knowledge: The Structured Misrepresentation of Reality*. London: Routledge and Kegan Paul, pp. 163-164.

4. Harris (1979), p. 144.

5. Roger Dale et al., (1976). *Schooling and Capitalism*. London: Routledge and Kegan Paul.

6. King (1978).

7. Willis (1977), p. 127.

8. R. Sharp & A. Green (1975). *Education and Social Control*. London: Routledge and Kegan Paul.

9. Sally Tomlinson (1981). 'The Social Construction of the ESN(M) Child', in Len Barton & Sally Tomlinson (Eds.), *Special Education, Policy, Practices, and Social Issues*. New York: Harper and Row. *A Sociology of Special Education*, London: Routledge and Kegan Paul.

   J. Ford, et al. (1982). *Special Education and Social Control: Invisible Disasters*. London: Routledge and Kegan Paul.

특수교육의 역사는 교육적 장애라는 범주가 사회적으로 구성된다는 사실을 뚜렷이 보여 준다. 다음 책 참고.

Sally Tomlinson (1982). *A Sociology of Special Education*. London: Routledge and Kegan Paul.

Ford et al. (1982).

최근에 Warnock 보고서에 따라(Department of Education and Science. *Special Educational Needs-The Warnock Report*. London: Her Majesty's Stationary Office, 1978) 1981년 교육법은 ESN(M)(교육적 저능-경중) 또는 ESN(S)(교육적 저능-중중) 등 예전의 범주를 폐기하고 '학습곤란 아동'이라는 단일한 분류로 대치하였다. 그러나 Warnock의 권고와 이에 따른 법률도 제7장에서 **과정 구조주의**라는 제목으로 논의된 내용을 약화시킬 것 같지는 않다.

10. P. Squibb (1981). 'A Theoretical structuralist approach to special education', in Barton & Tomlinson (Eds.) (1981).

11. Barton & Tomlinson (Eds.) (1981), p. 208.

12. Barton & Tomlinson (Eds.) (1981), p. 209.

13. Barton & Tomlinson (Eds.) (1981), p. 169.

14. Ford et al., (1982), p. 160.

15. Ford et al., (1982), p. 125.

16. Ford et al., (1982), pp. 127-128.

17. 페이지 번호는 1974년과 1977년 출간된 번스타인의 논문집과 1982년의 논문 페이지이다.

1974, *Class, Codes and Control, Volume I Theoretical Studies Towards a Sociology of Language* (2nd edition). London: Routledge and Kegan Paul.

1977, *Class, Codes and Control, Volume III Towards a Theory of Educational Transmission* (2nd edition). London: Routledge and

Kegan Paul. (이 책의 2부 제목을 '교육적 전달의 코드화에 있어서의 변화'라고 한 것은 의미심장하다.)

1982, 'Codes, modalities and the process of cultural reproduction: a model', in M. Apple (Ed.), *Cultural and Economic Reproduction in Education: Essays on Class, Ideology and the State*, pp. 304-355.

18. 번스타인에 대한 Mary Douglas의 영향은 간과할 수 없다. 번스타인도 자신의 아이디어들을 형성하는 데 그녀의 생각이 큰 영향을 끼쳤다고 인정하며 번스타인의 이항대립 개념도 그녀의 영향을 받은 것이다. 1982년 논문에서 번스타인은 Douglas의 '목소리' 개념을 받아들여 수정한 것으로 보인다. Douglas의 다음 책을 참고할 것.

Mary Douglas (1982). *In the Active Voice*. London: Routledge and Kegan Paul.

19. 자신의 이론이 정밀하다는 번스타인의 주장은 이탤릭체를 자주 쓰는데서 엿볼 수 있다. 이렇게 이탤릭체를 즐겨 사용하는 것은 때로 터무니없기까지 하다. 번스타인 연구진의 연구대상이 '8살과(and) 11살'짜리 60명 아동으로 이루어졌다는(p. 308) 보고에서 '……과(and)'를 강조한 것을 어떻게 이해할 수 있을까? 논문 원본에서는 8살짜리들로만 구성된 58명만 다루고 있어서 이 가짜 정밀성에 대한 의문은 더욱 커진다. 다음 논문을 참고하라.

J. Holland (1981). 'Social class and changes in orientation to meaning'. *Sociology*, 15: 1, pp. 1-18.

20. 기호학적 접근을 취하여 기호의 해석이 학교교육에 어떻게 적용될 수 있는지를 풍부하게 보여 주는 다섯 권의 책은 다음과 같다.

A. Lurie (1982). *The Language of Clothes*. London: Heineman.

B. Martin (1981). *A Sociology of Contemporary Cultural Change*. Oxford: Basil Blackwell.

J. Culler (1981). *The Pursuit of Signs: Semiotics, Literature, Decon-*

struction. London: Routledge and Kegan Paul.

J. Fiske (1982). *Introduction to Communication Studies.* London: Methuen.

J. Hartley (1982). *Understanding News.* London: Methuen.

※ 제7장 본문에 언급되지만 앞의 주에 제시되지 않은 문헌들은 다음과 같다.

P. Atkinson (1981). 'Bernstein's Structuralism'. *Educational Analysis*, 3: 1, pp. 85-95.

A. Halsey, J. Floud & C. Anderson (1961). *Education, Economy, & Society.* New York: Free Press.

D. Lawton (1981). *The End of the Secret Garden? A Study in the Politics of the Curriculum.* London: University of London Institute of Education.

제8장

구조적 분석

Structuralism and Education

제8장에서는 설명 · 평가 · 변화를 목적으로 교육실천을 연구하는 방법 가운데 하나로 구조적 분석을 제안하려 한다. 이 분석 방법은 몇몇 구조주의적인 개념과 가정들을 사용하지만 앞서 살펴보았던 구조주의의 결점을 보완하도록 하였다. 특히 제8장에서는 다양한 현상을 이해하는 데 있어 인간의 **역량**이라는 개념의 중요성을 회복하려고 시도해 볼 것이며, 개인과 사회, 즉 사건과 구조 사이의 근본적인 **상호작용**을 확립하려고 노력하게 될 것이다. 역량과 **상호작용**은 학교생활이나 사회생활을 타당하게 그리고 현실적으로 설명하는 데 대단히 중요한 개념들이다.

구조적 분석은 인간의 어떠한 상호작용(사건)이든지 분석하여 개인들이 그 내부에서 생활하고, 그것에 의존하며, 그것을 통하여 자신의 개인적 역량을 자신만의 독특한 방식으로 발휘하는 구조, 개인이 그것을 재생산해 내고 재창조하며 수정·변형시키기도 하는 그러한 구조들을 드러낼 수 있다는 전제에 근거한다. 구조적 분석은 구조들을 확인해 내며 구조들 사이의 관계, 그리고 구조와 개인들 간 관계의 역동성을 확인한다. 그러한 관계들은 복잡하며 매우 다양한 변종이 있을 수밖에 없다. 구조적 분석으로 몇몇 패턴을 가려낼 수도 있고 인간 행동을 조리 있고 설득력 있게 설명할 수도 있겠지만 그러한 설명들은 결코 여러 자연과학 이론들의 특징인 엄밀성, 완결성 및 예언가능성의 수준에 도달할 수는 없다. 차차 밝혀지겠지만 인간과 관련된 문제들에 대한 '이론'이 성립될 수 있다는 구조주의적 분석의 입장은 받아들이기가 쉽지 않다. 또한 구조적 분석의 형태들이 서로 매우 이질적이며 제한적일 뿐만 아니라 부분적인 설명만을 제공한다는 사실은 그 분석의 대상이 되는 사회 현상의 성격을 그대로 반영한다.

이와 같이 구조적 분석은 전통적인 사회과학에 비해 덜 독단적인 방법이다. 심지어는 런시먼(W. G. Runciman, 1983)이 제안한 방법보다도 덜 독단적인데, 런시먼은 현상을 이해하기 위한 네 가지 접근법(현장보고·설명·기술·평가)을 제안하여 자연세계와 인간세계를 다루는 방식이 방법론적으로 똑같은 것이라는 주장과 두 세계를 다루는 방식은 다르다는 주장 사이의 절충을 시도한 바 있다. 런시먼의 일반적인 입장은 옳지만 그 역시 사회, 학교, 학급에서 실제로 어떤 일들이 일어나고 있는지 그리고 왜 그런 일들이 생기는지에 대한 합의 가능성을 지나치게 낙관적으로 보고 있다.

이 책에서 제안하는 구조적 분석이란 역량의 구조, 사회조직의 구조, 사고의 구조, 감정의 구조라는 네 요소에 관심을 두는 신중하고 제한적인 작업이다. 이와 같은 네 가지의 대단히 이질적인 구조를 통하여 사회적·개인적 행위가 실현되고, 그 행위들이 억제되거나 가능해지며, 증명되기도 하고 재생산되기도 한다. 구조적 분석은 실제행동을 고찰함으로써 개별행위의 원천과 형식이 되어 그 행위 내에 독특하게 표현되는 구조들, 그러한 행위에 의하여 그 자체로 재생되고 수정되는 그러한 구조들을 찾아낸다. 그러한 구조들은 인간의 역량을 부정하는 것이 아니라 인간역량을 포함하고 인정한다. 모든 사건은 구조들 내에 위치하며 사건들은 그 구조들로부터 형태를 취하고 그 구조들에 입각하여 이해될 수 있다. 다른 구조주의적 방법과는 달리 이 구조적 분석은 문화적·역사적이다.[1] 이 분석 방법은 겉으로는 색다르고 지역적이며 개인적으로 보이는 만남을 미리 예상하고 포함하며 설명하는 형식들을 개인들의 독특한 상호작용 내에서 찾아내는 데 관심을 가진다. 예를 들어, 교실 내의 교사들과 학생들을 관찰함에 있어서 구조적 분석은 다음과 같은 질문들을 던진다. '이 개인들이 말과 행위를 할 때 그 기초가 되면서 동시에 말과 행위에 드러나는 사고와 감정의 구조는 어떤 종류일까? 어떤 사회적 구조들이 그들의 행동을 제약하고 가능하게 해 주는가? 자기들이 소중하게 여기는 목적들을 추구하면서, 이 개인들은 어떻게 자신의 개인적인 특징과 이해를 통해 그러한 구조들을 독특하게 표현하는가?' 이러한 질문들에 대한 대답은 교육실천을 평가하고 변화시키는 데 필요한 자료를 제공해 준다. 확인된 구조들은 가치로움과 개선에 대한 문제를 제기하게 된다.

'구조'라는 단어를 사용하는 데 있어서의 문제점은 그것이 불가

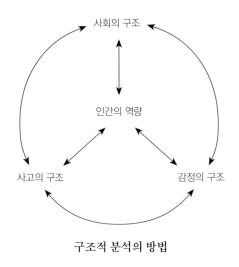

구조적 분석의 방법

변성(不可變性)을 암시한다는 것이다. 인간행동의 바탕이 되고 그에 영향을 미치는 구조들이 존재한다고 주장하는 것은 인간행동을 비인격적이며 비인간적인 힘에 단순히 반응만 하는 허수아비로, 구조주의적 장단에 맞추어 춤추는 허수아비쯤으로 환원해 버리는 위험에 빠지게 된다. '구조'라는 단어가 그러한 이미지를 떠올리게 하며, 또한 거듭 지적해 온 것처럼 구조주의가 주체를 탈중심화한다는 것은 이 같은 견해에 근거를 두고 있다. 이 책에서 제안하는 구조적 분석은 그러한 개인의 폄하에 반대하여 구조가 지니는 유연성을 강조한다. 구조란 다른 구조나 인간들과 별도로 존재하는 것이 아니라 항상 변증법적인 관계 내에서 인간이 구성하는 것이기 때문이다. 이 구조들은 삶 자체의 복잡성을 반영하며 그 복잡성을 구현한다. 이처럼 구조들 사이의 관계 또한 복잡하고 서로 상호작용하고 있어서 단순하고 단일한 해석이나 예언이 가능하지 않다. 구조적 분석은 인간과 구조와의 관계가 상호작용 관계라고 전제하므로 획일적이고 환원적인 이론, 모든 것을 다 설명하려는 이론에 대한 불신에 바탕을 둔다. 각 개인은 모든 행위를 할 때, 개인들의 독특한 행동을 통하여 그 존재를 표현하는 그러한 구조들의 지배를 받는 동시에 그 구조들을 구현하고 보전하며 재생산해 내고 결국은 변형시킨다. 이처럼 개인이 역량을 지니며 구조와 상호 의존 관계에 있다는 사실에 비추어 보면 개인과 구조 사이 관계의 조건과 영향력은 경우에 따라 새롭게 설명되어야 한다. 이를 위해서 작인(作因)과 참조준거라는 문제를 검토해 보아야 한다.

　작인은 무엇이 행위의 원인이 되는가, 일이 왜 일어나는가에 관계된다. 참조준거는 검증이라는 문제와 관계되며 우리는 어떤 행위 · 개인 · 사건 · 구조에 대한 설명이 사실이라는 것을 어떻게 아는가, 그 설명은 실재를 얼마나 정확히 재현하는가 등의 문제를 다룬다. 구조적 분석은 개인과 구조의 상호작용 및 인간의 역량이라는 두 개념을 통하여 작인이라는 문제에 접근한다. 구조주의 이론이 과학적 지위를 지닌다는 주장을 포기하고 이 이론이 깔끔하고 모든 현상에 적용되는 모순 없는 이론이며 모든 것을 포함하는 범주들이라는 가면을 벗어 버린다면 구조적 분석은 참조준거와 관련된 문제 또한 부분적으로 해결할 수 있다. 각각을 차례로 검토해 보자.

작인(作因)

　인간사에 관하여 제기되는 '왜'라는 질문에 대한 답은 결코 단순하지도 않고 최종적이지도 않다. 어떤 교사는 왜 그처럼 행동하는가? 왜 폭동이 특정 지역에서 자주 발생하는가? 이러한 질문을 제기한다는 것은, 곧 그러한 사건에 대한 어떠한 단일한 설명도 없음을 깨닫는 것이며, 직접적인 인과관계를 주장하는 어떠한 철저한 설명도 있을 수 없음을 깨닫는 것이다. 이 책에서 제시하는 구조적 분석은 그러한 단순한 설명을 제공하는 것이 아니라 개인과 구조의 상호작용 및 개인의 역량이라는 서로 연결된 두 전제가 모든 사회적 설명의 기반을 이루고 있다고 주장한다. 이 두 전제는 개인을 재중심화하며 역량과 식견을 지닌 행위자라는 개념을 회복시킴으로써 구조주의의 약점을 교정한다.

구조적 분석은 상호작용이라는 개념을 확립하여 사회를 이해하는 데 중심으로 삼으려고 하는데, 이 상호작용은 기든스(Giddens)의 구조의 이중성이라는 개념에 함의되어 있다.

> (구조의 이중성은)…… 근본적으로 사회생활의 반복적인 특징과 관계되며, 그리고 구조와 작인 사이의 상호의존성을 표현한다. …… 사회체제의 구조적 속성은 그 사회체제들을 구성하는 실천들의 수단이면서 동시에 그 결과이다.[2]

제2장에서 살펴본 랑그와 파롤이라는 소쉬르(Saussure)의 개념은 집단과 개인, 구조와 사건의 관계를 유추할 수 있게 해 주며 개인과 구조의 상호작용이라는 개념을 예증해 준다. 파롤(언어행위)은 단일한 사건을 나타내며 랑그(언어체계)는 그 파롤의 근거이고, 파롤로 증명되며, 파롤을 생기게 해 주는 규칙들과 구조들의 집합체이다. 그러나 구조적 분석에서 랑그와 파롤의 관계는 구조주의

적 언어학에서처럼 인과적이거나 종속적인 관계로 간주되지 않으며 상호작용적이고 변증법적이라고 간주된다. 이와 같이 랑그는 파롤을 생산해 내면서 동시에 파롤을 구성하는 사건들에 의하여 생산되고 재생산되며, 유지되고 수정된다. 언어행위와 언어체계, 개인과 집단, 사건과 구조라는 겉으로 보이는 이원성(二元性)은 불가분하게, 그리고 변증법적으로 관계되어 있다. 이 상호작용은 쌍방향적이며 이 연결관계는 상호의존적인 관계이다. 또한 그러한 상호의존성을 가능하게 해 주는 결정적인 요소가 인간역량이다.

따라서 구조적 분석에서는 개인을 능동적이며 창의적이고, 자신을 잘 알고 있어서 자신의 세계를 만들고 변형시키는 존재로 본다. 이러한 시각은 개인의 역량을 인정하여 그를 중심무대로 되돌려 놓음으로써 '주체를 재중심화시킨다'. 구조주의와는 달리 구조적 분석은 능동적이고 자신을 잘 알며 결단력 있는 인간존재, 가족·학교·직장·사회계급·사회라는 관계망 내에서 행위하는 인간존재라는 개념을 구체화시킨다. 모든 사람은 고유한 개인이며 문화·제도·언어를 구성하는 중층구조의 '전체들'에 기초를 두고 있다. 개인은 모든 행위를 함에 있어서 그 문화에 의존하면서 문화를 실현하고, 문화를 실현하면서 그것을 갱신·조절·재창조하며 결국 변형시킨다. 그렇게 인정한다고 해서 개인들에 입각한 설명이 최고의 설명이 된다는 것을 의미하지는 않는다. 구조적 분석은 개인의 역량을 인정함으로써 개인을 단순한 허수아비, '구조를 지니고 다니는 사람', 체제 내의 한 단위 혹은 '문화적 멍청이'로 환원해 버리는 구조주의의 지배적인 경향에 저항한다. 남자·여자·아동은 모두 자기 주위의 세계를 이해하고 그 세계에서 의미를 찾으며 그

세계에 의미를 부여하는 목적적이고 의미추구적이며 반성적인 존재이다. 인간들은 자신의 삶을 스스로 통제하기는 하지만 그 정도는 제한적이며 가끔은 심각할 정도로 제한적이다. 구조적 분석은 무엇이 그들을 속박하는가를 찾아내기도 하지만 그들이 그러한 속박 내에서 자신의 특정 목적을 실현하려고 어떻게 적극적으로 행동하는가도 보여 준다.

인간행위를 이해할 때 역량과 상호작용을 중심개념으로 삼는다는 것은 전체성·관계·자기조절·공시성·변형이라는 구조주의적 개념을 재해석한다는 것을 의미한다. 이제, 전체는 서로 이질적이고 모순적이어서 파악하기 어려우며, 개인의 행위 내에 그리고 개인의 행위에 의하여 구성된다. 관계는 목적의식을 지닌 개인의 완강하고 저항적인 역량을 고려하도록 재개념화된다. 자기조절에서는 어떤 체제의 구조주의적 법칙들이 아니라 자신의 실재를 복잡한 사회적 맥락 내에 실현시키는 인간존재가 중시된다. 공시성(순간촬영)은 물러서서 과거와 현재의 변증법적 관계를 보다 온전히 인정하게 된다. 변형은 인간의 행위에 의한 결과로 간주된다. 개인과 구조의 상호작용 및 개인의 역량이라는 서로 관련된 두 개념을 하나의 설명구도로 통합한다면 작인(사회적 인과관계)과 관계된 많은 문제를 다룰 수 있게 된다. 이와 같은 전제들을 받아들인다면 인간사회에 대하여 단순히 원인-결과에 입각한 설명을 하지는 않게 될 것이다. 사회현상에 대한 이해는 그 이해대상인 사회현상과 마찬가지로 인과관계로 정리될 수 있는 것이 아니다.

이제 구조라는 개념을 단순히 개인을 속박하는 것으로 이해해서는 안 되는 까닭이 보다 분명해진다. 앞에서 구조라는 용어가 경직되게 사용된다는 점을 지적한 바 있지만 구조적 분석에서는 구조가 유동성, 임시성, 변통성 등을 지니게 된다. 구조는 복잡한 규칙이며 다른 체제들과 서로 관계하는 체제로, 인간의 사고와 행위에 영향을 주고 그것들을 형성하며 속박한다. 그러나 이 구조라는 규칙과 체제는 동시에 인간의 역량이 발휘되는 수단이며 개인의 자발성을 기르고 촉진하는 수단으로 간주되어야 한다. 구조와 사건, 랑그와 파롤, 개인과 집단을 연결해 주는 이와 같은 역량이라는 개념은 개인의 희생을 대가로 체제를 강조하는 구조주의의 불균형을 교정함으로써 인간의 의식과 목적성을 회복시켜 사회적 설명을 가능하게 해 준다.

상호작용과 역량이라는 개념은 깔끔하고 일원론적인 이론화에 반대하여 교사와 학생들을 능력과 식견이 있는 개인으로 인정하므로 복잡한 교육실천을 훨씬 잘 통찰할 수 있도록 해 준다. 마찬가지로, 구조적 분석에 상호작용과 역량이라는 개념을 통합시킨 까닭은 이러한 분석은 개인이 자신의 실재를 스스로의 힘으로 창조해 낸다고 여기는 연구 방법론들의 결함을 고칠 수 있기 때문이다. 구조주의가 개인 외부에 존재하는 설명적 요인들에 지나치게 비중을 두는 반면, 근래에는 현상학적 접근법을 교육연구에 많이 받아들여 개인을 지나치게 강조함으로써 개인의 기반이 되고 개인을 속박하는 중요한 구조적 맥락들이 무시된다. 개인과 구조는 그 둘 사이에 필수적인 상호작용이라는 개념이 동반되어야만 학교교육이나 사회에 대한 우리의 이해를 심화시켜 줄 수 있을 것이다. 개인 또는 개인존재의 구조적 맥락 둘 가운데 어느 하나를 간과하는 것은, 교육이나 사회에 대한 어떤 설명도 인간과 제도, 사건과 구조,

과거와 현재를 포함하는 역동성 내에서 움직여야 한다는 사실을 놓치는 것과 같다.

구조적 분석이 인간역량을 중심적인 필수 이해구조로 삼는다 해도 그와 같은 능력에는 한계가 있다는 점도 인정해야 한다. 이 한계들 가운데 적어도 다음과 같은 네 가지 한계점을 가려낼 수 있다. 첫째, 어떤 행위자이건 자신의 행위에 대한 이유를 설명하는 능력은 제한되어 있다. '규칙들'을 알고 효과적으로 행동할 수 있다는 것은 그러한 규칙이나 구조들을 설명할 수 있다는 것과는 아주 다른 기제이다. 우리 모두는 말할 수 있는 것보다 훨씬 많은 것을 알고 있다. 둘째, 개인의 지식은 제한적이며 특히 멀리 떨어져 있는 사건에 관해서는 더욱 그렇다. 각 개인이 가진 지식의 대부분은 자신의 터전과 가장 가까운, 자신의 일상경험과 가장 근접한 사건들에 대한 것들이다. 학생들은 지방교육청이라든가 교육부에 관하여는 거의 또는 전혀 모르지만 이 기관들에서 내리는 결정은 그들의 생활에 영향을 주며 사회-경제적인 구조는 모든 이에게 강력한 영향을 미친다. 셋째, 행위는 의도하지 않은 결과를 가져올 수도 있다. 어떤 학생이나 교사도 불행하려고 학교에 가지는 않으며 실패하려고 하는 이들도 없지만 많은 사람이 학교에 가서 비참해지며 실패한다. 넷째, 개인의 행위에 영향을 미치는, 기든스의 용어로 '행위의 무의식적(또는 드러나지 않은) 조건'이라는 것이 있는데, 이것들 중 이데올로기와 물질적 조건은 특히 강력한 영향력을 발휘한다. 우리의 행위능력 또는 객관적인 설명을 하는 능력은 우리의 양육방식, 신념, 문화 및 사회적 지위로 인한 한계 때문에 필연적으로 제한된다. 교사와 학생들은 각자의 시각이 자주 충돌하기는 하지만 자신의 시각이 당연히 '옳다'고 생각한다. 이처럼 구조적이거나 심리적인 영향력 때문에 생기는 '무의식적인' 동기들, 인간역량의 필연적인 한계, 예상되는 결과 등을 깨닫는다면 참조준거라는 문제에 어떻게 접근할 것인가에 단서가 생겨난다. 이제 이 참조준거에 대하여 살펴보자.

참조준거

우리는 어떤 학급에 대한 기술이나 노동계급 아동의 낮은 성적의 본질과 원인에 대한 설명이 진리라고 어떻게 알 수 있는가? 그러한 기술에서 우리가 사용하는 언어가 확인하려는 실재를 정확히 묘사한다고 알 수 있는 방법은 무엇인가? 독단적인 사람이나 확실성을 찾는 사람이라면 이 참조준거 문제에 대한 구조적 분석의 반응이 실망스러울 것이다. 구조적 분석은 그 설명의 완결성에 관하여는 겸손한 주장을 할 뿐이어서 그것의 한계를 기꺼이 인정하며, 현상을 확실하게 설명하는 일에는 많은 어려움이 따른다는 것을 인정한다. 구조적 분석은 다음과 같은 여러 가지 전제를 기초로 한다. 즉, 어떤 설명이나 기술도 완결적이지 못하며 사건들은 여러 원인을 지니므로 구조적 분석이 과학이라고 고집하는 어떤 주장도 거부해야 한다. 언어와 실재와의 관계는 다루기 어려운 여러 문제를 안고 있으며 실재가 단지 언어에 의해서만 구성되는 것은 아니다. 모순, 역설, 분열 등은 사회생활의 고유한 특징들이다. 문학은 실재를 이해하고 묘사하는 데 유익한 양식들을 제공하며 '이론'은

'원리들'보다 덜 유익하다.

부분적 설명과 다중 인과관계

　어떤 특정의 사건에 대한 기술이나 설명에 한계는 없다. 기술하는 사람과 설명하는 사람의 관심과 문화적 환경에 따라 여러 설명의 타당성, 유용성 및 중요성이 달라질 것이다. 이와 같은 이야기는 상대주의의 유입을 받아들인다는 것이 아니라 인간의 잠재력과 행위의 다양성을 인정한다는 것이다. 물리학자와 역사학자, 마르크스주의자와 자유주의자, 기독교인과 회교도, 교사와 학생이 보는 교실은 똑같지만 이들은 그 교실에 대하여 서로 다르게 기술하고 설명한다. 그와 같은 설명의 '만족도'는 듣는 이들의 관심과 이해관계에 따라 크게 달라진다. 또다시 강조하지만, 이 이야기는 진리를 단순한 합의로 환원시켜 버리는 것이 아니다. 물리학자의 설명은 듣는 이들이 관심을 가지든 말든 진리이다. 그러나 이 책의 주장은 보편타당하고 유일한 진리(the truth)가 아닌 여러 진리들(truths)이 사회생활을 특징짓는다는 것이다. 또한 서로 다른 진리들이 존재한다는 것은 어떤 이들에게는 다른 사람들에게보다 훨씬 더 큰 의미와 호소력을 지닐 것이다. 나아가서, 우리가 지니고 있는 상식, 당연히 여기는 전제들, 시간과 습관들을 살펴보면 우리는 거의 언제나 어떤 설명이 완전한 것처럼 행동한다. 그러나 어떠한 설명도 완전한 것은 없다. 우리는 어떤 단일한 사건에 적용 가능한 수없이 많은 설명을 만들어 내는 것에도 관심이 없고 그러한 설명을 들

는 데에도 관심이 없을 뿐이다. 만약 수없이 많은 설명을 해야 하
거나 들어야 한다면 너무 지루할 것이기 때문이다. 그러나 간과해
서는 안 되는 사실이 있다. 당연하게 받아들이지만 실제로는 문화
적으로 조건화된 전제들로 인하여 우리는 간단한 설명을 선호하며
복잡한 설명에는 '사소한', '부적절한' 등의 딱지를 붙인다는 점이
다. 이와 같이 우리가 학급에서 일어나는 어떤 사건에 대해서 구조
적 분석을 수행할 때, 드러난 진리나 의미는 불변하는 것이 아니며,
20세기 서구문화의 관심 및 편견과 밀접히 관계되어 있는 것이다.

구조적 분석은 알튀세르(Althusser)의 **중층적 결정**(제4장을 보라)이
라는 개념을 유용하게 생각하는데, 이 개념은 특정 사건이 생기게
하는(중층적으로 결정하는) 원인이 여러 가지라고 주장하기 때문이
다. 어떤 사건의 전말은 많은 가닥들로 짜여 있다. 구조적 분석은 사
회적 설명에 있어서 단일한 원인만이 존재한다는 어떤 생각도 거부
한다. 사회적 설명에는 물질적·이데올로기적·문화적 요소가 고
려되어야 하는 것이다. 어떤 교사가 학생들에게 수학문제를 낼 때,
또는 학생을 훈육할 때 그의 행위에 대한 설명(이유, 원인)은 다수이
며 무엇이 그 사건을 있게 하였는가에 대해 말할 수 있는 이야기도
여럿이다. 어떤 설명을 더 좋아하는지 또는 어떤 설명이 더 적절한
지의 판단은 그러한 설명이 어떤 수준에서 제공되는지에 따라 달라
질 것이다. 교사들은 행위의 물리적·생물학적 내력(來歷)에는 거의
관심을 두지 않으며, 대부분 '멀리 떨어진' 사회적 구조와 관련된 사
회학적 설명에는 관심이 없다. 교사나 학생 모두는 보다 지역적이
고 개인에 근거한 설명을 더 선호한다. 구조적 분석이 그러한 친숙
한 사건들의 심층구조를 탐구하는 기회를 제공해 준다.

구조적 분석은 과학이 아니다

구조적 분석은 자연과학의 지위를 주장하지 않는다. 구조적 분석은 자신의 개념 · 방법 · 연구결과들이 '과학적'이라고 기술하면 자신이 제시하는 기술과 설명이 더 타당해질 것이라고 믿는 이론가들을 현혹해 왔던 망상을 거부한다. 구조주의자들과 마르크스주의자들 그리고 사회과학자들은 오랫동안 그러한 환상에 매혹되어 왔다. 그들은 자연과학의 성공과 위세를 보고는 어리석게도 자연과학을 모방하려고 해 왔다. 구조적 분석은 반과학(反科學)이 아니며 '과학적'이라고 불리는 수없이 다양한 활동에 세심한 주의를 기울인다. 따라서 포퍼(Popper)와 쿤(Kuhn) 등 다양한 저술가가 강조하는 것처럼 과학의 임시성과 유동성을 반영하여 보다 신중한 태도를 취한다.[3]

구조적 분석은 면밀한 관찰이 필요하며 가능한 한도의 측정도 필요하다고 인정하므로 경험적 방법을 부정하지는 않는다. 그러나 '검사'에 대한 태도, 즉 사회문제들도 과학적으로 엄밀하게 기술되고 설명될 수 있다는 주장에 대하여는 회의적인 태도를 취한다. 대다수의 교육연구에 있어서(또한 교사수행 연구에서는 모두) 과학적 절차를 모방하여 연구를 오도하고 현상을 왜곡하며 시간을 낭비하는 작업이 되어 왔다. 교육연구에서 경험주의는 필수적이기는 하지만 그 한계와 요구 또한 인정하여야 한다. 교사수행 연구에서는 그러한 사실이 너무 자주 간과된다.

과학적 교육연구는 자주 학급에 대한 일상적이고 상식적인 견해

를 '바로잡으려' 한다. 이에 반하여 구조적 분석은 그러한 견해를
확장시키고 일상 언어와 참여자 이해의 신빙성을 존중하려고 한
다. 과학이라는 명칭을 거부한다는 것은, 곧 구조적 분석의 예언능
력이 약하다는 것을 인정하는 것이다. 그러한 결과는 의연하게 받
아들여지는데, 인간의 문제에서 자연과학적 예언에 필적할 만한
예언 가능성이란 비현실적이기 때문이다. 사회생활의 중요한 요소
가운데 하나로 인간의 역량을 인정하는 것 자체가 예언가능성을
떨어뜨리는 작용을 한다. 교육이란 하나의 문화적 현상이어서, 과
학적 접근방식으로는 문화 분석에 요구되는 방법론, 해석, 판단 등
을 매우 제한적으로만 획득하거나 생산해 낼 수밖에 없다.

언어와 실재

구조적 분석은 그 자체의 한계에 대하여 스스로 인정하고 있음
에도 불구하고, 언어를 통하여 세계를 기술할 수 있으며 행위를 적
절히 확인할 수 있고 사건을 올바르게 묘사할 수 있다고 가정한다.
발견된 진리들은 언제나 부분적일 뿐이며 항상 인간에 의하여 구
성되지만, 타당한 설명을 제공하는 것이 가능하다는 것이다. 그러
나 언어를 통하여 경험이 표현될 수는 있지만, 언어가 그 자체만으
로 세계를 구성하는 것은 아니다. 이처럼 구조적 분석은 인간행위
의 중요성을 인정하고, 언어를 통하여 표현되는 세계가 아닌 다른
세계를 인정하면서 언어와 경험의 관계라는 문제를 확인하기는 하
지만 그 관계를 용해시키지는 않는다. 언어와 경험의 관계 문제는

대응관계인가 정합(整合)관계인가 하는 단순한 문제가 아니다. 서로 밀접하게 관련되어 있기는 하지만 '단어와 사물' 간의 관계는 대단히 복잡하며 그 복잡성은 구조적 분석을 구조주의와 대비해 보면 잘 드러난다. 구조주의와는 달리 구조적 분석의 방법은 '다른 어느 곳의 세계'를 가정한다. 반면에 구조주의에는 의미의 참조관계 혹은 지시관계를 설명하는 이론이 없다는 점은 널리 알려져 있다. 구조주의는 폐쇄된 세계, 언어와 아이디어의 체계에 집착하여 포괄적인 체제에만 입각하여 설명하려고 하므로 의미의 내용을 없애 버린다. 구조주의는 내적인 정합성과 일관성에만 관심을 두므로 체제 밖의 세계와 지시관계를 이룰 수 있는 가능성을 부정한다. 예를 들어, 제6장에서 살펴본 바와 같이 문학에서 언어의 구조는 의미보다 우선시된다. 문학에서 그러한 제약은 부적절하며 교육에서 일어나는 일들을 설명하기에는 더욱 불충분하다. 학교는 폐쇄된 세계가 아닌 것이다. 학교를 깊이 이해하려면 어떤 경우든 가정·직장·문화·이데올로기·경제 등 연결 역할을 하는 외부의 세계들을 참조하여야 한다. 언어란 그 외부세계들을 부분적으로만 구성하기 때문에 각 세계는 각각의 언어체로만 환원되지는 않는다. 그러나 역설적인 것은 우리가 그러한 외부세계, 부분적으로 언어가 구성하는 세계를 언급하거나 참조하는 수단이 주로 언어라는 사실이다. 구조적 분석에서는 역량을 지닌 인간행위자를 강조하고 사회조직·사고·감정이라는 구조를 강조함에 있어서 지시작용 또는 참조작용을 인정한다. 말하자면, 언어와 실재를 연결시키는 것이다. 이처럼 구조적 분석은 체제에 대한 획일적인 강조를 거부하며 언어 또한 현상을 묘사하는 투명하고 순수한 매개체가 아니라고 인정한다. 브라이언 프리엘(Brian Friel)의 희곡『번역 (Translations)』[4]에 나오는 뛰어난 이미지를 차용하여 이야기하자면, 구조적 분석에서는 분석의 결과를 사실세계의 풍광과 일치하도록 언어로 그려 내려고 애쓴다. 그러나 구조적 분석에서 사실의 묘사는 언어와 경험 사이에 복잡한 상호작용이 이루어진다는 것을 충분히 지각하면서 수행된다. 언어는 기술대상이 되는 실재를 창조하도록 돕는 것이다. 학교교육에서는 특히 그렇다.

파열, 역설, 모순

　구조적 분석의 결과로 주어진 기술이나 드러난 의미들은 완벽히 통합적이거나 일관적이지는 않으며 모순, 애매성, 역설 등의 특징이 자주 드러난다. 구조주의 및 다른 일원적인 이론들이 '파편화'라고 무시해 버리는 것도 구조적 분석은 포용한다. 구조주의 및 일원론적 이론들의 구도 내에서 파편화란 임의성이나 무의미성을 의미한다. '전체성'을 신봉하여 전체의 불가분성(不可分性)에서 조금이라도 벗어나는 것은 일탈로 간주해 버리는 사람들은 파편화라는 용어를 경멸적으로 사용한다. 이와는 대조적으로 구조적 분석의 다원주의에서는 서로 다른 집단, 이데올로기, 신념, 구조, 문화들이 서로 양립불가능하다는 사실은 인간행위와 인간이해의 종류가 풍부하다는 증거가 된다고 주장한다. 교실은 그 같은 풍부함을 반영하는 곳이며 구조적 분석은 교실 내에서 발생하는 역설과 파열, 괴리와 불확실성을 확인하려 한다. 완전한 능력을 갖추고 의미를 추구하며 의미를 부여하기도 하는 개인을 사회적 설명의 중심에 위치시킨다는 것은 결국 파편화를 수용하는 셈이 된다. 사회생활에서 발생하는 파열과 모순의 기원은 바로 인간의 역량이며, 이 파열과 모순은 개인이 발휘하는 역량에 표현되기 때문이다. '아동은 어떻게 교육받아야 하는가?'라는 문제에 대한 획일적이고 단순한 대답에 반대하는 것이 인간의 역량이므로, 학교교육에 이와 같은 역설이 존재한다는 것은 바로 인간이 역량을 지닌 존재임을 증명하는 것이다. 구조적 분석을 수행하는 개인은 각자 가치지향이 다를 것이다. 구조적 분석 방법은 자신이 지닌 가치지향의 근원을 검토할 수 있도록 해 주며, 현재 관행의 구조적 조건뿐만 아니라 미래 변화의 구조적 조건도 확인할 수 있도록 해 준다. 그러한 구조적 분석의 결과로 구조에 대한 개인의 통제력이 극도로 제한적이라고 밝혀질 수도 있을 것이다. 우리가 태어날 때부터 언어에 둘러싸이듯이, 우리는 사고 · 감정 · 사회조직의 구조 내에 태어난다. 그러나 인간의 역량에 중요성을 부여하면 개인은 분명히 자신의 삶에 대해 더 큰 통제력을 획득할 수 있게 된다. 그 통제가능성은 개인의 관심 또는 이해관계, 권력 그리고 순전한 우연성 등에 의하여 심각하게 제한될 수도 있을 것이다. 그러나 구조적 분석은 학교와 교실을 변화시키기 전에 필수적인 이해를 위한 첫 단계이다.

문학과 실재

구조적 분석은 현상을 그려 내고 설명한 결과를 보여 주기 위하여 문학 및 문학비평의 일부 가정과 방법들을 사용한다. 그러나 구조적 분석이 예술적 표현의 전제와 방법에만 의존한다거나 그것들을 모방하려 한다는 것은 아니다. 만약 그렇다면 '교육과정 비평'이라고[5] 알려진 행위의 오류들을 재생산하는 것이 될 것이다. 문학과 비평의 몇몇 특징이 구조주의적 분석의 길잡이 역할을 할 뿐이다.

구조적 분석은 문학비평에서 행해지는 텍스트에 대한 면밀하고 상세한 분석을 사용한다. '텍스트' 대신에 '사건' 또는 '학급'을 대치해 보면 문학적 구조주의가 제공할 수 있는 잠재력이 분명히 드러난다. 구조적 분석은 어떤 일이 교실에서 일어나기를 바라는가에 관심을 두기보다는 교실에 어떤 일이 존재하는가를 보여 주는 데 관심이 있어서 무례하다는 비판을 받기도 하고 축복하기보다는 분석하려 한다는 지적을 받는다. 문학의 관례들을 찾아내면 문학의 내적인 규칙들에 입각하여 여러 가지를 설명할 수 있음이 드러난다. 교사와 학생들의 여러 행동 또한 그들이 교사이고 학생이라는 사실 때문에 이해될 수 있고 이해되어야 하므로 교실을 문학에 비유하는 이러한 유추는 꽤나 유용하다. 교사와 학생들 행위의 의미는 맥락에 의하여 주어지는 것이다.

이에 해당하는 방법이 시나 산문에 대한 **실천적 비평**이다. 실천적 비평을 구조적 분석에 적용하면, 사건에 영향을 주고 사건을 형성하며 동시에 그 자체로 사건에 의하여 영향을 받는 심층구조들을 드러내는 세세한 사회적 경험을 매우 꼼꼼히 고찰하게 된다. 그 같은 면밀한 검토는 문학의 특징적인 요소를 고려하는 것으로, 문학의 특수성과 독특한 개인에 대한 관심을 독특한 방식으로 적용하는 것이다. 구조적 분석은 문학과 마찬가지로 특수성(개인의 실제적인 행동)이 일반성과 추상성에 의하여 가려지는 것을 거부한다. 영희의 행위를 설명할 때 영희가 중심이 되지 않는다면 우리는 그녀의 행위를 설명할 수 없다. 그러나 문학과는 달리 (그러나 몇몇 형태의 문학비평들처럼) 구조적 분석은 특수성을 일반성과 분명하게 연결시키려고 노력한다. 골드먼(Goldmann)과 윌리엄스(Williams)가 확실히 보여 준 것처럼 문학의 특수한 형태들 내에서 문화형식에 대응하는 형식들(또는 유사성)을 발견할 수 있는 것이다.[6]

문학과 마찬가지로 구조적 분석에서는 현상을 이해할 때 두 가지 중요한 요소를 중시하는데, 이 두 요소는 근본적으로 파악하기 어려운 개념인 사건과 구조(또는 순간과 전체성)이다. 사건 또는 순간은 나타나면서 사라져 버린다. 사건 자체가 아닌 다른 양상을 통해서만 기억해 낼 수 있는 역사 속으로 사라져 버리는 것이다. 교실은 순간순간 변화하며 언어나 그림과 같은 다른 형식으로만 재생될 수 있다. 전체성이나 구조는 결코 완전하게 그려 내거나 파악될 수 없는 난해한 전체이다. '언어'라든가 '교육'과 같은 '전체들'은 결코 완전하게 존재하지 않는다. 반드시 이해되고 수용되어야 할 사회적 설명에서 이러한 난해성은 곤혹스러운 역설 중 하나이다. 우리는 알고 있지만 또한 우리는 모르고 있는 것이다. 앞서 우리는 인간이 의식적으로든 무의식적으로든 자신을 잘 알고 있으며 이 자신에 대한 인식이 인간의 역량을 구성한다는 것을 지적한 바 있다. 이처럼 인간이 자신을 잘 알고 있다는 사실과 함께 전체성이나 구조를 완전하게 파악하기 힘들다는 사실 때문에 우리는 과학을 모방하여 사회 속의 개인을 이해하려는 시도를 더욱 경계하여 존 키츠(John Keats)가 말하는 '소극적 수용능력'의 가치를 인정하게 된다. 말하자면, '사람이 사실과 이성의 추구에 매달리지 않고 불확실성·미스터리·의혹 속에 머물 수 있는 능력'에[7] 더 가치를 부여하게 되는 것이다.

키츠는 이 소극적 수용능력이라는 개념이 셰익스피어(Shakespeare)의 영향을 받은 것이라고 설명하는데, 이 능력에는 애매성을 인정하는 능력, 경험을 충실히 기술하기 위해 판단을 유보하는 능력, 복잡성과 역설을 인정하여 현실을 보다 깊이 통찰하도록 해 주고 앎의 범위를 넓혀 주는 포용력과 관용 등이 포함된다. 구조적 분석은 이 같은 이상을 이루는 것이 가능하다고 주장하며, 그런 주장에는 이론 자체의 개념에 대한 비판적인 태도가 함의되어 있다.

이론인가 원리인가?

'이론'이란 정교하고, 추상적이며, 체계적이고, 내적인 일관성이 있으며, 예언능력이 있고, 보편적으로 적용되는 지식의 형태이다. 또한 이론은 전문적이고 의식적이며 정확한 언어로 표현된다. 그러나 문학이론이든 사회이론이든 아니면 학교교육에 관한 이론이든, 이 책에서는 위의 이론 개념들에 대하여 회의적인 입장을 취한다. 이 회의적인 입장에도 불구하고 구조적 분석은 일정한 패턴, 규칙성, 일관성을 찾아내서 특수성과 보편성을 연결해 주는 논리 정연한 이야기를 제공한다. 구조적 분석은 독특한 사례를 고찰하여 전형성(典型性)을 찾으려 한다. 구조적 분석의 결과 사회적 실천의 기초로 밝혀진 구조들(개인 행위의 기준이 될 뿐만 아니라 그 행위가

실현하고 재창조하는 구조들)은 '이론'보다는 '원리'라고 표현할 수 있
는 형식을 지니고 있다. 이 책에서 이론이라는 용어보다 원리라는
용어를 선호하는 것은 원리가 이론보다 더 많은 융통성을 지니고
있고 예외와 모순을 더 많이 허용하기 때문이다. 실제 학교교육의
복잡성과 다양성은 과소평가되거나 축소되어서는 안 된다. 복잡성
과 다양성을 축소시켜 버리는 것은 대부분의 경우 이론 혹은 이론
화의 결과로, 이론은 여러 사항을 말끔하게 묶어 포괄하기 위하여
실제로는 다양하고 복잡한 인간행동을 획일화하여 지적으로 깔끔
하게 정리하려 한다. 구조적 분석의 결과 뚜렷하게 중요한 몇몇 구
조가 존재한다는 것이 드러나기는 하겠지만, 구조란 그 본질상 일
정한 패턴뿐만 아니라 그 변형도 동시에 담보한다는 것을 밝혀낸
다. '원리'라는 보다 느슨한 용어는 '이론'이 함의하는 여러 제약과
깔끔함에 매달릴 필요가 없게 해 준다.

구조적 분석과 학교교육

깁슨(Gibson, 1981b)은 2년간의 사회과학 연구위원회 연구프로
젝트 원자료를 기초로 하여 구조적 분석의 예를 제시한다. 또한 앞
의 제5장과 제7장에서는 현재 발간된 연구에서 구조들을 찾아낼
수 있는 방법을 제시한 바 있다. 교실에서 부딪치는 일들에서 구조
들을 찾아내는 데 이 방법이 어떻게 사용될 수 있는가를 예시하기
위하여, 한 유치원 교사의 교실활동 기록에 근거한 구조적 분석을
요약해 보기로 한다. 전체 분석 내용은 깁슨의 1982년 책에 소개되

어 있다. 25분 동안의 수업 내용에 기초한 이 분석은, 교사·학생들이 역량·사고·감정·사회조직의 구조에 어떻게 의존하며 그 구조들을 어떻게 자신의 행위 내에 표현하고 재생하는가, 그리고 그 구조들이 어떻게 교사들과 학생들을 구속하는 동시에 능력을 부여하는가를 보여 준다. 김 교사와 4살에서 6살까지의 아동들이 물에 대하여 이야기한다. 이 요약은 사고의 **구조**에 대한 분석으로부터 발췌한 것이다.

교사는 서로 성분이 다른 공 여러 개를 물속에 놔두었다. 어떤 공들은 물 위로 뜨고 어떤 공들은 거의 바닥까지 가라앉는다. 각 공들은 서로 다른 높이로 떠 있다.

(90) 교사: 공들이 모두 똑같이 떠 있니?

(91) 아동들: 예!

　　　　예!!(일제히)

(92) 교사: 그렇게 생각해?

(93) 아동들: 아니요!

　　　　예!

　　　　아니요!

　　　　예!

(94) 철수: 아, 저 공은 똑같이 떠 있지 않네!

(95) 교사: 철수야, 왜 그런지 말할 수 있어?

(96) 철수: 가장자리에 있으니까요.

(97) 교사: 좀 더 정확히 말할 수 있겠니? 다르게 말할 수 있어? 저 공 말이야. 저 공은 다른 공과 다르게 떠 있지?

······ 자세히 보면 저 공이 떠 있는 모양이 좀 달라. 영

희야, 이야기해 볼래?

(98) 영희: 빙빙 돌아요.

(99) 교사: 빙빙 돌기도 하는구나. 근데 선생님이 그 공을 밀었

거든. 순희는?

(100) 순희: 알록달록해요.

(101) 교사: (아니, 너는 앉아 있어.) 순희야, 뭐라고?

(102) 순희: 바람을 따라 움직여요.

(103) 교사: 구석 쪽으로 움직이는구나. 근데 저 공이 얼마나 물

속에 가라앉아 있는지 봐. 저 큰 공 좀 봐라. (아니,

너는 앉아 있으라니까, 앉아.)

(104) 어떤 학생: 내가 공을 움직였어요!

(105) 교사: 쉿, 조용히.

(106) 어떤 학생: 내가 움직여 버렸다니까요!

(107) 교사: 영수가 옆쪽에서 살펴보고 있구나. 영수야, 이쪽으

로 와서 보면 더 잘 보일 거다. 좋은 생각이야.

······

(109) 교사: 왜 이 공은 다른 공보다 더 낮게 떠 있을까? 철희, 말

해 볼래?

(110) 철희: 왜냐하면······ 그 공은 무게가 있으니까요.

앞의 예문은 학생이 특정한 사고양식, 즉 과학적, 상식적, 합리적
사고를 지녀야 한다는 교사의 관심사를 매우 잘 보여 준다. 이러한
수업 밑에 깔려 있는 전제들은 다른 일상적인 일들, 예를 들어 학

생들에게 이야기를 들려주거나 예술작품에 대하여 언급할 때 또는 기도할 때 교사가 기대하는 인지적 형태와는 크게 대조된다.

　한동안 김 교사는 자신이 바라는 사고양식에 부적절한 아동들의 대답을 교묘한 방식으로 물리친다. 교사는 공들이 물에 떠 있는 모양이 왜 서로 다른가를 학생들이 알게 되기를 바라는데, 과학적 사고의 구조가 학생들의 대답에 대한 교사의 판단을 형성한다. 철수는 다음과 같이 대답한다.

　(96) 가장자리에 있으니까요.

　교사는 학생이 틀렸다고 이야기하지는 않지만 다른 방식으로 말하도록 유도한다. 학생의 관찰은 옳았지만 교사가 던진 '왜'라는 질문에는 부적절한 대답이기 때문이다. 잠시 후 영희가 말한다.

　(98) 빙빙 돌아요.

　이 대답 역시 옳지 않다. 교사가 원하는 것은 단순한 겉모습에 대한 기술이 아니라 물리적인 속성(나중에 학생들이 비밀도比密度라고 배우게 될 속성)에 의한 설명인 것이다. 철수에게 그랬던 것처럼 교사는 영희가 틀렸다고 직접적으로 이야기하지는 않지만 공이 도는 원인을 설명해 준다('내가 밀었거든'). 순희가 대답한다.

　(100) 알록달록해요.

이 대답 역시 과학적으로 잘못된 것이며, 교사가 작동하고 있는 사고의 구조 때문에 교사는 순희의 첫 번째 대답이 틀렸음을 넌지시 시사한다. 순희는 다시 대답한다.

(102) 바람을 따라 움직여요.

또다시 교사는 직접적으로 교정해 주지는 않는다. 학생의 대답은 정확한 관찰일 수는 있지만 제시된 질문에는 부적절한 것이다. 또 다른 아이가 이야기한다.

(104/106) 내가 공을 움직였어요.

그러나 역시 김 교사는 이 대답을 무시하며 자신이 정말 적절하다고 생각하는 사고의 구조에 비추어 이 대답이 부적절함을 보여 준다.

이상의 예에서 교사가 몇몇 사고방식을 거부하는 것을 살펴볼 수 있는데, 이 마술적인 사고나, 사물을 의인화하는 사고, 누군가의 힘에 의하여만 움직인다는 사고 등은 모두 학교생활의 다른 때에는 받아들여질 수도 있는 것들이다. 교사는 학생들이 면밀한 관찰을 통하여 자신이 본 것만을 이야기하기보다는 자신이 보는 것에 대한 과학적 설명을 내놓기를 기대한다. 김 교사는 교사로서 그와 같은 사고방식이 가치 있다고 여긴다. 물론 필요한 때 학생들이 그런 사고구조에 몰입하도록 학습하는 것은 장래의 교육적 성공에 매우 중요하다. 이처럼 특정 사고의 구조가 교사의 행위를 형성하며 교사의 반응을 유발한다. 김 교사는 자신의 개인적인 스타일에 따라 수업하면서 이 사고의 구조에 의존하는데, 이 개인적인 스타일의 이면에서 자신의 말과 행동에 영향을 주는 사고구조를 명확히 발견할 수 있다. 영수는 관찰을 잘했다고 칭찬을 받는다.

　　(107) 좋은 생각이야.

그러나 교사가 원하는 답에 가까운 대답을 한 학생은 철희이다.

　　(110) 왜냐하면…… 그 공은 무게가 있으니까요.

이 대답이 전문적으로 옳은 대답은 아니지만 밀도라는 개념에 도달하는 방법을 어느 정도 담고 있다. 이 대답이 '공기'라는 개념과 함께라면 왜 어떤 공은 뜨고 어떤 공은 가라앉는지에 대한 대강의 과학적 설명이 될 것이다. 이 또래의 아동들에게는 아마 적절한 대답일지 모른다. 아마 이 나이 수준에서는 '공의 재료가 무엇인가', '이 재료들이 어떻게 조직되어 있는가', '물 위에 떠 있는 모양이 어떤가' 등에 의한 설명이 적절할 것인데, 이러한 설명은 나중에 학교에서 배우게 될 보다 정확한 전문적 정의를 대강 암시하는 것이 될 것이다. 그러나 우리가 주목해야 할 것은 사고의 구조이다. 사고의 구조는 '마술'이 아닐 뿐더러 특정한 방식으로, 즉 추상적 · 이론적 · 법칙적 · 예언적이며 자연세계에 적용될 수 있는 방식으로 구조화되어 있다. 다시 말해, 과학적으로 구조화되어 있는 것이다. 분명히 아이들은 교사의 질문에 까닭을 이야기해야 하는 줄은 잘 알고 있어서 교사가 제시하는 '왜'라는 질문의 형식을 파악하고 있다. 언어적 능력은 잘 발달되어 있는 것이다. 학생들은 장래의 학교생활에서 매우 중요하게 간주될 사고형식을 사용하는 데 어려움을 겪고 있을 뿐이다. 교사는 이 또래 아동들의 능력을 벗어난 이해를 요구하고 있는 셈이다. 흥미롭게도 너필드(Nuffield) 재단 과학교육 프로젝트에 관한 어떤 안내서는 그러한 '왜'로 시작되는 질문을 어린 아동에게 제시하는 것이 부적절하다고 지적하기도 한다. 그러나 요구되는 대답의 형식이 교사의 마음속 깊이 자리 잡고 있어서 교사의 행위에 강력한 영향을 미치고 있다.

요컨대, 공들이 물에 뜨는 모습이 왜 서로 다른지를 물을 때 김 교사가 학생들에게 바라는 것은 두 가지이다. 첫째, 특정 사고의 방식, 특정 사고의 구조(경험적-합리적인 과학적 사고방식)를 사용하며 다른 사고구조를 배제하는 것과, 둘째, 필요한 경우에 그러한 사고방식을 언어로 표현하는 것이다. 교사는 학생들이 직접적인 관찰로부터 시작하여 다른 사태에 법칙처럼 적용될 수 있는 일반적인 결론을 끌어내기를 바라고 있다. 이 교사가 '무게'라든지 '공기' 등의 개념을 기대하는 것은 비판의 소지도 있고 고쳐야 할 부분일 수도 있을 것인데, 구조적 분석을 통하여 이러한 개선의 기회를 찾아낼 수도 있을 것이다. 그러나 중요한 것은 교사가 추구하고 있는 사고의 구조이다. 앞에 예로 든 교사와 학생의 대화에서 우리는 인지적 구조의 영향을 엿볼 수 있고 이 인지적 구조는 나중에 김 교사가 반 아이들과 괴물이나 우체부나 세종대왕, 또는 일곱이라는 숫자에 대하여 이야기할 때는 다른 형태를 취하게 될 것이다. 구조적 분석은 이제 '쉿, 조용히', '앉아', '이쪽으로 와 볼래?' 등등의 말을 하도록 영향을 준 사고의 구조를 논의하게 되고, 학교교육이 계속되면서 이 과학적 사고의 구조가 다른 사고구조들과 점차 형식적으로 구별되는 방식을 보여 주게 될 것이며 이 과학적 사고구조가 특정 내용 및 참·거짓을 검증하는 독특한 준거를 지니게 되는 방식을 보여 주게 된다.

따라서 구조적 분석은 부분적으로는 교사가 수행하는 연구에 수반되는 실수 가운데 하나인 과다한 자료 수집을 바로잡는 방안으로 제공된다. 연구를 수행하는 교사들은 너무 자주 방대한 양의 자료, 즉 시험 결과, 면접 기록, 관찰 일정의 결과 등을 수집한다. 교사들은 자주 왜 자료를 수집하는지, 그것들을 어떻게 처리할 것인지를 모르는 경우가 많다. 그 결과 수집된 대부분의 자료는 검토되지도, 분석되지도 않은 채 그냥 방치되는데 이는 교사와 면접대상자들의 시간 낭비가 된다. 이러한 경우, 생각하는 대신에 자료를 수집하는 행위를 하는 셈이 된다. 자료수집의 목적을 생각하고 분석하는 데 들이는 시간보다 자료를 수집하는 데 드는 시간이 너무 많아 전혀 균형이 맞지 않는다. 구조적 분석의 방법은 그 균형을 역전시키려 한다. 구조적 분석은 특정하게 초점이 맞춰진 항목이나 사건들에 대한 매우 신중한 검토와 엄밀한 사고에 관심이 있으므로 자료를 최소화하려는 정책의 일환으로 채택될 수도 있다. 초점을 이처럼 좁히게 되면 교사는 이미 쌓인 풍부한 경험과 여러 자료를 사용할 수 있게 되며, 또한 구조적 분석의 특징인 융통성과 개방성으로 인하여 교실이나 학교의 현장연구를 신뢰롭고 정당한 방식으로 수행할 수 있게 된다.[8]

결론

이 책에서의 여러 비판에도 불구하고 교사 등 여러 사람은 처음에는 구조주의를 어려워하겠지만 일단 습득한다면 이해, 평가, 개혁을 실천하는 강력한 방식을 제공할 것으로 확신한다. 교사와 학생이 속한 구조들을 파악한다는 것은 학생, 교사, 학과, 학교의 성취를 평가하는 유기적인 척도를 소유하게 된다는 것을 의미한다. 예를 들어, 교실수업의 수준에서 브루너(Jerome Bruner)는 교사들이 교과의 기본적인 구조를 알고 가르쳐야 한다고 강력히 주장한 바 있다.[9] 그가 제시한 이유는, 첫째, 구조는 교과를 이해하기 쉽게 해 주고, 둘째, 기억과 활용을 촉진시키며, 셋째, 다른 사물들을 이해하는 범례로서의 역할을 하며, 넷째, 초보지식과 고급지식 사이의 간격을 좁혀 주기 때문이다. 마찬가지로 학생들의 전체 학교 경험 수준에서는 영국의 스탠턴베리(Stantonbury) 종합학교에서 '시간 공유하기' 개념을 실천하고 있는 예를 들 수 있다.[10] 이 학교에서는 학생들 경험의 파편화를 피하기 위하여 일종의 전인주의적 접근법을 채택하여 중등학생들이 매주 상당히 많은 시간 동안 같은 팀의 교사들과 함께 보낼 수 있도록 하였다. 나아가서 학교와 사회의 수준에서는 전체 교육과정을 구성하기 위한 일관성 있는 모델을 만들어 내려는 데니스 로턴(Denis Lawton, 1983)과 같은 학자들의 체계적인 노력을 지적할 수 있다.

구조를 이해한다는 것은 어떻게 하면 원하는 절차를 밟아 바람직한 성취와 성과를 얻도록 변화시킬 수 있을까에 대한 통찰력을 얻는다는 것이다. 현상에 대한 평가와 변화를 위한 처방이 어느 정도로 정확히 이루어질 것인가는 상황에 따라 달라질 것이다. 특정 수학 개념을 이해하려는 학생들 수준에서는 교사가 지닌 수, 공간, 시간 등의 구조에 대한 이해력에 따라 학생들의 성취 평가가 가능해지기도 하고 제한되기도 하며 학업성취를 증진시키기 위한 수단들을 처방할 수도 있게 된다. 만일 교사나 교장이 고려해야 할 사항이 학급이나 학교의 기풍을 구성하는 감정의 구조들, 혹은 전체 교육과정이라는 개념의 토대가 되는 다양한 구조에까지 이른다면 평가와 변화의 문제는 극도로 복잡해진다. 그럼에도 불구하고 그와 같은 구조를 의식하지 않는다면 학교의 기풍과 교육과정을 적절히 개선할 수는 없다. 이러한 구조에 대한 이해를 통해서만 보다 합리적인 결정이 내려질 수 있기 때문이다. 구조주의는 많은 단점에도 불구하고 교육연구와 실천의 신선한 차원을 소개해 준다. 이 책에서는 능력, 사고, 감정, 사회조직 등 네 가지의 구조를 살펴봄으로써 그러한 새로운 시각을 획득할 수 있는 방법을 제시해 보았다.

주

1. 흥미롭고 보완적인 방법론은 교육과정 구성이라는 문제를 직접적으로 다루는 다음 문헌의 문화분석 방법이다.

   D. Lawton (1983). *Curriculum Studies and Educational Planning*. London: Hodder and Stoughton.

2. Giddens (1979), p. 69.

3. K. Popper (1968). *The Logic of Scientific Discovery* (revised edition). London: Hutchinson.

Kuhn (1962).

4. 브라이언 프리엘의 희곡은 영국군 연구장교가 아일랜드 지명을 영어 지명으로 바꾸어 새 지도를 준비하는 과정에서 언어와 실재 사이의 관계를 극적으로 탐구한 매혹적인 작품이다.

B. Friel (1981). *Translations*. London: Faber.

5. 교육과정 비평(학교교육에 미학적 · 문학적 접근을 사용하려는 시도)은 매우 기괴한 결과를 낳게 되었다. 다음 문헌 참고.

R. Gibson (1981a). 'Curriculum criticism: Misconceived theory, ill-advised practice'. *Cambridge Journal of Education*. Cambridge: Cambridge University Press.

6. 문학과 사회 사이의 대응관계는 골드먼의 다음 책에 분명히 제시되어 있다.

L. Goldman (1975). *Toward a Sociology of the Novel*. London: Routledge and Kegan Paul.

> (나의 가설은) 고전소설의 구조와 자유주의 경제에서 교환의 구조 사이에 동형관계가 존재한다는 것이다. …… 내가 보기로는 소설의 형식이란 결국 시장생산이 창조하는 개인주의적 사회에서 일상생활의 문학적 차원을 치환한 것이다. 소설의 문학적 형식과 인간과 일반 소비재 사이의 일상적인 관계 사이에는 엄격한 동형관계가 존재한다(p. 1; p. 7).

또한 다음 문헌도 참고.

Williams (1961).

Williams (1980).

7. 존 키츠가 자신의 동생에게 쓴 편지(1817년 12월 22일)에서. 다음 문헌 참고.

A. Ward(1963). *John Keats: The Making of a Poet*. London: Winter.

8. 특히 존 엘리엇은 오랫동안 교사들에게 자신의 교육실천에 기초한 교육 이론을 개발하도록 격려해 왔다. 구조적 분석은 교사들에게 그러한 이론을 개발하는 한 가지 방법론을 제공한다.

J. Elliot (1983). *Legitimation Crisis and the Growth of Educational Action Research.* Cambridge: Cambridge Institute of Education. (등사판)

9. J. Bruner (1960). *The Process of Education.* Cambridge, Mass.: Harvard University Press.

10. 스탠턴베리 학교의 배경에 관하여는 다음 문헌 참고.

Open University, Curriculum Evaluation and Assessment in Educational Institutions Course Team (1982). *Case Study 2: Stantonbury Campus.* Milton Keynes: Open University Press.

다음 문헌의 '버튼 학교 동맹휴업' 편에는 스탠턴베리 학교에서 실시된 '시간 공유하기'를 통해서 이루어진 학교중심 교육과정개발 프로젝트의 훌륭한 예가 소개되어 있다.

Open University, Curriculum Design and Development Course Team (1976). *Case Study 3: Stantonbury Campus.* Milton Keynes: Open University Press.

※ 제8장 본문에 언급되지만 앞의 주에 제시되지 않은 문헌들은 다음과 같다.

R. Gibson (1982). 'Structural analysis of an infant water play session', in R. Gibson (Ed.). *Social Understanding.* Cambridge: Cambridge Institute of Education. pp. 278–306.

W. Runciman (1983). *A Treatise on Social Theory. Vol. I. The Methodology of Social Theory.* Cambridge: Cambridge University Press.

찾아보기

인명

Althusser, L. 56, 100
Atkinson, P. 219
Austen, J. 173

Ball, S. J. 152
Barthes, R. 13, 43
Beckett, S. 55
Belsey, C. 187
Benveniste, E. 192
Bernstein, B. B. 19, 100, 218
Bloom, H. 192
Bowles, S. 106
Bruner, J. 286

Chomsky, N. 17
Copernicus, N. 56
Culler, J. 12, 176

Derrida, J. 56, 179
Descartes, R. 56
Dickens, C. 173
Durkheim, E. 35, 96

Eagleton, T. 174

Eliot, G. 173
Eliot, T. S. 171
Engels, F. 106

Ford, J. 214
Freud, S. 35
Friel, B. 273

Gadamer, H. G. 55
Gellner, E. 68
Giddens, A. 126
Gintis, H. 106
Goldmann, L. 193, 276
Grace, G. 150
Green, A. 213

Habermas, J. 158
Halsey, A. H. 206
Hargreaves, D. 144
Harris, K. 208
Hegel, G. W. 66
Hirst, P. 69

Jakobson, R. 17, 83

James, H. 182
Josipovoci, G. 179
Joyce, J. 55

Kant, I. 66
Keats, J. 276
Kermode, F. 177
Kettle, A. 174
King, R. 130, 155
Koffka, K. 66
Köhler, W. 66
Kristeva, J. 186
Kuhn, T. S. 55, 270

Lacan, J. 56, 103
Lawrence, D. H. 171
Lawton, D. 76, 286
Leach, E. 13, 81
Leavis, F. R. 170
Lenin, N. 108
Levi-Strauss, C. 14
Lewin, K. 100
Lippit, R. N. 101
Lodge, D. 177
Lyons, J. 17

Marcuse, H. 160
Marx, K. 96
Maxwell, J. 67
McIntyre, A. G. 103
Merleau-Ponty, M. 103
Milton, J. 179

Ormell, C. 154

Parsons, T. 96
Piaget, J. 16
Picasso, P. 55
Planck, M. 67
Plato 66
Popper, K. 270
Proust, M. 57

Richards, I. A. 28, 170
Rousseau, J. J. 79
Runciman, W. G. 258
Rutter, M. 153

Sartre, J-P. 103
Saussure, F. 35
Scholes, R. 30
Schutz, A. 126, 127
Searle, J. R. 38
Shakespeare, W. 47, 169
Sharp, R. 113, 213
Smiles, S. 132
Spinoza, B. 109
Squibb, P. 214
Strickland, G. 177

Todorov, T. 182
Tomlinson, S. 214

Warnock, M. 214
Watson, G. 193
Weber, M. 126
Wertheimer, M. 66
White, R. 101
Williams, R. 120, 174, 276

Willis, P. 145

Wittgenstein, L. 38

Wordsworth, W. 175

내용

가역성 16

감각운동기 74

감정의 구조 120

개인과 사회의 상호작용 257

개인의 자율성 52

개인의 정체성 51

개인주의 132

게슈탈트 심리학 66

경계강도 227

경쟁 136

경제 결정론 104

경제주의 또는 경제적 결정론 159

경제주의 비판 104

경험주의 56

공동체 140

공시적 분석 28

과정 구조주의 203

관계 25

관념론 66

교육과정 비평 275

구조 23

구조적 분석 59

구조적 인과관계 104

구체적 조작기 74

구획화 222

기의(記意, signified) 36

기표(記表, signifier) 36

기호의 자의성 36

기호체계 42, 189

기호학 43

낙인찍기 215

내용과 형식 49

대응이론 208

대항문화 145

도구적 합리성 158

독립 132

동의어 반복 238

동화 16

랑그 36

러시아 혁명 108

로빈스 보고서 160, 205

마르크스주의 100

만족유예 142

모더니즘 55, 183

문법학교 138

문학적 구조주의 176

문화기술적 방법 211

문화적 재생산 206

물신숭배 79

민주주의 147

변형 29

변형생성문법 29
본질적(또는 객관적) 이성 159
분류 222
비역사성 55
비인간화 193
비판이론 117

사건 14, 38
사회계급 99, 219
사회계급과 학업성취 99
사회관계 측정법 100
사회구성체 104
사회복지 131
사회언어학 226
상대성 58
상대적 자율성 105
상대주의 190
생산관계 30, 208
성취 131
소극적 수용능력 276
수사학 연구 175
수정주의 103
순간촬영 28
스키마 75
신보수주의 206
신화 79
실증주의 159
실천비평 170
실체화 218

어법 19
억압적 국가기구(RSA) 116
언어게임 55
언어와 실재 271

언어의 심층구조 67
언어적 허무주의 192
언어체계 37
언어행위 37
업적급여 제도 161
오이디푸스 177
오이디푸스 신화 82
완결성 27
요리 삼각형 84
원전연구 169
위상심리학 101
유물론 111
유아론 192
유일한 진리(the truth)/여러 진리들
　(truths) 268
의미와 무의미 55
의미의 다원성 188
의미의 불가능성 188
의식 96
이데올로기 114
이데올로기적 국가기구(ISA) 106, 116
이론/원리 277
이론과 실천 159
이항대립 78
인간역량 42
인간의 역량 59
인간주의 비판 104
인간행위자 87
일차원적 인간 160
입체파 55

자기조절 27
자본주의 99
자성예언 213

자아 57
작가의 사망 187
작인(作因) 261
장(場) 67
재생산 207
전조작기 74
전체성 24
전통적 구조주의 203
정련어법 19
제한어법 19
조절 16
존재 96
존재와 부재 39
주체의 탈중심화 26
중층적 결정 104
즉흥성 131
지도성 유형 101
지배문화 221
지시이론 44
지식사회학 226
지식의 형식 69
직업의식 147
진리 주장의 불가능성 188
집단역학 100
집합코드 227

차이 36
참조준거 261
책무성 147
청교도 윤리 127

체계 21
친척관계 30

코드(어법, 약호) 80, 219, 222

텍스트 189
텍스트의 의미 188
토대/상부구조 104
통시적 분석 28
통약불가능 48
통합코드 227
특수교육 213

파롤 36
파편화 273
편가르기 151
평형유지감 27
프랑크푸르트학파 103
플라우든 보고서 207

해체 56
해체주의 179
허위의식 114, 209
현상학 265
협응 75
형식적 조작기 75
형식주의 분석 181
확실성 56
후기 구조주의 40, 179

저자 소개

Rex Gibson(1932~2005)
영국 브리스톨 대학교(Bristol University) 학사
영국 런던 대학교(University of London) PhD.

영국 케임브리지 대학교(University of Cambridge) 교수로 셰익스피어와 교육사회학, 교육과정 등을 가르침. 셰익스피어 이해에 대한 공로로 "Shakespeare's Globe Sam Wanamaker Award"의 첫 번째 수상자가 됨.

역자 소개

이용환(Yonghwan Lee)
전남대학교 사범대학 교육학과 졸업
미국 루이지애나 주립대학교(Louisiana State University) PhD.
현 전남대학교 사범대학 교수

구조주의와 교육
Structuralism and Education

2018년 4월 20일 1판 1쇄 인쇄
2018년 4월 30일 1판 1쇄 발행

지은이 • Rex Gibson
옮긴이 • 이용환
펴낸이 • 김진환
펴낸곳 • ㈜**학지사**

04031 서울특별시 마포구 양화로 15길 20 마인드월드빌딩
대표전화 • 02-330-5114   팩스 • 02-324-2345
등록번호 • 제313-2006-000265호

홈페이지 • http://www.hakjisa.co.kr
페이스북 • https://www.facebook.com/hakjisa

ISBN 978-89-997-1453-5 93370

정가 15,000원

이 도서의 국립중앙도서관 출판시도서목록(CIP)은 서지정보유통지
원시스템 홈페이지(http://seoji.nl.go.kr)와 국가자료공동목록시스템
(http://www.nl.go.kr/kolisnet)에서 이용하실 수 있습니다.
(CIP 제어번호: CIP2018010168)

교육문화출판미디어그룹 **학지사**
심리검사연구소 **인싸이트** www.inpsyt.co.kr
원격교육연수원 **카운피아** www.counpia.com
학술논문서비스 **뉴논문** www.newnonmun.com
간호보건의학출판 **정담미디어** www.jdmpub.com